स्मृतियों की जन्मपत्री

स्मृतियों की जन्मपत्री

रवीन्द्र कालिया

वाणी प्रकाशन

वाणी प्रकाशन

4695, 21-ए, दरियागंज, नयी दिल्ली 110 002

शाखा

अशोक राजपथ, पटना 800 004

फ़ोन: +91 11 23273167 फ़ैक्स: +91 11 23275710

www.vaniprakashan.in
vaniprakashan@gmail.com

SMRITIYON KI JANMPATRI
by Ravindra Kaliya

ISBN : 978-93-5000-967-3
Memoirs

प्रथम संस्करण
मूल्य : ₹ 300

ओम ऑफ़सेट, दिल्ली-110093 में मुद्रित

वाणी प्रकाशन का लोगो मक़बूल फ़िदा हुसेन की कूची से

इस पृष्ठ के सही

हकदार

डॉ. धर्मवीर भारती

के लिए

अनुक्रम

नगरी नगरी

दिल्ली

चायघर और राजधानी की साहित्यिकता 13

बम्बई

फुरसतहीन द्वीप पर 20

इलाहाबाद

अपनी हैसियत नापना चाहें तो इलाहाबाद हो आइए 25

सुहानी सुबह, अंगारा दोपहर और रेशमी शामें 32

साप्ताहिक में दफ्न एक कालपात्र 36

इलाहाबाद और ज्ञानरंजन 38

जालन्धर

यादों के चिराग 41

कलमकारी

मोना लिज़ा 49

सल्वाडर डाली 51

हुसेन 56

स्वामिनाथन 59

सोमनाथ खोसा 64

प्रसेणजित दुवरा 66

रमण पटेल 67

आबिद सुरती 69

पढ़ाई लिखाई

सार्त्र और प्रतिबद्धता 73
सार्त्र और नोबेल पुरस्कार 78
पाँच दरियाओं का साहित्य 82
नाच्यौ बहुत गोपाल 88
हॉलैण्ड की विद्रोही नयी पीढ़ी : प्रोवो 93
प्रेमचन्द की विरासत 95

संवाद

रवीन्द्र कालिया, असगर वजाहत,
आलोक मेहता और नीलाभ मिश्र 103

गुफ़्तगू

राजेन्द्रसिंह बेदी 113
उपेन्द्रनाथ अश्क 115
नरेश मेहता 119
मार्कण्डेय, अमरकान्त, रवीन्द्र कालिया 126
सत्यदेव दुबे 130
साधना शाह 132
एक पाठक 139

रपट

कई कथापीढ़ियाँ : एक मंच 145
परिमल परिकथा : कहानी से परहेज़ 153
नयी कविता पर क्षण भर 156

समझी नासमझी

समकालीन समय और लेखन की चुनौतियाँ 163

नयी कहानी : सम्भावनाओं की खोज 170

नयी प्रेम कहानियाँ 175

यथार्थ का बदलता हुआ स्वरूप 179

नये कथा शिखरों की तलाश 183

शख़्सियत

ताराशंकर बन्द्योपाध्याय 189

कृश्नचन्दर 191

डॉ. इन्द्रनाथ मदान 194

दुनिया फ़ानी है

श्रीलाल शुक्ल

'राग दरबारी' : श्रीलाल शुक्ल की पतंग 201

कमलेश्वर

इलाहाबाद को मेरा सलाम 203

मार्कण्डेय

चेतना में बसा एक आँसू 207

सुदर्शन फ़ाकिर

वो काग़ज़ की कश्ती, वो बारिश का पानी 209

जगजीत सिंह

चिट्ठी न सन्देश, जाने वो कौन सा देश
जहाँ तुम चले गये 215

मरहूम दोस्तों के ख़तूत 221

नगरी नगरी

दिल्ली

चायघर और राजधानी की साहित्यिकता

बम्बई

फुरसतहीन द्वीप पर

इलाहाबाद

अपनी हैसियत नापना चाहें तो इलाहाबाद हो आइए

सुहानी सुबह, अंगारा दोपहर और रेशमी शाम

साप्ताहिक में दफ़न एक कालपात्र

इलाहाबाद और ज्ञानरंजन

जालन्धर

यादों के चिराग

□ दिल्ली

चायघर और राजधानी की साहित्यिकता

मेरा एक कलाकार मित्र हमदम टी-हाउस पर एक पेंटिंग करना चाहता था। उसका विचार था कि टी-हाउस के चरित्र का सबसे प्रमुख तत्त्व टी-हाउस का शोर है और शोर को रेखाओं में बाँधना मुश्किल काम है; खासकर उस शोर को, जिसकी ध्वनियाँ अलग-अलग न की जा सकें, जो मछली बाजार या सट्टा बाजार के शोर से आश्चर्यजनक रूप से साम्य रखते हुए भी उस शोर से भिन्न हो। टी-हाउस के एक पुराने पापी ने सुझाया कि टी-हाउस का सही चरित्र पेश करना हो तो टी-हाउस की छत पर गिद्धों, चीलों, छिपकलियों, कौओं आदि को लटकते हुए दिखाया जा सकता है। एक और अनुभवी व्यक्ति ने सुझाया कि टी-हाउस के शोर को कहानी-बम के विस्फोट के रूप में पकड़ा जा सकता है। मुद्राराक्षस ने कहा कि कौन कहता है टी-हाउस में शोर होता है, टी-हाउस में तो मौत की-सी चुप्पी रहती है...जगदीश चतुर्वेदी ने उसी समय 'हाइकू' लिख दिया, टी-हाउस एक कब्रगाह है..., बलराज मेनरा ने, जो पिछले बारह वर्षों से आँधी, पानी, तूफान और बुखार में भी टी-हाउस आना नहीं भूलता, पेरिस के कुछ कॉफी हाउसों का हवाला देते हुए सवाल किया, यह शोर बड़ा मानीखेज है। सार्त्र इसी शोर की पैदावार है और किसी ने कामू को कॉफी हाउस में बोलते सुना है? पेरिस में कॉफी हाउस न होते तो...

बलराज मेनरा की बात गलत नहीं है। यद्यपि दिल्ली का यह टी-हाउस बेजोड़ है; इसकी तुलना पेरिस के कैफे डि ला सिविलाइजेशन, कैफे डि ला पेक्स और न्यूयार्क के 'कैफे ला मेट्रो' से अवश्य की जा सकती है। यहाँ आपको सार्त्र और कामू भी मिल सकते हैं, गिन्सबर्ग और पीटर आर्लवस्की भी। टी-हाउस का सार्त्र टी-हाउस में नहीं घुसेगा अगर उसे मालूम हो जाएगा कि टी-हाउस का कामू टी-हाउस में बैठा है। टी-हाउस का हेमिंग्वे फिशिंग नहीं करता, बुलफाइट में भी उसकी रुचि नहीं है, वह केवल उन पाठकों-आलोचकों-सम्पादकों का डटकर मुकाबला करता है, जो उसकी रचनाओं का सही मूल्यांकन नहीं करते। मगर टी-

हाउस का हेमिंग्वे इतना क्रूर नहीं है; आपको उसकी रचना पसन्द आ गयी तो फिर आपको कॉफी (बमय सैंडविचेज) की चिन्ता नहीं, डिनर की भी चिन्ता नहीं, बियर अथवा जिन-जिंजर की भी चिन्ता नहीं। आपकी ये चिन्ताएँ हेमिंग्वे की चिन्ताएँ हैं। इस बात को टी-हाउस का हर व्यक्ति जानता है। शायद यही कारण है कि बहुत से लोग निःसंकोच खाली जेबों से टी-हाउस चले आते हैं। खाली जेबें, पागल कुत्ते और बासी कविताएँ लेकर...

शाम को पाँच-साढ़े पाँच बजे जब सरकारी दफ्तरों में छुट्टी होती है, तो ढेरों सरकारी कर्मचारी दिन भर का लेखन पोर्टफोलियो में रखे, टी-हाउस की ओर भागते नजर आते हैं। बहुत से सरकारी अफसर, जिनकी कई कारणों से साहित्य में रुचि है, शाम को दफ्तर से लौटते हुए बहुत से लेखकों, नीम-लेखकों और प्रशंसकों को अपने साथ टैक्सी में भर लाते हैं। टी-हाउस की रौनक और गहमागहमी की एक वजह यह भी है कि हर व्यक्ति अपने साथ पूरी टीम रखता है। जो व्यक्ति अपनी टीम नहीं बना पाता, वह श्रीकान्त वर्मा की तरह टी-हाउस के बुक-स्टाल पर पत्रिकाएँ पलटकर या सिगरेट खरीदकर ही लौट जाता है या ओमप्रकाश दीपक की तरह टी-हाउस के एक कोने में अपने परिवार के साथ कॉफी पीता नज़र आएगा। टी-हाउस में बैठे हुए भी टी-हाउस से अछूता, या वह निर्मल वर्मा की तरह दोपहर में टी-हाउस आएगा या जैनेन्द्र कुमार की तरह बहुत जल्दी उसे टी-हाउस से वितृष्णा हो जाएगी।

छह बजते-बजते सभी टीमें मैदान में उतर आती हैं। कप्तानों के चेहरों पर जलाल आता जाएगा। और वे बढ़-चढ़कर कॉफी का आर्डर देते जाएँगे। जब तक कप्तान बिल अदा नहीं कर देंगे, टीमें निष्ठापूर्वक कप्तान के प्रवचन सुनेंगी, वाह-वाह करेंगी, कप्तान की पुरानी रचनाओं का हवाला देंगी और हर बात की हाँ में हाँ मिलाएँगी। कप्तान नया कहानीकार है तो नयी कहानी, युगबोध, युगचेतना, भावबोध और युगसंत्रास का सशक्ततम माध्यम है। कप्तान कवि है तो कविता, कप्तान कथाकार है तो कहानी, अभिव्यक्ति का युगानुकूल एकमात्र 'जैनुइन' माध्यम है। कप्तान सम्पादक है तो उसकी पत्रिका हिन्दी की एकमात्र साहित्यिक पत्रिका है और उसका हर बच्चा राजा-बेटा है, उसकी रेडियो की आवाज़ बहुत सुरीली है, उसके घर के पर्दे उसकी सुरुचि का परिचय देते हैं। शायद यही कारण है कि बहुत से फ्री-लांसर परिश्रम करने के बावजूद कप्तान-पद प्राप्त करने में असमर्थ रहते हैं और टी-हाउस में जलजीरा (अब कांजी भी) पीने की लत डाल चुके हैं। वे अपनी टीम भी नहीं जुटा पाते, क्योंकि जलजीरा और कांजी का आकर्षण टीम-भर लोगों को नहीं खींच पाता। आपात्कालीन स्थिति में या मन्दी के दिनों में इक्के-दुक्के विश्वविद्यालय के छात्रों की बात अलग है।

टी-हाउस में वह क्षण अविस्मरणीय होता है, जब बैरा बिल लेकर यमराज की तरह सहसा उपस्थित हो जाता है। जो लोग क्षण के इस तनाव को बरदाश्त नहीं कर पाते, वे उठकर टायलट की तरफ चले जाते हैं या दूसरी टेबुल पर। कुछ लोग बैरे को देखते ही जेबें टटोलनी शुरू कर देते हैं और तब तक टटोलते रहते हैं, जब तक बिल अदा नहीं हो जाता। कुछ घबराहट में सिगरेट सुलगा लेते हैं या माचिस से खेलने लगते हैं...और कुछ 'बैठे रहते हैं चुपचाप, बैरे की ओर से मुँह फेरे'। यह तो हुआ बिल अदा होने से पहले का तनाव। अब उस वक्त का जायजा लीजिए, जब ऑर्डर प्लेस होने वाला हो :

टी हाउस की मेजों पर चारों गिर्द शोर
केवल खाली गिलासों की बेतरतीब लकीर
मेरे आसपास बैठे दोनों दोस्त
कॉफी का ऑर्डर देते हुए
भयभीत-से कॉफी बोर्ड का विज्ञापन
देख रहे हैं।
उन्हें डर है
कि कहीं मैं भी कॉफी पीने की हामी न भर दूँ
उनकी जेबों में हैं चन्द सिक्के;
वैसे वे रोज टी-हाउस में बैठते हैं।
सार्त्र, कामू, ह्विस्की के पैग,
पिकासो की पेंटिंग
कहानियों का एब्स्ट्रैक्शन
राजकमल प्रकाशन से मिले अनुवाद
सभी पर ये बात करते हैं
(बैरा दो बार बारह गिलास पानी रख जाता है)

नरेन्द्र धीर (प्रारम्भ)

यह सच है कि कुछ लोग टी-हाउस में केवल पानी पीने के लिए ही आते हैं। पानी टी-हाउस के बाहर भी मिलता है, मगर दो नये पैसे में, और फिर वहाँ बैठने का भी कोई इन्तजाम नहीं है। कुछ लोग टी-हाउस में रचनाएँ सुनाने के लिए ही आते हैं, रचनाएँ पत्र-पत्रिकाओं में भी प्रकाशित होती हैं, परन्तु पत्रिकाओं में इन लोगों का विश्वास नहीं रहा। इनके मुताबिक इनकी रचनाएँ 'अत्याधुनिक' होती हैं और सम्पादकों के पल्ले नहीं पड़तीं। एक वक्त आता है, ये सम्पादकों की चिन्ता छोड़ देते हैं और अपना छोटा-मोटा प्रकाशनगृह खोल लेते हैं या किसी जेबी पत्रिका के प्रकाशन की व्यवस्था कर लेते हैं। कुछ लोग टी-हाउस में केवल ठहाके लगाने

आते हैं। ठहाका टी-हाउस में बहुत जल्दी लगता है जैसे पेट्रोल को आग या कहानी को 'वाद'। ठहाका किसी भी बात पर लग सकता है। कोई व्यक्ति चुप बैठा है। ठहाका। कोई व्यक्ति बोल रहा है। ठहाका। किसी व्यक्ति ने बिल अदा किया है। ठहाका। कोई टी-हाउस में घुसा है। ठहाका। कई बार ठहाकों की साहित्यिक प्रतियोगिता भी हो जाती है। यदि टी-हाउस में मोहन राकेश के ठहाके गूँज रहे होंगे, तो पुराने कहानीकार या अ-नये कहानीकार उतने ही जोर से ठहाका लगाएँगे कि कहीं मोहन राकेश के ठहाकों का यह अर्थ न लगा लिया जाए कि नयी कहानी चढ़ती कला में है। ऐसी प्रतियोगिता ज्यादा देर नहीं चल पाती, क्योंकि टी-हाउस का बटलर कुछ अमनपसन्द आदमी है। वह कुछ देर तो कोने में खड़ा ठहाके थमने की प्रतीक्षा करता रहेगा, फिर निराश होकर ठीक उस मेज के पीछे खड़ा हो जाएगा और शान्तिपूर्ण वातावरण के लिए अपील करेगा। कई बार उसकी अपील का आश्चर्यजनक रूप से असर होता है और कई बार इसी को लेकर एक नये ठहाके या झगड़े की शुरुआत हो जाती है। इस झगड़े की सम्भावना ज्यादा रहती है, अगर मेज के आसपास डॉक्टर रामकिशोर द्विवेदी या सुरेन्द्र मल्होत्रा बैठे हों। डॉक्टर रामकिशोर द्विवेदी टी-हाउस का फैमिली डॉक्टर है। कमलेश्वर से लेकर बालस्वरूप राही तक सभी उसके मरीज हैं और डॉक्टर का खयाल है कि ठहाके अच्छे स्वास्थ्य के लिए बहुत जरूरी हैं, वह प्रेस्क्रिप्शन के साथ दर्जन-दो दर्जन ठहाके भी लिख देता है। डॉक्टर तो खैर कई बार अपने खास 'मूड' में होता है, मगर सुरेन्द्र को बटलर की बात पर तब गुस्सा आता है, जब वह समोसे, पकौड़े और मसाला दोसा खाने के बावजूद ठहाके लगाने के अपने अधिकार को छिनते हुए पाता है और उसे पता होता है कि टेबुल-भर का बिल उसे ही चुकाना है। कुछ लोगों पर इस झगड़े का यह असर होता है कि वे टी-हाउस में दुबारा न आने का प्रण करके 'टी-हाउस-त्याग' कर देते हैं। यह दूसरी बात है कि कुछ ही देर के बाद वे दुबारा टी-हाउस में घुसते नजर आते हैं। ऐसा प्रण यहाँ के हर व्यक्ति ने किया है, किसी ने उपन्यास लिखने के लिए तो किसी ने वक्त के सदुपयोग के लिए, किसी ने यों ही देखा-देखी। ऐसे बहुत से लोग मिलेंगे, जिनका पाँच बजे दरियागंज में या करोलबाग में या मॉडल टाउन में टी-हाउस आने का कोई इरादा नहीं था, मगर छह बजे वे टी-हाउस में कॉफी पीते (?) नजर आएँगे।

टी-हाउस में लड़कियाँ नहीं आतीं, पत्नियाँ आती हैं, कभी-कभी ही। कोई लड़की आती भी है कभी-कभार तो अपने माँ-बाप के साथ, सहमी-सकुचायी। शायद यही वजह है कि कनाट प्लेस के प्रत्येक रेस्तराँ के सामने वेणियाँ और गजरे बेचने वालों की भीड़ टी-हाउस के बाहर नहीं मिलेगी। टी-हाउस के बाहर रेलिंग के साथ-साथ ठंडा जल या ईवनिंग न्यूज या पेन बेचने वाले ही मिलेंगे या फिर जूते

पालिश करने वाले, जो अकसर मन्दी की शिकायत करते हैं। टी-हाउस के मुख्य प्रवेश-द्वार के बिलकुल साथ एक पानवाला बैठता है, जो चरणमसी की तरह एक तरह से पूछताछ विभाग का काम करता है और 'उधार मुहब्बत की कैंची है' में जिसका दृढ़ विश्वास होता जा रहा है। वह किसी भी समय बता सकता है कि नागार्जुन टी-हाउस कब आने वाले हैं, राकेश टी-हाउस में बैठे हैं या जा चुके हैं, रमेश गौड़ को कहीं से पारिश्रमिक आया है या नहीं, सर्वेश्वरदयाल सक्सेना कब से कनाट प्लेस नहीं आये, जगदीश चतुर्वेदी की नयी योजनाएँ क्या हैं, जवाहर चौधरी, अजित कुमार और डॉ. अवस्थी टी-हाउस कम क्यों आते हैं, प्रयाग शुक्ल 'रानी' से अलग क्यों हो गये या 'दस कहानियाँ' का नया अंक कब आने वाला है! यह सच है कि उन लोगों के बारे में उसकी जानकारी हमेशा अपर्याप्त होती है, जिन लोगों को उसका उधार चुकाना होता है। उदाहरण के लिए, वह कहेगा कि श्री 'क' कई दिनों से कनाट प्लेस की तरफ नहीं आ रहे, जबकि श्री 'क' दूसरे दरवाजे से रोज टी-हाउस आते हैं और दूसरे दरवाजे से ही रोज वापस भी जाते हैं। दरअसल टी-हाउस के तीनों दरवाजे अलग-अलग अर्थ रखते हैं। तीसरा दरवाजा एक साथ किचन, टायलट और 'वेजेटेरियन' में ले जाता है। जब कोई व्यक्ति बहुत देर तक तीसरे दरवाजे से वापस न आये, तो इसका सीधा-सादा एक ही अर्थ होता है कि वह 'वेजेटेरियन' में बैठा 'स्टफ्ड पराँठा' खा रहा है। दूसरों के सिगरेट और दूसरों की कॉफी पीकर पराँठा खाने या सुस्ताने के लिए 'वेजेटेरियन' से बेहतर और कोई जगह नहीं है।

टी-हाउस में कभी-कभी दंगा भी हो जाता है। यह दंगा शराब के नशे में भी हो सकता है और मंटो की किसी कहानी को लेकर भी। दंगे यहाँ आतिशबाजी की तरह फूटते हैं और कुछ क्षण बाद आतिशबाजी की तरह ही ठंडे हो जाते हैं। ज्यादा नुकसान भी नहीं होता। किसी मेज का कोई शीशा टूट जाता है या किसी दीवार पर कोई गिलास। किसी के मुँह पर तमाचा पड़ता है और कोई तमतमाकर रह जाता या दाँत भींचकर। इसके बावजूद टी-हाउस एक सुरक्षित जगह है। महानगर का अकेलापन इस हद तक नहीं है कि कोई अकेला पड़ा कराहता रहे। कुछ लोग ऐसे भी हैं जो किसी के भी साथ किसी भी वक्त सहायतार्थ अस्पताल या थाने जा सकते हैं। एक प्रतिष्ठित लेखक (मोहन राकेश) का स्कूटर वाले से झगड़ा हो गया था तो टी-हाउस एकदम खाली हो गया था। सभी भाषाओं के लेखकों के झुंड-के-झुंड लालबहादुर शास्त्री के बंगले पर पहुँच गये थे और लेखकों का शिष्टमंडल उनसे मिला था। एक कहानी के एक क्रुद्ध पात्र ने जनपथ के पास एक लेखक की पिटाई कर दी और लेखक घायल हो गया था, टी-हाउस के दोस्तों की भीड़ रात देर तक इर्विन अस्पताल बैठी रही थी और सुरेन्द्र प्रकाश ने कई लीटर पेट्रोल खर्च कर पात्र

को ढूँढ़ निकाला था। मगर यह जरूरी नहीं कि क्रुद्ध पात्र ही टी-हाउस आते हैं, कभी-कभी टी-हाउस में प्रशंसक भी आते हैं और अपने प्रिय लेखक तथा उसके प्रिय मित्र को हैम्बर्गर या मसाला दोसा खिलाकर या कॉफी पिलाकर लौट जाते हैं। यह दूसरी बात है कि टी-हाउस में मिलने वाला प्रशंसक, प्रशंसक नहीं रहता और दुबारा टी-हाउस भी नहीं आता।

टी-हाउस के बारे में बहुत किंवदन्तियाँ प्रचलित हैं। जैसे, 'फाँसी पाने वाले एक व्यक्ति ने टी-हाउस में कॉफी पीने की अन्तिम इच्छा प्रकट की थी और उसे टी-हाउस लाया गया था।'... 'नयी कहानी का जन्म टी-हाउस में हुआ था।'... 'हमदम अब तक टी-हाउस में कॉफी के पाँच-हजार कप पी चुका है।'... 'अमुक का टी-हाउस में प्रेम हुआ था और अमुक ने अपनी पत्नी को तलाक देने का अन्तिम निर्णय टी-हाउस में किया था।' ये किंवदन्तियाँ 'नये मुसलमानों' को आकर्षित करने के लिए फैलायी जाती हैं।

इस सबके बावजूद राजधानी में टी-हाउस की वजह से जितनी जागरूकता और अभिज्ञता है, वह शायद ही अन्यत्र मिले। क्रिकेट मैच हो रहे हों, तो टी-हाउस का हजूम टी-हाउस के पीछे रेडियो सेट से सटा हुआ आँखों-देखा विवरण सुनता नज़र आएगा। इसी दुनिया को हुसेन, रामकुमार और सतीश गुजराल की प्रदर्शनियों में भी देखा जा सकता है और लेडी हार्डिंग कॉलेज के सामने के मैदान में हॉकी का मैच देखते हुए भी, साहित्य अकादमी में भी और 'नेशनल स्कूल् ऑव ड्रामा' के किसी रंगमंच के आसपास भी। दिल्ली में फिल्म फेस्टिबल हो रहा था, तो टी-हाउस के लोगों ने आकस्मिक और अर्जित छुट्टियाँ ले ली थीं। वियतनाम और अल्जीरियां, क्यूबा और कांगो टी-हाउस में चर्चाओं का विषय रहते हैं। राजधानी में सबसे अधिक साहित्यिक पत्रिकाएँ टी-हाउस के स्टॉल पर ही बिकती हैं। इसी माहौल की वजह से टी-हाउस के बैरे तक साहित्य में गहरी दिलचस्पी लेने लगे हैं। चरणमसी तो कवि हो रहा है। 'उदास रहता है चरणमसी' उसकी नयी कविता की पंक्तियाँ हैं। टी-हाउस में कोई भी रचना 'अननोटिस्ड' नहीं जाती, वह चाहे किसी चक्रलिखित पत्रिका में क्यों न प्रकाशित हुई हो।

टी-हाउस बाहर से आने वाले साहित्यिकों को आकर्षित करता है। यशपाल दिल्ली आएँ तो टी-हाउस अवश्य आएँगे। अश्क, भगवती बाबू, अज्ञेय, डॉ. भारती, राजेन्द्रसिंह बेदी, कृशन चन्दर, डॉ. मदान, रमेश बक्षी, दुष्यन्त कुमार, शानी, कुन्तलमेघ, लक्ष्मीकान्त वर्मा, ओंकारनाथ श्रीवास्तव, कीर्ति चौधरी, कुँवर नारायण, भीष्म साहनी, गिरिजाकुमार माथुर, राजकमल चौधरी, नामवर सिंह, दूधनाथ सिंह, ज्ञानरंजन, मनमोहन सरल, शरद देवड़ा, विष्णु प्रभाकर, भारतभूषण अग्रवाल, राजीव सक्सेना, विमल, परेश, ममता, नेमिचन्द्र जैन, अनामिका, नरेश सक्सेना, गोपाल

उपाध्याय, हरिवंश कश्यप, लल्ला, दिनेश, शेरजंग गर्ग आदि बहुत से लेखक घंटों टी-हाउस में बैठे हैं। संसद के अधिवेशन के दिनों लोहिया को भी टी-हाउस में देखा जा सकता है।

['धर्मयुग', 15 अगस्त, 1965]

□ बम्बई

फुरसतहीन द्वीप पर

बम्बई। एक दौड़। घुड़दौड़। पानी। समुद्र। छाते। ऊँची इमारतें और बहुत नीचे झुग्गियाँ। शराब पर पाबन्दी। हर चौराहे पर शराब। बोरी बन्दर पर एक लड़की जल्दी से अपने प्रेमी का हाथ चूम लेती है और भागकर 'डेक्कन क्वीन' में चढ़ जाती है। टिकट-चैकर को डिब्बे में पाकर एक साथ पाँच लड़के चलती ट्रेन से प्लेटफॉर्म पर कूद जाते हैं। एक आदमी फोर्ट एरिया में सड़क पर पेशाब करते हुए गिरफ्तार कर लिया जाता है। एक आदमी अपनी बीवी के ऑफिस में बीवी को चूमते हुए पकड़ा जाता है—शादी के छह महीने बाद भी वे मकान नहीं ढूँढ़ पाये हैं। फुटपाथ पर एक औरत चपातियाँ बना रही है और बच्चे सड़क के आँगन में खेल रहे हैं। अँधेरी में एक आदमी आत्महत्या कर लेता है कि उससे और अधिक 'क्यू' में नहीं खड़ा हुआ जा सकता। पेशाबघरों के सामने क्यू लगी है। घासलेट (कैरोसीन) लेने वालों की कतार इतनी लम्बी हो गयी है कि वहाँ ठेले वाले आ गये हैं—सींगदाना, भेलपुरी, बटाटा बड़ा, पानी पूरी, मरीन ड्राइव के बेंचों पर बूढ़े पारसियों की जमात जैसे जन्म-जन्म से समुद्र की ओर घूर रही है। एक युवक धीरे-से एक बच्चा समुद्र में बहा देता है। लोग मुँह मोड़ लेते हैं। एक कमरे के फ्लैट में घर के सात प्राणी रहते हैं, जिनमें चार औरतें हैं। वे चारों औरतें बारी-बारी गर्भ धारण करती हैं और कमरे की लम्बाई-चौड़ाई में कोई तब्दीली नहीं आती। गर्भपात के सिलसिले में लड़कियाँ माँ की सलाह लेती हैं और दस दिन की छुट्टी।

इमारतों में कहीं-कहीं कबूतर पर फड़फड़ाते हैं। एक जुलसू गुजर जाता है। चौपाटी पर कामराज और शिवाजी पार्क में कृष्णमेनन, एक छोटे-से हॉल में मधु लिमये, ताजमहल में पाटिल लगातार भाषण दे रहे हैं और ग्रांट रोड के चौराहे पर एक आदमी लगातार रो रहा है। लोग सुबह आँधी की तरह शहर में घुसते हैं और तूफान की तरह लौट जाते हैं। प्रात: पाँच बजे सिनेमा देखने वालों की भीड़ परेल में इकट्ठी हो रही है—एक भुतहा मकान है, जिसमें बीस परिवार रहते हैं। किरायेदारों

को भूत भी नहीं भगा पाते। एक ही बाजार में हरेक चीज़ की कीमतें अलग-अलग हैं। एक शहर है जो दौड़ रहा है। एक-दूसरे के पीछे दौड़ रहा है। रात को दो बजे गाड़ियों में जगह नहीं मिल रही। चलती गाड़ी में कीर्तन हो रहा है और लोग ताश खेल रहे हैं। खड़े-खड़े ताश खुल रहे हैं। दायें-बायें से गाड़ियाँ गुजर रही हैं। विक्टोरिया टर्मिनस पर विक्टोरिया को ढाँप दिया गया है।

यह है बम्बई का एक नक्शा, जो बम्बई के नाम से ही दिमाग में उभरता है। इस शहर में आये हमें डेढ़ साल से ऊपर हो गया है, मगर रहने के लिए हमारे पास तीसरी मंजिल पर सौ-वर्ग फीट जगह है जिसमें मेरे साथ-साथ ममता भी रहती है। इस जगह को ग्यारह महीने के लिए प्राप्त करने के लिए हमने एक हज़ार रुपये दिये थे। यहाँ हम सिर्फ सोने के लिए आते हैं और अपने-आपको धोखा देने के लिए इसे 'कूपे' के नाम से पुकारते हैं। अब तक हमारा चार-पाँच परिवारों से परिचय हुआ है, जिनमें मेरे सास-ससुर का परिवार भी शामिल है। दफ्तर के आदमियों के अलावा एक ईरानी, एक पान वाला, एक किरानी मेरा नाम जानते हैं। इस फुरसतहीन द्वीप की एक झलक मेरे उन खतों से भी मिल सकती है जो मैं शादी से पहले ममता को लिखा करता था, और जिन्हें वह शादी के बाद अपने सूटकेस में वापिस ले आयी है। और यह है बम्बई का पहला दिन। मैं बम्बई इंटरव्यू देने आया हुआ था।

22 फरवरी, 1965

'...रात भारतीजी के यहाँ से लौटकर हम जुहू की रेत पर लेटे रहे। अँधेरे में पानी और आसमान मिल गये थे और हम केवल समुद्र की आवाज़ सुनते रहे। हम बहुत थके हुए थे, मगर हम सोना नहीं चाहते थे। मैं तो बिलकुल नहीं सोना चाहता था, क्योंकि दिन व्यस्तता में निकल गया था और मैं केवल व्यस्तता में जीकर सोना नहीं चाहता, खासतौर पर तब, जब जुहू के मच्छर आपको प्यारे लगें। यहाँ के मच्छर बहुत सुन्दर हैं, हृष्ट-पुष्ट भी, मक्खियों की तरह। आप फ्लिट करेंगे तो पाएँगे कि मच्छर शराबी हो गये हैं और नटखट भी। आज गाड़ी पकड़ने की भरसक कोशिश करूँगा और 24 को साढ़े पाँच तक लाबोहीम पहुँचने की कोशिश भी।...'

20 अप्रैल, 1965

'...मैं आज शिवाजी पार्क, सी-फेस के एक फ्लैट में शिफ्ट कर गया हूँ, पेइंग गेस्ट की हैसियत से। समुद्र उतना ही पास है जितनी तुम मेरे पास हो। मुझे अफसोस है कि शादी के बाद हम इस फ्लैट में नहीं रह पाएँगे। हम इस खिड़की पर खड़े होकर समुद्र साथ-साथ नहीं देख पाएँगे। हम भूखे रह लेंगे मगर समुद्र से

बहुत दूर मकान नहीं लगे।...'

21 अप्रैल, 1965

'...पत्र पढ़कर मुझे लगा मैं दिल्ली में हूँ, तुम्हारे पास, तुम्हारे चेहरे पर सिगरेट का धुआँ फेंकता हुआ। जब-जब मैं यहाँ से दिल्ली के बारे में सोचता हूँ मुझे अपना वहाँ न होना अच्छा लगता है। कहानी के जुलूस में शामिल नहीं, यह एहसास मुझे ताज़गी देता है और यह सोचकर हैरानी होती है कि दिल्ली में मैं कहानी-चर्चा को इतनी गम्भीरता से लेता था और रोज सात-आठ घंटे कहानी की चर्चा करता था। कल दिल्ली की तसवीरें छाँटने के लिए लाइब्रेरी गया था, मुझे दिल्ली बहुत बौनी लगी, कनाट-प्लेस की ऊँचाई कितनी कम है, यह आप बम्बई या कलकत्ता में रहकर ही जान सकते हैं। बम्बई में कहानी की बात करने का मौका बहुत कम मिलता है, मुझे लगता है यहाँ आस-पास कोई बहुत बड़ी कहानी है, जिसे डिस्कवर करना है।...मध्य रेलवे के एक हिन्दी अधिकारी से भेंट हुई। उनके यहाँ जाना भी हुआ। उनकी पत्नी यहाँ लेक्चरर हैं और चाय बहुत अच्छी बनाती हैं।...

...आदमी टैक्सी में सफर न करे तो बम्बई दिल्ली से ज्यादा महँगा नहीं। दादर से वी.टी. का फर्स्ट क्लास का पास 11 रुपये में बन जाता है। हमारे घर से दादर साठ पैसे की दूरी पर है और फास्ट ट्रेन 13-14 मिनटों में वी.टी. पर पटक देती है।

...कोई चाय पीने के लिए तैयार नहीं होता। पाँच बजते ही लोग भाग जाते हैं। मैं अकेला भटकता रहता हूँ, चर्चगेट, मरीन ड्राइव, नरीमन पाइंट, चौपाटी या किसी नाटक-कला प्रदर्शनी या फैशन-परेड में घुसने की कोशिश करता हूँ। यहाँ जहाँगीर आर्ट गैलरी में 'कैफे समोवार' तुम्हें पसन्द आएगा। एक छोटी-सी ओपन एयर गैलरी। पृष्ठभूमि में सितार-वादन और सुन्दरियाँ, कुछ कलाकार या कला-समीक्षक।...

हम बहुत दूर तक साथ-साथ चलेंगे, समुद्र के किनारे खड़े होकर नारियल पियेंगे। मैं तुम्हें तुम्हारी कविताएँ सुनाऊँगा।'

30 अप्रैल, 1965

'...समुद्र गहरे इम्प्रेशन्स छोड़ रहा है। कई बार जब आधी रात को आँख खुलती है तो समुद्र डराता है। लगता है, अकेले को समुद्र और अकेला छोड़ जाता है और भरे हुए को और भर जाता है। कई बार लगता है यह समुद्र का नहीं, आपके

अन्दर का शोर है। शाम को नहाने के बाद कई बार समुद्र की यही आवाज़ प्यारी भी लगती है, जब सूरज की टिकिया अचानक समुद्र में कूद जाती है और समुद्र को आसमान से अलग कर पाना मुश्किल हो जाता है और समुद्र एक पेंटिंग की तरह लगता है, शान्त।...

...मेरे होस्ट की एक महाराष्ट्रियन प्रेमिका (होस्टेस) है, जो सिर्फ शाम को आती है और कॉफी बहुत अच्छी बनाती है। उसने जीवन में कभी चाय नहीं पी। नौ बजते-बजते मेरा होस्ट उसे उसके घर छोड़ आता है और फिर वह देर तक सो नहीं पाता। काफी देर तक वह अपने को बहलाता-बहलाता अन्ततः सो जाता है...'

7 अगस्त, 1965

'शनिवार। दिन-भर घूमता रहा। मरीन ड्राइव। एक कमरे का भाड़ा चार सौ रुपये। पत्थर। गाड़ियाँ। बसें। सरलजी। ट्रेसपासिंग। अब कुछ थकान और बरट्रोली। एक नयी जगह ढूँढ़ी है कॉफी पीने के लिए। तुम्हें पसन्द आएगी। लाबोहीम से खुली, मगर सस्ती। बैरे सर्व नहीं करते, लड़कियाँ सर्व करती हैं। झाग जरूरत से ज्यादा सफेद, लड़कियों के दाँतों की ही तरह। फिर थोड़ी ही देर में ट्विस्ट शुरू हो गया। अचानक। बम्बई की बरसात की तरह। मूसलाधार।...

कल इतवार है, और मैं हूँ। जैसे दोनों आमने-सामने खड़े हैं। देखें कौन जीतता है! इतवार ही जीतेगा, मैं हार जाऊँगा। हमेशा की तरह...

...अकसर सीधा घर ही चला जाता हूँ, मेरा होस्ट (जिसे तुम्हारी मम्मी मेरा घोस्ट कहती हैं) आजकल बाहर गया हुआ है। तुम्हारा जिक्र आते ही वह 'चाइनीज लंच' याद किया करता है। अगस्त में हमें तीन छुट्टियाँ होंगी, अगर बारिश थमी तो शायद माथेरान जाऊँ...।'

12 सितम्बर, 1965

'...आज इतवार है और यह खत बरट्रोली से लिख रहा हूँ। कुछ लिखना हो छुट्टी के रोज तो यह कोना पसन्द आता है। मुझे अफसोस रहेगा कि दोपहर बाद यह रेस्तराँ प्रेमियों का हो जाता है और वे बत्तियाँ बुझा देते हैं, फिर यहाँ बैठने का सवाल नहीं उठता, लिखता हुआ आदमी तो चुगद लगता है। यहाँ जुलाई में हम घंटों बैठे हैं, यहाँ अक्तूबर में भी हम बैठेंगे।...

यहाँ रात को ब्लैक आउट बहुत भला लगता है। सारी बम्बई और सारा समुन्दर चाँदनी में फिल्म का सेट लगता है, जैसे एक बार पवई में हम चाँदनी में नहाये थे। पिछले इतवार मैं दिन भर घर पर रहा था और अपनी 'घोस्टेस' के साथ ताश खेलता रहा था और शाम को उन्हीं लोगों के साथ बान्द्रा चला गया था, फिर

जुहू और अन्त में सान्ताक्रुज, जहाँ हमने कॉफी पी थी और जूकबॉक्स पर एक रिकार्ड बार-बार सुना था : 'वेयर डिड अवर लव गो?' बान्द्रा में एक जगह 'बैंड स्टैंड' मुझे बहुत पसन्द आयी। हम आखिर तक गये, समुद्र को छूकर लौट आये, जहाँ वह एक टूटे-से किले की दीवारों से पागलों की तरह टकरा रहा था...'

इस तरह के पत्र लिखते रहने के कुछ ही दिनों बाद मेरी शादी हो गयी—यानी कि बम्बई बम्बई न रही, घर हो गयी। ममता शाम को थकी लौटती है यूनिवर्सिटी से और पड़ोसिनें बताती हैं कि हमारे यहाँ काम करने वाली लड़की दिन-भर अपने प्रेमियों को चाय पिलाती है। कुछ ही देर बाद गाड़ियों में धक्के खाते हुए मैं भी लौट आता हूँ। मेरी बम्बई दस वर्ग फीट में सिमट जाती है। सामने के फ्लैट में पारसी बुढ़िया सिगरेट पीते हुए खाना पकाती है और बस रुकने और बस चलने की घंटियों की आवाज़ के बीच पीटर रात देर तक इलेक्ट्रिक गिटार बजाता है : 'आई वांट टु होल्ड योर हैंड...' यह शहर मेरा नहीं है या मैं इस शहर का नहीं हूँ या यह शहर किसी का नहीं है।

['ज्ञानोदय', नवम्बर, 1966]

अपनी हैसियत नापना चाहें तो इलाहाबाद हो आइए

इलाहाबाद अपेक्षाकृत एक कठिन और बददिमाग़ शहर है। यहाँ जड़ें जमाना बहुत मुश्किल काम है, लेखक के लिए ही नहीं, प्रकाशक के लिए भी। पत्र-पत्रिकाओं के लिए तो और भी अधिक चुनौतीपूर्ण। जिस लेखक, प्रकाशक, वकील, राजनेता और पत्र-पत्रिका को इलाहाबाद ने स्वीकार कर लिया, उसे पूरे देश की स्वीकृति मिल जाती है। देश भर से यहाँ अनेक साहित्यिक, व्यावसायिक और लघु पत्रिकाएँ आती हैं, कुछ पत्रिकाओं के तो बंडल ही नहीं खुलते। एक ज़माने में यहाँ 'धर्मयुग' की अस्सी प्रतियाँ बिकना मुहाल हो गया। डॉ. धर्मवीर भारती इलाहाबाद को लेकर बहुत संशकित रहा करते थे। वह अकसर कहा करते थे कि यह एक ऐसा शहर है जो दूर रहने पर 'हांट' करता है और पास जाने पर साँप की तरह डँसता है। भारतीजी ने भी इलाहाबाद के घाट-घाट का पानी पिया था, उन्होंने शहर में अपने अनेक मुखबिर छोड़ रखे थे। यह दूसरी बात है कि ये लोग अपने को भारती का विश्वासपात्र और परम मित्र समझने का भ्रम पाले हुए थे। मगर भारती जानते थे कि उनसे क्या काम लेना है। इनके माध्यम से भारतीजी को इलाहाबाद के साहित्यिक जगत की सम्पूर्ण जानकारी मिलती रहती थी। भारतीजी के पत्रों का संकलन करते समय पुष्पाजी की निगाह ऐसे पत्रों पर गयी कि नहीं, कह नहीं सकता।

मिर्ज़ा ग़ालिब तक इलाहाबाद से त्रस्त हो गये थे। उन्होंने अपने एक ख़त में इलाहाबाद के बारे में अपनी राय कुछ यों जाहिर की थी कि 'अगर जन्नत का रास्ता इलाहाबाद से होकर जाएगा तो मैं जहन्नुम में जाना ज्यादा पसन्द करूँगा।' मिर्ज़ा बरास्ता इलाहाबाद बनारस गये थे, मालूम नहीं कि इलाहाबाद ने उनके साथ कैसा सुलूक किया था कि वह इलाहाबाद से ख़ौफ़ खाने लगे थे। उन्होंने एक शेर में अर्ज़ किया कि 'हज़र अज़ फितन ए इलाहाबाद' यानी इलाहाबाद के फितनों से खुदा मुझे पनाह दे। इलाहाबाद आने से पहले मैंने 'फितना' शब्द नहीं सुना था। अश्कजी इसका खुलकर इस्तेमाल करते थे। उनकी नज़र में सन् साठ के बाद की पीढ़ी के

अधिसंख्य कथाकार फितना थे। इस शब्द की ध्वनि ही कुछ ऐसी है कि सुनने पर गाली का एहसास होता है। लुगात में इसका अर्थ देखा तो अश्कजी की ही नहीं मिर्ज़ा ग़ालिब की बात भी समझ में आ गयी। फितना का अर्थ होता है, लगाई-बुझाई अथवा साज़िश करने वाला, दंगाई, नटखट, षड्यन्त्री, बगावती आदि-आदि। साठोत्तरी पीढ़ी के बारे में अग्रज लेखकों की राय कभी अच्छी नहीं रही। भैरवप्रसाद गुप्त इसे हरामियों की पीढ़ी कहते थे, अश्कजी फितनों की, कमलेश्वर एय्याश प्रेतों की पीढ़ी और मार्कण्डेय दो पीढ़ियों के बीच उगी खरपतवार।

इलाहाबाद का आक्रामक तेवर सभी को झेलना पड़ता है—आप जवाहरलाल नेहरू या इन्दिरा गाँधी ही क्यों न हों। अपने को सुमित्रानन्दन पन्त या उपेन्द्रनाथ अश्क ही क्यों न समझते हों। ज्ञानपीठ पुरस्कार से सम्मानित नरेश मेहता इलाहाबाद की इन्हीं सड़कों पर अपनी आधा दर्जन अप्रकाशित पुस्तकों की पांडुलिपि लिये दर-दर भटका करते थे। यह इलाहाबाद में ही सम्भव था कि कोई विजयदेव नारायण साही भरी महफिल में पन्तजी की उपस्थिति में ताल ठोंककर घोषणा कर दे कि उसने पन्तजी का 'लोकायतन' न तो पढ़ा है और न पढ़ेगा। साही जैसे 'चैक पोस्ट' इलाहाबाद के हर प्रवेश द्वार पर स्थापित हैं।

यह कहना भी ग़लत न होगा कि इलाहाबाद न ख़ुद तेज़ भागता है, न किसी को इसकी इजाज़त देता है। जैसे खरामा-खरामा गंगा यमुना की धाराए प्रवाहित होती रहती हैं, वैसे ही इलाहाबाद का जीवन है। आज भी आप को लोकनाथ के किसी चौंतरे पर कोई शख्स मिल सकता है जो घंटों हाथ में लकड़ी के चौखटे पर बैठी बुलबुल को टकटकी लगा कर निहार रहा होगा। जो इलाहाबाद के प्यार में पड़ गया, वह यहीं का होकर रह गया। उसका कैरियर चौपट हो गया, मगर वह किसी भी सूरत में इलाहाबाद छोड़ना न चाहेगा। यही वजह है यहाँ आपको ग्रेजुएट चपरासी मिल जाएँगे, एम.ए. पास धोबी, हाईस्कूल के पास कई नाई मिल जाएँगे। वह कत्अन अपनी तकदीर से ख़फ़ा नहीं, मघई पान का बीड़ा मुँह में रखकर वह अपने को विश्व का सबसे भाग्यशाली शख़्स समझेंगे। इस लिहाज़ से इलाहाबाद गतिअवरोधक है। जितने स्पीडब्रेकर इलाहाबाद की सड़कों पर दिखाई देंगे, दूसरे किसी शहर में न होंगे। यह शहर आपको अपनी हैसियत का पग-पग पर एहसास कराता रहेगा। आप राजनीति में हों या साहित्य में, वकालत में हों या व्यवसाय में, नौकरी में हों या बेरोजगार, ये स्पीडब्रेकर आपकी गति नियन्त्रित करते रहेंगे।

अगर आप किसी इलाहाबादी को सूचना देंगे कि अमरीका का राष्ट्रपति इलाहाबाद आया है तो वह बग़ैर विचलित हुए आसानी से कुछ ऐसा जवाब दे सकता है कि वह अस्थि विसर्जन करने आया होगा। जहाँ एक ओर इलाहाबाद जगत के प्रति इतना निस्पृह और अनासक्त भाव रख सकता है, वहीं दूसरी ओर एक

मामूली रिक्शा चालक अपनी सवारियों के साथ देश की राजनीति पर गरमा गरम बहस कर सकता है। जैसे लोग मोक्ष की तलाश में वाराणसी शरीर छोड़ने जाया करते थे, ऐसे ही अपनी वसीयत में इलाहाबाद में संगम में अस्थि विसर्जन किये जाने की अन्तिम इच्छा प्रकट कर जाते हैं। वैसे इलाहाबाद एक ऐसा शहर है जहाँ बेमतलब कोई नहीं आता। पूरब से पश्चिम तक लोग यहाँ अपने मुकदमों की पैरवी के लिए आते हैं। यहाँ का उच्च न्यायालय एक दूसरी तरह का तीर्थ स्थल है। सुदूर ज़िलों से आये मुवक्किलों को इसकी सीढ़ियाँ चूमते और उसकी रज सिर माथे पर लगाते देखा जा सकता है। इलाहाबाद उच्च न्यायालय ने देश की प्रधानमन्त्री के चुनाव को अवैध करार देकर अपनी न्यायप्रियता और तेवर का परिचय दिया था और इस एक फैसले के दूरगामी प्रभाव हुए थे। देश में आपातकाल लागू हो गया था। इस एक फैसले से देश के राजनीतिक जीवन में भूचाल आ गया था।

भारत सरकार के कई महत्त्वपूर्ण कार्यालय इलाहाबाद में हैं। भारत सरकार के प्रधान महालेखाकार (लेखा एवं हकदारी) का एक कार्यालय इलाहाबाद में भी है, जो अपनी तरह का अनूठा कार्यालय है। इस कार्यालय में आपको कवि, कथाकार, गायक तो मिलेंगे ही, आई.ए.एस. और पी.सी.एस. की परीक्षा में उत्तीर्ण हुए ऐसे अनेक कर्मचारी मिल जाएँगे, जो इंटरव्यू में लुढ़क गये। ऐसे अनेक प्रतिभागियों की शरणस्थली है यह कार्यालय। इसके अतिरिक्त उत्तर मध्य क्षेत्र सांस्कृतिक केन्द्र, केन्द्रीय प्रशासनिक ट्रिब्यूनल, केन्द्रीय अन्तर्स्थलीय प्रग्रहण मात्यस्की अनुसन्धान संस्थान, कर्मचारी चयन आयोग (मध्य क्षेत्र), डी.आर.एम. ऑफिस (रेलवे), रेलवे इलेक्ट्रिफिकेशन और नार्थ सेंट्रल रेलवे का हेडक्वाटर जनरल ऑव पुलिस सी.आर.पी.एफ. का कार्यालय भी इलाहाबाद में है। भारतीय वनस्पति सर्वेक्षण, मेहता रिसर्च इंस्टीट्यूट और राष्ट्रीय विज्ञान अकादमी के कार्यालय भी इलाहाबाद में हैं। इसी प्रकार सी.डी.ए. पेंशन का कार्यालय और वायुसेना का एक अति विकसित एक मात्र प्रशिक्षण केन्द्र इलाहाबाद में स्थित है, जहाँ हवाबाजों को प्रशिक्षण दिया जाता है और पूरे देश से प्रशिक्षु अमला यहाँ संस्कारित किया जाता है। दूरदर्शन और आकाशवाणी के केन्द्र हैं। प्रदेश सरकार के कई महत्त्वपूर्ण मुख्यालय भी इसी शहर में हैं, जैसे शिक्षा निदेशालय, पुलिस मुख्यालय, आबकारी विभाग, डायरेक्टर ऑव जियोलाजी ऐंड माइनिंग, प्रोविजनल आर्मड् कान्सटबुलेरी, पत्राचार शिक्षा निदेशलय, बेसिक शिक्षा निदेशालय, माध्यमिक शिक्षा परिषद, उ.प्र. उच्चतर शिक्षा सेवा आयोग, उ.प्र. माध्यमिक शिक्षा सेवा चयन बोर्ड, शिक्षा निदेशक उच्च शिक्षा के कार्यालय भी यहीं हैं। इलाहाबाद में गवर्नमेंट प्रेस ही नहीं है रिज़नल प्रिंटिंग टेक्नालॉजी संस्थान भी यहीं हैं, मोतीलाल रीज़नल इंजीनियरिंग कॉलेज तो देश का जाना माना इंजीनियरिंग संस्थान है। देखा जाए तो इलाहाबाद

एक तरह से उत्तर प्रदेश की राजधानी लखनऊ से कम महत्त्वपूर्ण नहीं है। उत्तर प्रदेश सरकार का बहुत-सा कारोबार इलाहाबाद से ही चलता है।

इतने सारे सरकारी कार्यालयों के बावजूद इलाहाबाद को क्लर्कों का शहर नहीं कहा जा सकता। वकीलों, राजनीतिज्ञों और कलाकारों का शहर ज़रूर कहा जा सकता है। उच्च न्यायालय की बदौलत शहर की अर्थव्यवस्था चुस्त-दुरुस्त रहती है। पूरे प्रदेश में मुवक्किल आते हैं और उनकी बदौलत न केवल वकीलों का बल्कि होटलों, रेस्तराँ और रिक्शा टैम्पो चालकों से लेकर पनवाड़ियों तक का कारोबार चलता रहता है। इलाहाबाद में बड़े आकार के कल-कारखाने नहीं हैं। जो हैं, वे बीमार पड़े हैं, जो लस्टम-पस्टम किसी सूरत में अपना कारोबार चला रहे हैं, वे निरन्तर घाटे की तरफ बढ़ रहे हैं।

इलाहाबाद की अर्थव्यवस्था को ले-देकर उच्च न्यायालय और विश्वविद्यालय का सहारा है। यद्यपि इलाहाबाद विश्वविद्यालय भी अपनी गरिमा खो चुका है, मगर पूरब के छात्रों में अब भी लोकप्रिय है। इलाहाबाद विश्वविद्यालय के छात्रावास जर्जर हो चुके हैं। न भोजन की सुचारु व्यवस्था है, न आवास की। वे खँडहर बनकर रह गये हैं। इनका कोई पुरसाहाल नहीं है। आये दिन ख़बरें प्रकाशित होती हैं कि इन छात्रावासों पर अराजक तत्त्वों का क़ब्ज़ा होता जा रहा है। इसके बावजूद छात्र इलाहाबाद विश्वविद्यालय का नाम सुनकर इलाहाबाद आते हैं और उनकी कालोनियाँ बस गयी हैं। विश्वविद्यालय के आसपास की बस्तियों में छात्रों ने अपना बसेरा बना लिया है। कुछ छात्र तो पुश्त-दर-पुश्त एक ही कमरे में रह रहे हैं। इलाहाबाद में उच्च शिक्षा के छात्रों की कुल संख्या एक लाख के करीब बतायी जा रही है। बहुत से छात्र तो प्रशासनिक सेवाओं में जाने के आकर्षण में आते हैं। एक ज़माना था, प्रशासनिक सेवाओं में जाने वाले छात्रों में सबसे अधिक संख्या इलाहाबाद के छात्रों की रहती थी। आज भी केन्द्र तथा प्रदेश सरकारों के सचिवालयों में इलाहाबाद के पूर्व छात्र ऊँचे-ऊँचे पदों पर तैनात हैं, मगर इधर कुछ वर्षों से इलाहाबाद के छात्रों की संख्या में गुणात्मक कमी आयी है। अब इलाहाबाद के इक्का-दुक्का छात्र ही आई.ए.एस. और आई.पी.एस. की वैतरनी पार कर पाते हैं। इसके बावजूद प्रतियोगी परीक्षा में बैठने वाले छात्रों की संख्या में कमी नहीं आयी है। यही कारण है कि इलाहाबाद में कोचिंग क्लासेज़ का धन्धा आज भी शबाब पर है। उनका कारोबार इन अप्रवासी छात्रों के बल पर परवान चढ़ रहा है। छात्रों ने इलाहाबाद में फोटो-स्टेट के धन्धे में चार चाँद लगाये हैं।

छात्र बहुल बस्तियों की गलियों में आपको छात्र किताबों की छाया प्रतियाँ कराते मिल जाएँगे। विश्वविद्यालय रोड के पास तो फोटो-स्टेट का एक मार्केट ही खुल गया है। शाम को सब्ज़ी वालों के यहाँ आपको पाव भार आलू और टमाटर

खरीदते छात्रों के झुंड के झुंड नज़र आयेंगे। वे अपने हाथ से ख़ुद खाना पकाएँगे और भविष्य के लिए अपने को तपाएँगे। प्रतियोगी परीक्षाओं की तो इलाहाबाद में ऐसी खब्त है कि हर दूसरे छात्र का कलेक्टर बनने का सपना है। वे निराश हो जाते हैं तो दाढ़ी बढ़ा लेते हैं और चप्पल चटखाते हुए संघर्ष करते नज़र आते हैं। कुछ छात्र जिनके माता-पिता अपनी जमीन रेहन रख के उज्ज्वल भविष्य के लिए उन्हें इलाहाबाद भेजते हैं, अगर प्रतियोगिता में लगातार बैठने और तपस्या करके भी सफल न होने पर अपराध भावना से ग्रसित होकर मानसिक सन्तुलन तक खो बैठते हैं। भगवान राम की तरह उनका बस एक ही लक्ष्य होता है और वह लक्ष्यबेध नहीं कर पाते तो उनकी कुंठाओं और निराशाओं का अनुमान लगाया जा सकता है। अकसर लोग आश्चर्य करते हैं कि ये छात्र प्रशासनिक सेवाओं से ही क्यों आब्सेस्ड हैं। ये छात्र प्रबन्ध के क्षेत्र में, संचार प्रौद्योगिकी के क्षेत्र की तरफ क्यों आकर्षित नहीं होते, जहाँ अपार सम्भावनाएँ हैं। बहरहाल, इलाहाबाद की अर्थव्यवस्था में इन छात्रों का योगदान एक करोड़ रुपये प्रतिमाह से कम न होगा।

इलाहाबाद में पर्यटकों के लिए भी अनेक आकर्षण हैं, इलाहाबाद का ऐतिहासिक किला है, जिसे 1583 में अकबर ने बनवाया था, अशोक स्तम्भ है, जिसका निर्माण ईसा पूर्व 236 में हुआ था। इसकी ऊँचाई 10.6 मीटर है। अक्षयवट है, जिसे अमर वृक्ष की संज्ञा दी गयी है, प्राचीन ग्रन्थों में जिसका विशद उल्लेख मिलता है, हनुमान जी का जगप्रसिद्ध मन्दिर है, जिस में हनुमानजी लेटे हुए हैं, शंकर विमान मंडपम है, मनकामेश्वर मन्दिर है। इसके अतिरिक्त आनन्द भवन और स्वराज्य भवन यहाँ के प्रमुख आकर्षण केन्द्र हैं। आनन्द भवन राष्ट्रीय स्वाधीनता संग्राम की अनेक ऐतिहासिक परिघटनाओं का मूक साक्षी रहा है। पुराना आनन्द भवन अब स्वराज्य भवन के नाम से विख्यात है, जिसे 1930 में मोतीलाल नेहरू ने राष्ट्र के नाम समर्पित कर दिया था, जवाहरलाल नेहरू तारामंडल का अपना महत्त्व है। भारद्वाज आश्रम है, जहाँ भगवान राम ने निर्वासन के दौरान पदार्पन किया था। इलाहाबाद में अनेक दयोर और चर्च हैं, जो अपनी ऐतिहासिकता तथा स्थापत्य के कारण जगप्रसिद्ध हैं। इलाहाबाद संग्रहालय, इलाहाबाद विश्वविद्यालय, हनुमत निकेतन, सुमित्रानन्दन पन्त बाल उद्यान, चन्द्रशेखर आजाद पार्क, शिवकोटि, कल्याणी देवी मन्दिर, नागवासुकी मन्दिर, नेहरू पार्क, सरस्वती घाट, रसूलावाद घाट हिन्दी साहित्य सम्मेलन आदि दर्शनीय स्थल हैं। शृंग्वरेपुर इलाहाबाद से मात्र 40 किलोमीटर दूर है, जहाँ भगवान राम ने वन गमन से पूर्व गंगातट पर रात्रि प्रवास किया था। बौद्ध और जैन धर्म का केन्द्र कौशाम्बी भी साठ किलोमीटर की दूरी पर है, कड़ा कभी मुग़लों की प्रान्तीय राजधानी था (69 किलोमीटर), सीतामगढ़ी (72 किलोमीटर) आश्रम में सीता ने लव-कुश को जन्म दिया था। चित्रकूट, झूँसी, लाक्षागृह सब

इलाहाबाद की परिधि के आस-पास के महत्त्वपूर्ण पर्यटक स्थल हैं।

कई बार तो भ्रम होता है कि इस शहर में कोई ऐसा विश्वविद्यालय है जो राजनेताओं, प्रधानमन्त्रियों और रचनाकारों की एक भरी पुरी जमात पैदा करता रहता है। यह अकारण नहीं है कि इस शहर ने देश को कोई आधा दर्जन प्रधानमन्त्री दिये। पंडित जवाहरलाल नेहरू तो यहाँ के ही धरती पुत्र थे, उनकी बेटी इन्दिरा गाँधी ने भी अपने राजनीतिक जीवन की शुरुआत जीरो रोड से अँग्रेजों के खिलाफ प्रदर्शन करते हुए की थी। राजीव गाँधी का तो ननिहाल था। लालबहादुर शास्त्री की शिक्षा-दीक्षा भी यहीं हुई। विश्वनाथ प्रताप सिंह को तो राजा मांडा (जिला इलाहाबाद) के नाम से पुकारा ही जाता है। यही नहीं, चन्द्रशेखर भी इलाहाबाद विश्वविद्यालय के भूतपूर्व छात्र थे। भारत के राष्ट्रपति डॉ. शंकरदयाल शर्मा भी इलाहाबाद विश्वविद्यालय के एक हॉस्टल में रहते थे। नारायण दत्त तिवारी तो इलाहाबाद विश्वविद्यालय छात्रसंघ के अध्यक्ष रह चुके हैं। डॉ. राममनोहर लोहिया का इलाहाबाद से अन्तरंग सम्बन्ध रहा।

साहित्य में भी इलाहाबाद की पताकाएँ खूब फहरायीं। इलाहाबाद निराला, पन्त, महादेवी, फ़िराक़ गोरखपुरी, उपेन्द्रनाथ अश्क, अकबर इलाहाबादी आदि देश के शीर्ष रचनाकारों की कर्मभूमि रहा। हिन्दी कविता में छायावाद का जन्म इसी भूमि पर हुआ और नयी कविता और नयी कहानी के आन्दोलन इसी धरती से उठे। एक जमाने में इलाहाबाद प्रगतिशील लेखक संघ का एक महत्त्वपूर्ण केन्द्र था तो दूसरी ओर 'परिमल' के साहित्यिक आन्दोलन का सूत्रपात भी यहीं से हुआ। हिन्दी की युग प्रवर्तक पत्रिका 'सरस्वती' भी इलाहाबाद में सम्पादित होती थी। 'निकष', 'संकेत', 'कहानी', 'नयी कविता', 'कथा' आदि पत्रिकाओं ने साहित्य और नवलेखन के विकास में अभूतपूर्व योगदान दिया।

सन् 2001 में प्रयाग में इस शताब्दी का पहला कुम्भ है। मेले के दौरान जनसंख्या की दृष्टि से इलाहाबाद विश्व का सबसे बड़ा नगर होगा। दिल्ली, मुम्बई, कोलकाता, तोक्यो, बीजिंग सब पीछे रह जाएँगे। एक अनुमान के मुताबिक सदी के इस पहले कुम्भ में दस करोड़ लोग स्नान करने आ सकते हैं। उसकी तैयारी के लिए अभी से प्रशासन चौकन्ना है। हर बारहवें वर्ष पर कुम्भ लगता है और इलाहाबाद की सड़कों का पुनरुद्धार होता है। हर बारहवें वर्ष इस नगर के दिन बहुरते हैं। टूटी-फूटी सड़कों का निर्माण किया जाता है और इतने सारे लोगों को बसाने के लिए संगम के तट पर एक नया महानगर ही बस जाता है। इस मेले में आप देश के किसी भी कोने के व्यक्ति से मिल सकते हैं। विदेशियों की भी भरमार होती है। चिकित्सा सेवाएँ उपलब्ध करायी जाती हैं। बड़े-बड़े मठों तथा अखाड़ों के लाखों साधुओं का जमवाड़ा होता है। 'निर्वाणी', 'निरंजनी', 'जूना', 'वैरागी',

‘दिगम्बर’, ‘निर्मोही’, ‘उदासी’ और ‘निर्मला’ अखाड़े के साधुओं की रथयात्राएँ निकलती हैं। संक्रान्ति और अमावस्या स्नान की मुख्य तिथियाँ हैं।

वस्तुतः कुम्भ एक राशि का भी नाम है और इसका शाब्दिक अर्थ है घड़ा। पुराणों में एक कथा का उल्लेख है कि समुद्र मन्थन के बाद अन्य वस्तुओं के अलावा एक कुम्भ भी निकला था। इस कुम्भ को लेकर देवतागण भागे, दानवों ने उनका पीछा किया। बारह दिन बारह रात तक यह दौड़ चलती रही। और इसी दौड़ के क्रम में हरिद्वार, प्रयाग, नासिक और उज्जैन में अमृत छलक गया। कहा जाता है कि बृहस्पति, सूर्य, चन्द्र और शनि ने उस पवित्र कुम्भ की रक्षा की थी। उसी अमृत की स्मृति के रूप में इन चारों पवित्र स्थानों पर बारी-बारी से प्रति बारहवें वर्ष कुम्भ लगता है। जब बृहस्पति मेष राषि में और चन्द्रमा और सूर्य मकर राशि में होते हैं तो ऐसा योग प्रयाग में कुम्भ कहलाता है। प्रतिवर्ष माघ के महीने चन्द्रमा और सूर्य मकर राशि पर होते हैं, परन्तु बृहस्पति का एक चक्कर पूरा होने में बारह वर्ष लग जाते हैं।

इतिहास में कुम्भ मेले का सबसे पुराना उल्लेख महाराजा हर्ष के समय का मिलता है। चीन के प्रसिद्ध बौद्ध भिक्षु ह्वेन सांग ने ईसा की सातवीं शताब्दी में कुम्भ का आँखों देखा हाल लिखा है।

☐ इलाहाबाद

सुहानी सुबह, अंगारा दोपहर और रेशमी शामें

धर्मवीर भारती ने अपने लोकप्रिय उपन्यास 'गुनाहों का देवता' के प्रथम पैराग्राफ में लिखा था कि इलाहाबाद की सुबह मलयजी, दोपहरें अंगारा तो शामें रेशमी होती हैं। उन्हें इलाहाबाद के वातावरण में नैस्टर्शियम और पैंजी के फूलों से भी ज्यादा खूबसूरत आम के नये बौरों की महक लगती थी। उन्हें लगता था कि सिविल लाइन्स हो या अल्फ्रेड पार्क, गंगातट हो या खुसरोबाग की हवा ने सब एक नटखट दोशीज़ा की तरह कलियों के आँचल और लहरों के मिजाज से छेड़खानी करती चलती हैं।

इलाहाबाद का बाहर का इलाका सचमुच बहुत खूबसूरत है। गुलमोहर, अमलतास, नीम, मौलसिरी पारिजात के जितने पेड़ इलाहाबाद में मिलेंगे किसी दूसरे शहर में शायद ही मिलें। इलाहाबाद की बहुत-सी सड़कें ऐसी हैं जो शाम घिरते ही महकने लगती हैं। पतझड़ में जब नीम के पत्ते झरते हैं तो कई सड़कें पीतवर्णी हो जाती हैं। केंटोनमेंट के इलाकों में यह आम है। इन सड़कों पर ऐसी पुरवैया बहती है कि एयरकंडीशनर शरमा जाएँ। ऐसी बयार जो आपके अंग-अंग को अपने मोरपंखी स्पर्श से मतवाला बना दे।

इलाहाबाद का एक दूसरा पहलू भी है। इसी इलाहाबाद में ऐसी लू भी चलती है कि पूरा बदन झुलस जाता है। लू लगने से बहुत से लोग हर साल मरते हैं। बरसात के मौसम में ऐसी उमस होती है कि नाकाबिले बर्दाश्त लगती है। शाम के वक्त बहुत से लोग केवल अधोवस्त्र पहने घूमते नज़र आएँगे। इलाहाबाद के कुछ इलाके ऐसे हैं जो हर बरसात में डूब जाते हैं। सड़कों पर नाव चलती है। जिन इलाकों में पानी नहीं भरता, वहाँ के लोग बीवी बच्चों सहित 'बाढ़' का दृश्य देखने निकल पड़ते हैं। इलाहाबाद में सामाजिक गतिविधियाँ बहुत कम होती हैं। लोग बाढ़ देखकर शाम बिता लेते हैं। इलाहाबाद उन शहरों में है, जहाँ आज भी लोग सर्कस देखने जाते हैं। मेले लगते हैं, उनमें खूब भीड़ होती है।

औद्योगिक दृष्टि से इलाहाबाद अत्यन्त पिछड़ा हुआ क्षेत्र है। 'इफ़को' के अलावा यहाँ कोई बड़ा कल–कारखाना नहीं। इलाहाबाद की अर्थव्यवस्था हाई कोर्ट और कुछ सरकारी दफ्तरों पर टिकी है। थोड़ा–बहुत योगदान संगम का है। इलाहाबादी मूल रूप से फक्कड़ तबीयत के होते हैं। जितना मिल जाए, उसी में प्रसन्न रहते हैं। अपनी उन्नति को लेकर भी खास परेशान नहीं रहते। इसे विरोधाभासपूर्ण ही कहा जाएगा, ऐसे निष्क्रिय वातावरण में सिविल सेवा परीक्षा की तैयारी करने लाखों छात्र इलाहाबाद आते हैं और कमरे लेकर रहते हैं। विश्वविद्यालय के आसपास की रिहायशी कॉलोनियों में छात्रों की भारी जमात रहती है। ये छात्र दिनभर कच्छा बनियान पहन कर 'कम्पटीशन' की तैयारी करते हैं और शाम होते ही अपने अपने बिलों से बाहर निकल आते हैं। शाम को चौराहों पर चाय की दुकानों के आसपास छात्रों के झुंड के झुंड दिखायी देंगे। इलाहाबाद की अर्थव्यवस्था में इन छात्रों का भी योगदान है। शाम को पत्र–पत्रिका विक्रेताओं के यहाँ इन्हें रोजगार समाचार के पन्ने पलटते हुए देखा जा सकता है।

इलाहाबाद की शाम का एक कृष्ण पक्ष भी है, जिस का आभास मिर्ज़ा ग़ालिब के एक ख़त से मिलता है, जिसमें उन्होंने इलाहाबाद के बारे में अपनी दो टूक राय ज़ाहिर की थी। ग़ालिब ने लिखा था कि अगर जन्नत का रास्ता इलाहाबाद होकर जाएगा तो मैं जहन्नुम में जाना ज्यादा पसन्द करूँगा। ऐसी क्रूर टिप्पणी कोई मैगुसार ही कर सकता है, जिसे शाम को शहर में कोई खराबात (मधुशाला) न मिली हो और उसे तश्नालब (जिसके होंठ प्यास के मारे सूख गये हों) शहर छोड़ना पड़ा हो। यह भी हो सकता है कि शाम को मिर्ज़ा ग़ालिब टहलते हुए नक्खास कोहना की तरफ निकल गये हों, जहाँ आज की तरह उन दिनों भी गन्दगी और कूड़े का एकच्छत्र साम्राज्य हो। उन दिनों की बात छोड़िये बीचोबीच ऐसे कुछ अनेक स्थल हैं, जहाँ से आप बगैर नाक पर रूमाल रखे गुजर नहीं सकते। शिकायतें कर करके लोग हार चुके हैं और अब इस बदबू, इस गन्दगी और कूड़े के प्रति निरपेक्ष हो चुके हैं। ऐसे चौराहों की शाम उसी तरह गुलज़ार है। अफसोस इसी बात का है कि अगर निर्ज़ा ग़ालिब इलाहाबाद से तश्नालब लौट गये तो बहुत बुरा हुआ। आप इलाहाबाद तशरीफ लाएँ और अपनी आँखों से देख लें, इलाहाबाद में शराब का भी दरिया बह रहा है। शहर के गोशे–गोशे पर मैखाने खुल गये हैं, हौलियाँ हैं और बियर शॉप तो इतनी हैं कि पीते–पीते मिर्ज़ा का पेट भी अफर जाता और मिर्ज़ा इलाहाबाद में ही बस जाते। इलाहाबाद में जितने भी 'बार' यानी मधुशालाएँ हैं, उनका शाम का 'शो' हाउसफुल जा रहा है।

इलाहाबाद के बीचोबीच रेल की पटरियों का संजाल बिछा हुआ है। कभी ये इलाके शहर के बाहर रहे होंगे। इलाहाबाद में जगह–जगह छोटे–छोटे पुल बने हुए

हैं और उनके ऊपर से ट्रेन दौड़ती रहती हैं, पुलों के ऊपर ट्रेनें दौड़ती हैं और पुलों के नीचे कारें, साइकिल रिक्शा, स्कूटर, मोटर साइकिल, भेड़ें, बकरियाँ, भैंसें और दूसरे मवेशी वगैरह वगैरह। यानी जहाँ-जहाँ पुल हैं, वहाँ-वहाँ उनके नीचे जाम है। इन पुलों को डॉट के पुल कहा जाता है। इलाहाबाद में डॉट के कई पुल हैं। शाम को प्राय: हर पुल के नीचे ट्रैफिक जैम है। यह जैम कुछ ऐसा है कि इसमें फँसकर न नैस्टर्शियम की याद आती है न पैंज की, न ही आम के बौर की। लगता है ऐसी ही किसी शाम दुष्यन्त कुमार ने डॉट के पुल के नीचे जाम में फँस कर ऐसे शेर कहे होंगे—

तू किसी रेल-सी गुज़रती है
मैं किसी पुल-सा थरथराता हूँ

अथवा

शहर की भीड़भाड़ से बचकर
तू गली से निकल रही होगी

शाम के समय सिविल लाइन्स क्षेत्र गुलज़ार होने लगता है। सिविल लाइन्स में सड़क के दोनों ओर गुमटियों में छोटे-छोटे रेस्तराँ खुल जाते हैं। फुटपाथ पर फोल्डिग कुर्सियाँ और मोढ़े बिछ जाते हैं। चिकन टिक्का, चाऊमीन, कुल्चे छोले, कालीमिर्च का मुर्गा, इडली दोसा, उतप्पम, चाट, गोलगप्पे आप जो खाना चाहेंगे मिलेगा। आप बीयर का सेवन भी कर सकते हैं, मगर थोड़ा चोरी छुपे। ऐसे फोल्डिग रेस्तराँ कम ही शहरों में देखने को मिलेंगे। रोम में ऐसे 'रोड साइड' रेस्तराँ मिलेंगे या फिर पूना वगैरह में। इस बाज़ार का विलोम भी है, वह है शहर के केन्द्र में स्थित मिठाइयों और नमकीन का बाज़ार—लोकनाथ। खाँटी इलाहाबादी के लिए लोकनाथ एक बाज़ार नहीं संस्कृति है। उनकी सिविल लाइंस की यही है और कॉफ़ी हाउस भी। यहाँ लोग शाम को चाय कॉफ़ी नहीं लस्सी पीते हैं। एक ज़माना था लोकनाथ की मिठाई सर्वोत्कृष्ट समझी जाती थी और लोकनाथ के नमकीन विदेशों को निर्यात होते थे। इस बाज़ार में सौ साल पुरानी दुकानें भी मिल जाएँगी। सौ साल में भी किसी ने इन उत्पादों को ब्रांड में तब्दील करने का नहीं सोचा। जैसी दुकान सौ साल पहले थी, वैसी ही आज है। वही काउंटर, वही दालमोट, वही समोसा, कचौड़ी और दमआलू। पीढ़ी-दर-पीढ़ी करोबार चल रहा है। अब धीरे-धीरे बहुराष्ट्रीय कम्पनियाँ लोकनाथ में घुस रही हैं। लोकनाथ की मिठाइयाँ आउट डेटेड होती जा रही हैं। मिठाई के अनेक नये प्रतिष्ठान खुल गये हैं और शहर में उनकी जगह-जगह शाखाएं हैं। इन प्रतिष्ठानों ने मिठाई का रूप रंग ही नहीं,

उनकी पैकिंग और मार्केटिंग का स्वरूप ही बदल दिया है। लोकनाथ में जलेबी की एक पुश्तैनी दुकान है। सुनते हैं इन्दिरा गाँधी को इस दुकान की जलेबी बहुत पसन्द थी। अब इस दुकान पर जलेबी सिर्फ सुबह के समय छनती है, शाम के समय इस दुकान पर इडली दोसा बिकने लगा है। वही एक दुकान है, जिसने अपनी रणनीति बदली है, वरना लोकनाथ में जहाँ पहले भाँग छनती थी, आज भी भाँग छानी जा रही है। इलाहाबाद में शाम के समय मलाई, रबड़ी खाने का प्रचलन है। लोकनाथ में मलाई, रबड़ी की अनेक दुकानें मिल जाएँगी। शाम के समय चाट की दुकानों पर महिलाओं की जबरदस्त भीड़ देखी जा सकती है। वे सज-सँवर कर शाम को चाट खाने निकलती हैं। जो महिलाएँ गले में सोने की चेन पहन कर निकली हैं .... जब वे घर पहुँचें तो उनके गले की चेन सही सलामत हो। रास्ते में कहीं भी छिनैती हो सकती है। सूरज डूबते ही छिनैती का धन्धा शुरू हो जाता है। कुछ सड़कें तो इस के लिए बदनाम हो गयी हैं।

जो शहर नदी किनारे बसते हैं उनकी शाम विशिष्ट होती है। इलाहाबाद दो-दो नदियों के किनारे बसा है और इन नदियों का संगम भी यहीं पर होता है। सूरज यहाँ नदी में ही जन्म लेता है और नदी में डूब जाता है। सूर्यास्त के कुछ दृश्य अपनी अमिट छाप छोड़ जाते हैं। मैं अपने घर के पास रसूलाबाद घाट पर खड़ा था। सहसा मेरी नज़र आकाश की तरफ गयी तो देखा आसमान लहूलुहान हो रहा था जैसे सूरज ने आसमान के सीने में खंजर घोंप दिया हो। आकाश से लहू की सहस्रधाराएँ नदी में विसर्जित हो रही थीं। नदी एक ज्वालामुखी में तब्दील हो गयी थी और आकाश से लावे का प्रपात नदी की सतह पर गिर रहा था। यह दृश्य देर तक दिखाई देता रहा, जब तक उस पर अन्धकार का पटाक्षेप न हो गया।

नदी किनारे पावस की साँझ का भी अपना ही महत्त्व है। जल, थल और आकाश एक-दूसरे में विलीन हो जाते हैं। आकाश जैसे गंगा में डूब जाता है और गंगा जैसे आकाश की पीठ पर सवार हो जाती है। गंगा और क्षितिज एक से रंग में रंग जाते हैं और इस दृश्य को देखते हुए लगता है कि आप जैसे अनन्त में विलीन होते जा रहे हैं।

□ इलाहाबाद

साप्ताहिक में दफ़्न एक कालपात्र

मुझे दिखायी दे रहा है, शीघ्र ही हिन्दी साहित्य के क्षितिज पर एक नया सम्प्रदाय उभरने वाला है। इस सम्प्रदाय का नाम उसी प्रकार लोकप्रिय होगा जैसे सफेद दाग के रोगियों के बीच कतरी सराय (गया) का नाम लोकप्रिय होना चाहिए या फरमाइशियों के बीच झुमरी तलैया का। समान्तरवादियों के बीच कमलेश्वर का या हिन्दी की सत्रह से सत्तर बरस की उम्र की लेखिकाओं के बीच राजेन्द्र यादव का। इस सम्प्रदाय का गठन कुछ-कुछ जनता पार्टी के पैटर्न पर होगा। मगर अन्तर केवल इतना होगा कि मार्क्सवादी इस सम्प्रदाय को मात्र समर्थन नहीं देंगे, इसमें शामिल भी होंगे।

फिलहाल इस सम्प्रदाय को महदौरी सम्प्रदाय के नाम से पुकारा जा सकता है। महदौरी, गंगा तट पर उभर रही एक आवास विकास योजना का नाम है। प्रयाग में अब तक कमलेश्वर, शैलेश मटियानी, मार्कंडेय, पीयूष उमाकान्त मालवीय, रवीन्द्र कालिया आदि बहुत-से लेखक-सम्पादक गंगातट पर बैठकर या लेटकर साहित्य-सृजन करने का अन्तिम निर्णय ले चुके हैं। मार्कंडेय ने कृपापूर्वक अपने बँगले की नींव में एक कालपात्र गड़वाने की अनुमति दे दी है। इलाहाबाद के 'सन्नाटा' फेम के लेखक व विख्यात अफवाहनवीह पंडित सत्यप्रकाश मिश्र को त्रि-सदस्यीय समिति के परामर्श से कालपात्र का प्रारूप तैयार करने का कार्यभार सौंपा गया है। इसे समिति का दुर्भाग्य ही कहा जाएगा कि समिति के नाम घोषित होते ही अमरकान्त ने तीन सदस्यों की समिति को हिन्दी साहित्य के 'कफ, पित्त और वायु' की संज्ञा से अलंकृत कर दिया। जब तक पंडित सत्यप्रकाश मिश्र के पीछे लगा हमारा जासूस कालपात्र की नकल तैयार करता है, हम आपको महदौरी सम्प्रदाय के बारे में प्रसारित-प्रचारित हो रहे कुछ लतीफों की जानकारी देते हैं।

प्रयाग के एक प्रतिष्ठित लेखक का मत है कि गंगा-तट पर साहित्य-सेवा में रत इन साहित्यकारों को अब चुल्लू भर पानी में डूब मरने की जरूरत नहीं रहेगी। इसे इन लेखकों का सौभाग्य ही कहा जाएगा कि डूब मरने के लिए इन लोगों को

अहर्निश गंगामैया हहराती मिलेंगी। प्रतिष्ठित लेखक के 'थीसिस' पर मतैक्य नहीं हो सका, क्योंकि एक युवा लेखक ने, जो बवासीर के ऑपरेशन के बाद अभी हाल ही में होश में आया था, बोला, 'धोखे में मत रहियो। कमलेश्वर या रवीन्द्र कालिया को डूबना होता तो बहुत पहले अरब महासागर में कूद चुके होते।'

पिछले बीस वर्षों से बमपुलिस की बगल में रहने वाले हिन्दी के एक अन्तर्राष्ट्रीय ख्याति के बहुमुखी प्रतिभाशाली लेखक का मत है कि इन साहित्यकारों के नगर से बाहर चले जाने से अब नगर में प्रदूषण नहीं फैलेगा। इस पर भी एक पूर्वाग्रही लेखक ने टिप्पणी कर दी, 'बन्धु लगता है आपको समाजशास्त्र की बहुत सीमित जानकारी है। यह तो समाज का अखंड नियम है कि नगरवधुएँ जहाँ बसती हैं, शहर वहीं खिसक जाता है।'

बहरहाल हमारा जासूस पंडितजी के यहाँ से केवल एक ही पन्ना उड़ाकर ला सका क्योंकि पंडित सत्यप्रकाश मिश्र डॉ. रघुवंश के दरबार से अचानक लौट आये। जो भी सामग्री हमें प्राप्त हो सकी है, वह साप्ताहिक हिन्दुस्तान में गड़वाने के लिए भेजी जा रही है :

1. मोहन राकेश के असामयिक निधन के बाद उपेन्द्रनाथ अश्क एक बार फिर नाटक लिखकर भाग्य आजमा रहे हैं।

2. नरेश मेहता के बाल बुढ़ापे में यकायक काले हो गये हैं और वह धड़ाधड़ 'प्यार की यह प्रथम अनुभूति' जैसी कविताएँ लिखकर अपनी पत्नी को प्रताड़ित कर रहे हैं।

3. सोने के गिरते हुए भाव से कामरेड भैरवप्रसाद गुप्त अत्यन्त चिन्तित हैं।

4. बिक्रीकर हटाये जाने की माँग से शैलेश मटियानी बहुत क्षुब्ध हैं।

5. दिल्ली से लौटकर लक्ष्मीकान्त वर्मा ऊँघते रहते हैं। चाहे वे विजयदेव नारायण साही की नयी कविताएँ सुन रहे हों या सतीश जमाली का विलाप।

6. मार्कंडेय की समाधि टूट गयी है और उन्होंने अपना 'हजरते दाग जहाँ बैठ गये, बैठ गये' वाला तख्त दूधनाथ सिंह को भेंटस्वरूप दे दिया है।

7. दूधनाथ सिंह ने आपातकाल में रद्दी के भाव बेचे 'पक्षधर' का दूसरा संस्करण प्रकाशित करने के लिए एक स्थानीय प्रेस वाले को पटा लिया है।

8. रमेशचन्द्र शाह ने ग्रोवर दिनेश की तर्ज पर ही अपने उपन्यास का नाम 'गोबर गणेश' रखा है।

9. सम्पादकों के आग्रह से आजिज़ आकर ज्ञानरंजन ने अपना नाम गुप्तदान रख लिया है।

10. लेखकों के तकाजों से खौफ खाकर प्रयाग के एक प्रकाशन ने बन्दूक की दुकान खोल ली है।

[होली विशेषांक, सा. हि. 1978]

□ इलाहाबाद

इलाहाबाद और ज्ञानरंजन

साठ की पीढ़ी के लगभग सभी हस्ताक्षरों ने अब पचहत्तर पार कर लिया है। दूधनाथ सिंह, काशीनाथ सिंह, विजयमोहन सिंह, गिरिराज किशोर, मधुकर सिंह, से.रा. यात्री कौन ऐसा है, जो पचहत्तर पार नहीं है। इसके विपरीत पचास की पीढ़ी इतनी भाग्यशाली नहीं रही। मोहन राकेश तो अपनी रचनाशीलता के स्वर्णकाल में ही चले गये, रेणु भी सत्तर पार नहीं कर पाये। देवीशंकर अवस्थी भी कम उम्र में ही दुनिया को अलविदा कह गये। ये सब अपने समय की बड़ी प्रतिभाएँ थीं। लेकिन कई बार प्रतिभा का विस्फोट भी घातक सिद्ध होता है। इन लोगों के साथ यही हुआ। एक अजीब बात है कि हिन्दी में दीर्घायु होने का अर्थ प्राय: यह लगाया जाता है कि अन्तिम साँस तक लेखन में लगे रहो मुन्ना भाई। प्राय: देखा गया है कि रचनात्मक अवधि नि:शेष होने पर भी लोग लिखते रहते हैं। कुछ लोग तो रिटायरमेंट के बाद जब पेंशन मिलने लगती है, तब लिखने का प्रण लेते हैं। सारी ज़िन्दगी वे इसी उम्मीद में नौकरी करते रहते हैं कि रिटायरमेंट के बाद इत्मीनान से लिखेंगे। बच्चे पढ़-लिख गये, नौकरी में आ गये, सबके शादी-ब्याह हो गये। अब सारी जिम्मेदारियों से मुक्ति पाने के बाद ऐसे लोग साहित्य सेवा पर अपना ध्यान केन्द्रित करते हैं। लेकिन इन तमाम लोगों के बीच ज्ञानरंजन ने एक अनूठा उदाहरण पेश किया है। उसने अधेड़ होने से पहले ही लेखन से संन्यास ले लिया था। इससे हिन्दी के बहुत से लेखकों को सीखना चाहिए।

यहाँ एक दिलचस्प प्रसंग याद आ रहा है। एक बार अश्कजी नये लेखकों को उपदेश दे रहे थे कि तुम लोग न लिख कर अपना समय नष्ट कर रहे हो। उनकी इस बात पर एक नये लेखक ने तपाक से जवाब दिया कि हम लोग तो न लिख कर सिर्फ अपना समय नष्ट कर रहे हैं, लेकिन कुछ लोग तो लिख कर सिर्फ अपना ही नहीं पाठकों का भी समय नष्ट करते हैं। ज़ाहिर है कि इशारा अश्कजी की तरफ ही

था। इस पर अश्कजी बहुत नाराज हुए थे और उस गोष्ठी में जूता-चप्पल चलने की नौबत आ गयी थी।

ज्ञानरंजन से मेरा सम्बन्ध बहुत पुराना है। लगभग पचास साल से हमारी दोस्ती है। दोस्ती भी ऐसी कि इलाहाबाद में तो 24 घंटे का साथ था। हम साथ-साथ ही उठते-बैठते, लिखते-पढ़ते, खाते-पीते-सोते थे। यहाँ तक कि एक दिन सुनयनाजी का फोन आया कि कई दिनों से ज्ञान का कुछ अता-पता नहीं है। आपको कुछ खबर है। मैंने पूछा कि पति-पत्नी में कोई झगड़ा या मन-मुटाव तो नहीं हुआ? सुनयना ने बताया कि नहीं, घर से तो बड़ी खुशी-खुशी निकले थे। मैंने रिसीवर ज्ञान के हाथ में देकर कहा कि लीजिये बात कीजिये। दरअसल, ज्ञान की शख्सियत एक फक्कड़, मलंग और फ़कीर की शख्सियत है। वह कहीं भी रम सकता है। यहाँ तक कि इलाहाबाद के नमकीन-मिठाइयों के बाजार लोकनाथ में घंटों बिता सकता है। उसे मालूम होता है कि किस दुकान में क्या खाने लायक है। उन दिनों उसे पूरा मेन्यू याद रहता था। ज्ञान के अलावा विश्वनाथ त्रिपाठी का भी उस गली में बहुत मन लगता है। त्रिपाठीजी की एक विचित्र धारणा थी कि पकौड़ा तलने वाला जितना गन्दा होगा, पकौड़े उतने ही स्वादिष्ट होंगे। गनीमत है कि लेखकों के लिए उसने ऐसा कोई मानदंड नहीं रखा। उनके दो-तीन ही प्रिय कथाकार हैं—अमरकान्त, शेखर जोशी और दीपक श्रीवास्तव।

इलाहाबाद में एक दौर था कि ज्ञान, दूधनाथ, नीलाभ और मैं इलाहाबाद की अपनी प्रिय सड़कों पर जी भर कर आवारागर्दी करते थे। कुछ सड़कें तो भूलती ही नहीं। कैंटोनमेंट की पुनप्पा रोड ज्ञान और मुझे बहुत प्रिय थी। पतझड़ के दिनों में पूरी सड़क पर नीम की पत्तियों की सेज बिछ जाती थी और सड़क चलते आप पर पत्तियों की बरसात होती रहती थी। जाने कितनी शामें हमने इस सड़क पर साथ-साथ आवारागर्दी की है।

उन दिनों ज्ञानरंजन प्राय: बड़े लेखकों की सोहबत से दूर ही रहता था। लेखक लोग अगर कॉफी हाउस में बैठते तो वह थोड़ी दूर पर एक बंगाली ढाबेनुमा रेस्टोरेंट मुरारी में समय बिताया करता था। उन दिनों उसके मित्रों में बहुत कम रचनाकार थे। विचित्र-विचित्र किस्म के लोगों से उसकी दोस्ती थी। कोई रेलवे में काम करता था तो कोई पोस्ट ऑफिस में। उसे अगर ढूँढ़ना हो तो मुरारी आदर्श जगह थी, जहाँ के मालिक और बैरे उसे बहुत प्यार करते थे। उसे देखते ही वे सन्देश और सिंघाड़ा (समोसा) पेश कर देते। यही उसका टी-हाउस था और शायद पैट्रोला भी। ज्ञान शुरू से ही मुँहफट था। किसी भी वरिष्ठ लेखक को वह नाली का कीड़ा कह सकता था। मुरारी से वह इस तरह के बम अकसर छोड़ता रहता था। इसे उसकी शख्सियत का प्रभाव ही कहा जाएगा कि उसके पीड़ित वरिष्ठ लेखक भी उसे

बहुत प्यार करते थे।

यों वह नौकरी जबलपुर में करता था और रहता इलाहाबाद में था। ऐसी नौकरी भगवान सबको दे। मालूम नहीं कि उसे तनख़्वाह मिलती भी थी या नहीं, लेकिन इतना तय है कि वह उसी कॉलेज से रिटायर हुआ था। ये लम्बी छुट्टी उसने अपनी शादी का प्रोग्राम बना कर ली थी। इस बीच उसे लड़की पटानी थी और विवाह करना था। दोनों कामों में उसे अभूतपूर्व सफलता मिली। साठ के दशक में वह पड़ोस के सुप्रसिद्ध वैद्य की गुजराती लड़की को लेकर भूमिगत हो गया। न उसके घरवालों को उसकी खबर मिली और न लड़की के घरवालों को ही और आखिरकार उसने विवाह कर लिया।

ज्ञानरंजन उन लेखकों में नहीं है, जो साहित्य को ओढ़ते-बिछाते हैं। उसे न तो किसी ने कभी अपनी कहानी की चर्चा करते सुना होगा, न कहानी सुनाते, जबकि उन दिनों कहानी सुनाने का मर्ज इलाहाबाद में प्लेग की तरह फैला हुआ था। यहाँ तक कि दोस्त लोग कथाकारों से कन्नी काटने लगे थे कि जाने कौन कब और कहाँ कहानी सुनाने बैठ जाए! अखिलेश ने ठीक ही लिखा है कि सन् साठ के बाद के लेखकों के आपसी रिश्तों के बारे में कभी भविष्यवाणी नहीं करनी चाहिए। जहाँ साहित्य जगत में यह प्रचलित हो कि दूधनाथ और ज्ञान में अबोला चल रहा है तो इसे देख कर आश्चर्य नहीं करना चाहिए कि वही दोनों किसी ढाबे में बैठकर मौज-मस्ती कर रहे हों। इन पचास वर्षों में ज्ञान से मेरा रिश्ता कभी नहीं टूटा। अभी दो दिन पहले ही लखनऊ से उसका फोन आया था। वह मेरी बीमारी से चिन्तित था और मेरे हाल-चाल ले रहा था।

मुझे याद आ रहा है कि मेरे बेटे की शादी थी। मैंने उससे कहा कि मुझे शादियाँ करवाने का कोई अनुभव नहीं है, तुम आकर बेटे की शादी करवाओ। वो आया और बड़ी कुशलता से उसने सारी औपचारिकताओं को निपटाया। मैंने पहल सम्मान के दौरान भी उसे बड़े-बड़े समारोहों को मैनेज करते देखा है। सैकड़ों लेखक किसी तीसरे शहर में इकट्ठे होंगे और ज्ञान के चेहरे पर शिकन तक न होगी, जबकि संयोजक वही होता था। सच तो ये है कि हिन्दी में दो लोगों ने ही ईवेंट मैनेजमेंट में महारत हासिल की है—एक ज्ञानरंजन और दूसरे अशोक वाजपेयी। इनका कोई सानी नहीं। अशोक को भी मैंने जंगलों में साहित्यिक गोष्ठियाँ करते देखा है और भारत भवन में अन्तरराष्ट्रीय गोष्ठियाँ करते। ईवेंट मैनेजमेंट वाले संस्थानों को इन्हें विशेष रूप से आमन्त्रित करना चाहिए और इस क्षेत्र में डॉक्टरेट की उपाधि देनी चाहिए।

ज्ञान जैसे मित्र विरल ही दिखाई देते हैं।

□ जालन्धर

यादों के चिराग

12 जनवरी, 1957

बस स्टॉप पर एक औरत गोद में बच्चा लिये रो रही थी।

माँ को रोते देखकर बच्चे ने कहा, 'मम्मी लोवो मत, मुझे भी लोना आता है'।

24 नवम्बर, 1957

कल दोपहर को मोहन राकेशजी के साथ लुधियाना गया—सत्यपाल आनन्द की शादी थी। रास्ते में राकेशजी से मजे की बातें हुईं। उन्होंने मुझे सुझाव दिया कि मैं बी.ए. में हिन्दी जरूर लूँ और वह भी ऑनर्स। उन्होंने अपनी आगे लिखी जाने वाली कहानियों के बारे में बताया तथा अपने साथी लेखकों के बारे में। रास्ता बहुत जल्दी कट गया। मगर रास्ते भर मुझे राकेशजी बहुत बेचैन और असन्तुष्ट लगे। घर से। कॉलेज से। जालन्धर से। मुझे यह जानकर बहुत धक्का लगा कि जालन्धर उन्हें पसन्द नहीं।

आनन्द की शादी में बहुत से लोग थे—एक हीरानन्द सोज़ भी थे। आनन्द के साथ मैं उसे मिल चुका था। फिर भी मैंने बड़ी सादगी से कहा, 'आपकी शक्ल हीरानन्द सोज़ जैसी है।'

'शायद मुझे ही सोज़ कहते हैं।'

सोज़ चला गया तो मैंने राकेशजी को बताया कि मैं उसे अच्छी तरह पहचानता था तो राकेश बहुत जोर से हँसे, 'भाई तू तो वक्त के आगे-आगे दौड़ रहा है। तेरा क्या इलाज करें?'

वहाँ दूसरा आदमी जो ध्यान आकर्षित करता था, वह था प्रेम बारबरटनी। उर्दू का शायर। वह पी रहा था, जब हम लोग पहुँचे और जब हम लोग लौट रहे थे, उसके हाथ में गिलास काँप रहा था। उसने जबरदस्ती के दो घूँट पिलाये। बाद में रात को 'मदर इंडिया' देखी।

2 दिसम्बर, 1957

आज कपिल अग्निहोत्री बहुत दुखी लग रहा था। बी.ए. में उसकी कम्पार्टमेंट आ गयी थी। बोला, 'मूर्खो, लिखना तो अच्छा काम है, हमें तो गलती तब महसूस हुई जब बड़ा भाई तो मेजिस्ट्रेट होने जा रहा है और हमें 'कंडीशन' लगी है।'

हम लोग देर तक चाय पीते रहे प्लाज़ा में। बैरा जब बिल लेकर आया तो पैसे किसी के पास नहीं थें। सुरेश सेठ का घर सबसे पास था, वह लेकर आया। कपिल ने कहा, 'यह रोज़ हम लोगों के साथ चाय पीता है, इसलिए आज वह सज़ा दी।'

26 जनवरी, 1958

कलसी (अब यू.के. में हिन्दी प्राध्यापक) ने बताया, 'तुम्हें यक़ीन नहीं आएगा, मगर मैंने आज तक सुबह होते नहीं देखी थी। मगर कल मैंने तय कर लिया था कि सुबह होते जरूर देखूँगा। मैंने जब पहली किरण देखी तो लगा, जैसे आकाश के सीने पर क्षितिज से किसी ने इंजेक्शन लगा दिया हो।'

9 अगस्त, 1958

बी.ए. में हिन्दी ले ली। घर के लोग खुश नहीं। घर में मेरे अलावा किसी ने हिन्दी नहीं पढ़ी। मगर मैं खुश हूँ। ऑनर्स में अकेला विद्यार्थी हूँ और राकेशजी जैसे व्यक्ति से पढ़ने का सुख। वे अपने कमरे में ही क्लास लेते हैं। दो लड़कों ने और ऑनर्स ली थी, राकेशजी ने भगा दिये। राकेश कई-कई दिन कॉलेज ही नहीं आते। कल आये तो बोले चलो बियर-शॉप चलते हैं। बियर-शॉप में बियर पी। थोड़े-से संकोच के बाद मैंने भी गिलास ले लिया। हम लोग शाम ढलने तक बैठे रहे। मुझे हल्का-हल्का सरूर आ गया। सबकुछ बहुत अच्छा लगा। ओपन एयर बियर-शॉप, ठंडी बियर, राकेशजी की बातें। उन्होंने कई किताबें पढ़ने की राय दी। दो ही किताबों के नाम याद रहे—एक रोमा रोलाँ का उपन्यास 'ज्याँ क्रिस्तोफ़' और दूसरी राल्फ़ फ़ाक्स की 'नावल एंड दी पीपुल'।

हम लोग उठ रहे थे कि हरिकृष्ण प्रेमी टहलते हुए चले आये। बियर का दूसरा दौर लगने लगा। मैं तो उन्हें पहचानता था, मगर वे मुझसे परिचित नहीं थे। राकेशजी ने परिचय करवाया। प्रेमीजी ने सिगरेट का पैकेट निकालकर मेज पर रखा। हम लोग सिगरेटें पीने लगे। राकेशजी प्रेमीजी को बीच-बीच में खींच रहे थे। ऐशट्रे से सिगरेट हटाकर मुँह को लगाई तो गीली थी। ज़रूर प्रेमीजी की होगी। मैंने दोबारा ऐश-ट्रे में रख दी और थोड़ी देर में नयी सुलगा ली।

12 अगस्त, 1958

कल जितना ही खुश था, आज उतना ही उदास। आज शाम को पापाजी स्कूल से लौटे तो छोटी बहन कमलेश ने उनसे पूछा, 'पापाजी, बियर का क्या मतलब होता है?' मैं पास ही खड़ा था। मेरा रंग उड़ गया और दिल जोर-जोर से धड़कने लगा कि कहीं कमलेश ने डायरी न पढ़ ली हो।

'एक तरह की शराब होती है।' पापाजी ने कहा।

मैं वहाँ से खिसकना चाहता था कि कमलेश ने कहा, 'अब इन्दर बियर भी पीता है।'

'बकती है।' मैंने तुरन्त कहा।

'यह झूठ बोल रहा है, इसने अपनी डायरी में लिखा है। मैं लाकर दिखाती हूँ।' वह मेरे कमरे की तरफ भागी।

पापाजी ने उसकी बात मान ली और घर में बहुत हल्ला हुआ। वे शाम को बिना खाना खाये चले गये। मैंने भी खाना नहीं खाया और ऊपर चौबारे पर जाकर लेट गया।

अब या तो डायरी लिखूँगा नहीं या छिपाकर रखूँगा।

10 अक्तूबर, 1958

(...बाहर दोस्तों के बीच बहुत अच्छा लगता है। सुदर्शन फ़ाकिर, कृष्ण अदीब, कुमार विकल, कपिल मल्होत्रा से बातचीत में जो आनन्द आता है, घर में उतनी ही बोरियत होती है।)

मुझे रोज लौटने में देर हो जाती है और रोज सुनना पड़ता है—न तुम्हें माँ का डर रहा है, न बाप और भाई का। तूने हमें जितना सता रखा है, उतना किसी बच्चे ने नहीं सताया।

भाई का रवैया ठीक है। वह कहता है—तुम जज्बाती आदमी हो। सिगरेट-शराब की दुनिया में पड़ गये तो तबाह हो जाओगे।...

वह दिन भर 'क्रॉस रोड्स' जैसी अखबारों में उलझा रहता है, मुझे लगता है वह भी एक तरह का नशा ही है। घर में उसने तरह-तरह की अखबारों का अम्बार लगा दिया है। मेरे अलावा अगर किसी ने उसकी किताब छू दी तो वह आपे से बाहर हो जाता है।

15 अक्तूबर, 1958

मन बेहद उदास है। शाम को राकेशजी के घर गया। सन्नाटा था। दरवाजे बन्द थे। दूसरी तरफ से अन्दर गया तो माँजी चुपचाप बैठी थीं। नमस्ते का हल्का सा

जवाब दिया। अन्दर कमरे में गया तो काँप गया। राकेशजी तकिये में सर दिये रो रहे थे। मैं अन्दर तक सिहर गया। लौटना चाहा, मगर तब तक राकेशजी ने देख लिया। मैं बाहर माँजी के पास चुपचाप बैठा रहा। थोड़ी देर में राकेशजी कमरे से बाहर आये। मैं झेंपने लगा।

'आज तुम मेरे साथ खाना खाओगे।' उन्होंने कहा।

'मगर मेरे घरवाले बहुत नाराज होते हैं अगर देर हो जाए।'

'मैं तुम्हारे साथ पहले तुम्हारे घर जाऊँगा।'

थोड़ी देर बार राकेशजी ने ताँगा किया और हम लोग घर पहुँचे। राकेशजी ने माँ से कहा, 'आज यह मेरे साथ खाना खाएगा और उसके बाद मैं खुद छोड़ जाऊँगा।'

घरवाले मुझे अपने प्रोफेसर के साथ देखकर बहुत प्रभावित हुए। मुझे लगातार लगता रहा, राकेशजी बहुत अकेलापन अनुभव कर रहे हैं। उन्होंने बताया, वे जल्दी जालन्धर छोड़ देंगे।

11 मार्च, 1959

आजकल लिखने की इच्छा ही नहीं। आज मित्ती की शादी थी—विदाई। मुझे लगा, लड़की को विदा होते देखना बड़ी हिम्मत का काम है। प्रो. नन्दकिशोरजी की पलकें भीग गयी थीं। उल्लास के वातावरण में भी एक सन्नाटा-सा लग रहा था। चिरंजीव, उसका भाई और मेरा दोस्त रोया तो नहीं, मगर उसे डाल की तरह जरा-सा हिलाकर रुलाया जा सकता था, जिस पर बारिश के बाद पानी की बूँदें अटकी हों। मैंने देखा, कुँवारी लड़कियाँ ज्यादा रो रही थीं और हम लोगों को देखकर मुँह छिपाकर रो रही थीं। झाईजी भी पीछे चुपचाप खड़ी थीं। वातावरण से बुरी तरह प्रभावित। अश्विनी की तरह मैं भी दहल गया—इतने बरस इस घर में गुजारकर यह एकदम नये माहौल में कैसे रहेगी? इसे घर की याद सतायेगी। ईश्वर करे, वह अपने नये घर में जल्दी ही 'एडजस्ट' कर ले।

24 जुलाई, 1959

मैं डी.ए.वी. कॉलेज स्टूडेंट्स यूनियन का प्रेसिडेंट चुना गया हूँ। मुझे ज्यादा खुशी नहीं हुई। इसके पहले मैं क्लास रिप्रिजेंटेटिव चुना गया था। तब बहुत खुश था। क्लास की 14 की 14 लड़कियों ने मेरे पक्ष में वोट दिया था। इसका मतलब उसने भी मुझे वोट दिया था। उसने मुझे वोट क्यों दिया था? उसने मुझे वोट क्यों दिया था? उसने मुझे वोट क्यों दिया था? उसने मुझे वोट क्यों दिया था?

11 दिसम्बर, 1959

रमेश कपिला (अब चंडीगढ़ में इंडियन एक्सप्रेस में विशेष संवाददाता) के साथ रिक्शा में सिविल लाइन्स जा रहा था कि वह बोला, 'यार पिछले वर्ष तुमने जो गर्म कोट दिया था, उसे मैंने एक बरस पहनकर भंगी को दे दिया। तुम यकीन नहीं मानोगे मुझे एक अजीब क़िस्म की सान्त्वना मिली। मुझे लगा, तुमसे कोट माँगते समय जो अपमान मैंने महसूस किया था, वह धुल गया...हा-हा-हा!'

मैंने महसूस किया, कोट देते समय मैंने जो अपमान और झेंप महसूस की थी, वह भी मिट गयी।

उसने प्लाजा में चाय पिलायी और हम दोनों बहुत नार्मल हो गये।

12 दिसम्बर, 1959

आज कुमार (कुमार विकल) मिला। उसने बताया, आज रेडियो पर उसकी कविताओं का पाठ होगा। फिर जरा रुककर बोला, 'यार घर बड़ी चीज होता है।'

'क्यों?' मैंने पूछा।

'देखो आज मेरी कविताएँ रेडियो से प्रसारित होंगी। यह सुनकर मेरी माँ इतनी खुश हो गयी कि घर में कीर्तन रख लिया। आज मेरी माँ 5 से 7 तक कीर्तन कराएँगी—बाद में सभी औरतें रेडियो सुनेंगी।'

कुमार की आवाज़ ही उन औरतों के पल्ले पड़ी होगी। कामू काफ़्का के अन्धभक्त कुमार की कविताएँ वे क्या समझेंगी!

19 दिसम्बर, 1959

उसकी हँसी ऐसी लगी जैसे पक्के फर्श पर रेजगारी फेंक दी हो।

...वह हँसती है तो उसका एक दाँत जो जरा उठा हुआ है, मुझे बहुत आकर्षित करता है। यह लड़की मुझे पढ़ने नहीं देगी। यह लड़की मुझे नष्ट कर देगी। यह लड़की मुझे लगातार थर्ड डिवीजन की तरफ ढकेल रही है जबकि मुझे फर्स्ट डिवीजन में पास होकर इसी कॉलेज में लेक्चरशिप करनी है।

20 दिसम्बर, 1959

क्लास में सिर्फ उसे देखने जाता हूँ। मुझे उसकी हर हरकत पसन्द है। बहुत कोशिश करता हूँ, मगर उससे बात नहीं कर पाता। वह कार में कॉलेज आती है और मैं साइकिल पर। कई बार साइकिल कार के पीछे दौड़ाता हूँ, मगर चैन उतर जाती है। साइकिल की चैन जरूर ठीक कराऊँगा। कल मैं सड़क पर चैन चढ़ा रहा था कि फुर्र-से उसकी कार निकल गयी। उसने झाँककर देखा। मैं क्लास में नहीं गया।

25 दिसम्बर, 1959

उसकी बड़ी बहन की शादी थी।

वह एक हफ्ते से छुट्टी पर थी। मैं भी एक हफ्ते छुट्टी पर था। बलराज महेन्द्र शादी में गया था। उसके भाई का दोस्त है। हम लोग प्लाजा में उसका इन्तजार करते रहे। वह आया तो ज्योति सिनेमा की बगल में जाकर दो-दो पैग पिये। लौटकर फिर सिविल लाइन्स आ गये। सामने घर में बत्तियाँ जल रही थीं। कारों का एक हुजूम खड़ा था। मुझे अपनी हैसियत का अन्दाज़ हो गया। मैं ज्यादा-से-ज्यादा किसी कॉलेज में लेक्चरर हो जाऊँगा। बाजी से बात करते-करते मैं सहसा फूट पड़ा और एक पान की दुकान के पिछवाड़े खड़ा देर तक रोता रहा। शामियाने में बज रहे रेकार्ड मेरे लिए नाक़ाबिले-बर्दाश्त थे।

11 मार्च, 1960

जब छोड़ दिया रिश्ता तेरी जुल्फ़े स्याह का
अब सैकड़ों बल खाया करे मेरी बला से

['नयी कहानी', प्रथम अंक]

कलमकारी

मोना लिज़ा

सल्वाडर डाली

हुसेन

स्वामिनाथन

सोमनाथ खोसा

प्रसेणजित दुवरा

रमण पटेल

आबिद सुरती

मोना लिज़ा

पिछले दिनों मनीषा इटली से लौटीं तो हम लोगों के लिए मोना लिज़ा का एक बड़ा चित्र लेती आयीं। मेरे कलाकार मित्र शिवगोविन्द पांडेय ने उसे कुछ इस रूप में फ्रेम करवा दिया कि मोना लिज़ा पूरे कमरे पर हावी हो गयी। पूरे कमरे पर ही नहीं, मेरी सम्पूर्ण चेतना पर भी। मैं जब भी कमरे में आता, उसी के बारे में सोचने लगा। मोना लिज़ा से मेरा प्रथम परिचय आज से पच्चीस वर्ष पूर्व दिल्ली की एक प्रदर्शनी में हुआ था। देश-विदेश के अनेक रचनाकारों की रचनाओं में मोना लिज़ा विद्यमान है। हिन्दी में निर्मल वर्मा और भगवतशरण उपाध्याय की रचनाओं में मोना लिज़ा का जिक्र बार-बार आया है। वास्तव में मोना लिज़ा के व्यक्तित्व में कई ऐसे तत्त्व हैं कि आप जीवन भर उसको अन्वेषित कर सकते हैं। मैंने तो उसे सैकड़ों कोणों से देखा है। एक ऐसे कोण से भी, जिसमें वह सात-आठ बरस की बच्ची लगती है। मैं फ़ुरसत में होता हूँ तो उसके साथ बहुत अच्छा समय बीतता है। मोना लिज़ा से मेरी दोस्ती हो गयी है, जबकि वह उम्र में मेरी माँ से बड़ी होगी। मगर उसकी भूमिका कोई भी हो सकती है : बहन की, बेटी की, प्रेमिका की, एक अबोध बच्ची की। यह केवल आपकी मानसिकता पर निर्भर करता है।

उस दिन अमरकान्तजी से मोना लिज़ा का जिक्र आया तो कुछ देर तक वे टकटकी लगाकर मोना लिज़ा की तरफ देखते रहे और बोले, 'इसे देखकर मुझे चेख़व की कहानी 'डार्लिंग' की याद आती है।'

मुझे मालूम है 'डार्लिंग' अमरकान्तजी की प्रिय कहानी है। क्या यह आकस्मिक है कि उन्होंने अपनी प्रिय कहानी की नायिका से उसका तादात्म्य स्थापित किया? मगर कौन कह सकता है कि यह तोल्सतोय की 'अन्ना केरेनिना' या गोर्की की 'माँ' नहीं है?

अमरकान्तजी ने अपनी व्याख्या को और आगे बढ़ाया। बोले, 'इस स्त्री को देखकर मुझे यही लगता है कि यह शोषित का पक्ष लेगी।'

अमरकान्तजी की इस व्याख्या के लिए मैं तैयार नहीं था। मुझे यह व्याख्या दूर की कौड़ी लगी और मैंने एक जोरदार ठहाका लगाया। मुझे लगा, अमरकान्तजी

एक कुशल बढ़ई की तरह पूर्वनिर्मित चौखटे में इसे फिट कर रहे हैं।

अमरकान्त मेरी प्रतिक्रिया से विचलित न हुए। शान्त होने पर मैंने मोना लिज़ा की तरफ दोबारा देखा। इस बार मुझे उनका वक्तव्य उतना चौंकाने वाला नहीं लगा। अमरकान्त चले गये तो मैं देर तक उनकी बात पर विचार करता रहा। ऐसे किसी सन्दर्भ की मैं कल्पना भी नहीं कर पा रहा था कि शोषकों का साथ देकर वह सुन्दर लग सकती है। धीरे-धीरे मैं इस तर्क पर पहुँचता गया कि मोना लिज़ा का पूरा ब्लिस, उसका पूरा सौन्दर्य, उसका पूरा रहस्य, उसकी पूरी ममता, करुणा; कहीं-न-कहीं शोषितों से असंदिग्ध रूप से जुड़ी है।

यही सब सोचते-सोचते अँघाई लग गयी। बीच में आँख खुली तो मैंने पुनः इस कलाकृति की तरफ देखा। लगा, इस बीच मोना लिज़ा गंगा में एक डुबकी लगा आयी है। उसके चेहरे पर मानवीय सौन्दर्य की गरिमा का अपूर्व विस्तार था। यौनगत उच्छृंखलता की परछाईं तक भी उस पर न पड़ी थी। मुझे इस निष्कर्ष पर पहुँचने में एक क्षण भी न लगा कि यह मुस्कान हिटलर, मुसोलिनी, ईदी ईमान जैसे युद्धोन्मादियों के लिए हो ही नहीं सकती। मानव समता में जिसका अटूट विश्वास होगा, वही इस पावन मुस्कान का अधिकारी हो सकता है। यह मुस्कान यदि मात्र दिव्य, रहस्यमय और अलौकिक होती तो इस चित्र में जीवन का इतना घना ताप न होता। मुस्कान अपने में ही एक सामाजिक क्रिया है, इसलिए इसे सामाजिक सन्दर्भ में ही व्याख्यायित किया जा सकता है। शायद यही कारण है कि मोना लिज़ा आत्मकेन्द्रित नहीं है। पराजयवादी नहीं है, भाग्यवादी नहीं है। मोना लिज़ा एक सम्पूर्ण स्त्री है। अतीत, वर्तमान और भविष्य—इन तीनों आयामों तक इसकी पहुँच है। व्यक्ति के सन्दर्भ में यदि वह आलम्बन है तो परिवेश के सन्दर्भ में आश्रय। मोना लिज़ा में अद्भुत चौकन्नापन है। उसकी नज़र से कोई बच नहीं सकता। आप उसे कहीं से भी, किसी भी कोण से देखेंगे तो उसे अपनी ओर देखते ही पाएँगे और जब अमरकान्तजी इसकी परिकल्पना सर्वहारा के पक्षधर के रूप में करते हैं तो उनकी व्याख्या अर्थपूर्ण लगती है। अपनी कलात्मकता को सुरक्षित रखते हुए जो कृति बीसियों वर्षों से जन-जन के हृदय को आन्दोलित करने की क्षमता रखती है, उसका महत्त्व निर्विवाद है। असंदिग्ध है।

मैं पुनः मोना लिज़ा की आँखों में झाँकता हूँ। मुझे उसकी आँखों में वर्गहीन, शोषण मुक्त समाज का एक मोहक सपना दिखायी देता है।

[प्रतिमान-5, 1979]

सल्वाडर डाली

सल्वाडर डाली के पैदा होने के तीन वर्ष पूर्व, सात वर्ष की आयु में, उसके भाई की मृत्यु हो गयी थी। उसके भाई का नाम भी डाली था। डाली ने जब होश सँभाला, तो उसने पाया कि घर में हमेशा उसकी उपेक्षा तथा उसके भाई की चर्चा रहती है। डाली से यह भी सहन नहीं होता था। उसे लगता था कि उसका शरीर और उसकी आत्मा मृत भाई का ही एक अंश है। तभी से डाली झक्की है, प्रदर्शन में विश्वास रखता है और बराबर यह सिद्ध करने में लगा रहता है कि वह डाली है, मृत भाई नहीं। प्रदर्शन द्वारा वह 'पोलक्स' की भाँति अमर होना चाहता है। यही कारण है कि 'अंडा' उसके जीवन का महत्त्वपूर्ण प्रतीक रहा है। स्पेन में उसके घर में एक अंडे की शकल का कमरा भी है।

सल्वाडर डाली के पैदा होने में अभी एक महीना था कि उसने अपनी माँ के गर्भ में तले हुए अंडों जैसी चीज देखी थी। तले हुए अंडे थे, तवा नहीं था। अँधेरा था और हर चीज़ पिलपिली थी। पाँच वर्ष की आयु में उसने देखा कि चींटियाँ चमगादड़ निगल रही हैं, उसने जल्दी में उन्हें अपने मुँह में झोंक लिया था। सात वर्ष की आयु में वह नैपोलियन बनना चाहता था। तब से उसकी आकांक्षाएँ बराबर बढ़ रही हैं। 1930 में वह लन्दन में तैराकी के वस्त्र पहनकर आया था और उसकी अगल-बगल में दो शिकारी कुत्ते थे। 1950 में उसने पहाड़ी और पहाड़ी के ऊपर लटकते हुए क्रॉस पर ईसा को चित्रित किया। उसकी उक्त कलाकृति इस समय 'ग्लासगो आर्ट गैलरी' की अत्यधिक लोकप्रिय कलाकृतियों में गिनी जाती है। इधर वह गम्भीरता से सोच रहा है कि उसे अब मूँछें मुँड़वा देनी चाहिए। मूँछें मुँड़वाकर वह कृत्रिम बालों की टोपी पहनने का इरादा रखता है। वह जल्दी ही वेनिस में एक भव्य समारोह आयोजित करेगा, जिसे टेलीविज़न पर भी दिखाया जाएगा। इस समारोह में वह अपनी मूँछें कटवायेगा। ईसाई पूजन-विधि सम्बन्धी इस दृश्य का अवलोकन प्रत्येक व्यक्ति कर पाएगा। उसका विचार है कि वह नकली बालों की दो टोपियाँ बनवायेगा, एक काली टोपी, एक सफेद टोपी और इस प्रकार यूरोप में पुनः राजतन्त्र आएगा। इत्यादि।

डाली का आत्मप्रदर्शन में दृढ़ विश्वास है। उसकी गम्भीर कलाकृतियों में भी सनसनीखेज तत्त्व ढूँढ़े जा सकते हैं। एक-चौथाई शताब्दी से वह विश्व को चौंका, डरा और रिझा रहा है। आत्मप्रचार और आत्मविज्ञापन के लिए सदैव उसकी भर्त्सना की गयी है। परन्तु डाली ने आत्मप्रचार को तर्कसंगत ठहराया है। उसकी अनेक व्याख्याओं में एक व्याख्या यह भी है कि वह केवल यह सिद्ध करने के लिए आत्मप्रदर्शन करता है, कि वह अपना बड़ा भाई नहीं है, स्वयं डाली है। इसमें उसे सफलता भी प्राप्त हुई है और लोकप्रियता भी। उसके बारे में यह भी कहा गया है कि वह 'इस शताब्दी का सबसे अधिक शोर मचाने वाला कलाकार' है। वह आचार-भ्रष्ट है। उसने केवल कुरूपता, गन्दगी और सड़ाँध को ही चित्रित किया है। परन्तु यह धारणा उन व्यक्तियों की है, जो उसे इतिहासच्युत करके देखते हैं।

डाली को इतिहास के सही सन्दर्भ में देखा जाए, तो लगता है कि उसकी कला में स्पेन की संस्कृति और सभ्यता के तमाम तत्त्व मौजूद हैं। मृत्यु, अपरूप, क्रूरता, यन्त्रणा तथा अन्धकार आदि के भाव वस्तुतः स्पेन के परम्परागत आग्रहों से दूर नहीं पड़ते, ये भाव मध्ययुगीन रोमांस भाषाओं के प्राचीन साहित्य से लेकर गोया तथा पिकासो तक की कलाकृतियों में प्रतिफलित हुए हैं। तकनीकी विचक्षणता और नाटकीय प्रस्तुतीकरण से डाली ने इन्हें नये अर्थ और नये आयाम दिये हैं, जो यन्त्र युग की द्वन्द्वात्मक स्थितियों के सर्वथा अनुकूल है। पीड़ा, सम्भोग, गन्दगी अथवा सड़ाँध के प्रति अपने दृढ़ आग्रह के कारण या मृत देहों, चींटियों, घड़ियों आदि के जंगली तथा अमानवीय बिम्बों अथवा अस्तित्व के प्रति अपने रहस्यमय दृष्टिकोण की वजह से डाली को इतिहासच्युत करके इकाई के रूप में देखना भारी भूल होगी। वह यदि दूसरों से भिन्न है, तो अपनी अभिव्यक्ति की मौलिक, निर्बाध और तीव्रतम शैली की वजह से। आप डाली के कैनवास पर समुद्र देखेंगे तो आपको लगेगा, आप घुटनों तक पानी में डूब गये हैं, उसके कैनवास की धूप आपके रक्त को गर्म कर देगी। यह तीव्र अनुभूति और यह वेग उसने प्रकृति के सीधे सम्पर्क से अर्जित किया है। लिगत बन्दरगाह वर्षों तक उसकी प्रेरणा का स्रोत रहा है। धवल प्रकाश में जब लिगत बन्दरगाह पर तेज पहाड़ी हवा बहती है, तो इच्छा होती है कि आसमान को छू लें या समुद्र को निवाड़ की तरह लपेट दें। डाली ने अपनी 'सुर्रियलिस्ट' शैली में यही करिश्मा दिखाया है। वह बहुत ही कुशलता के साथ विरोधाभासपूर्ण आत्मपरक फैंटेसी को वस्तुपरक तथ्य के रूप में प्रस्तुत करने की क्षमता रखता है। डाली की कला में मन के अँधेरे कोने उजागर हुए हैं; वे अँधेरे कोने जिन्हें फोटोग्राफी भी नहीं पकड़ सकती और जिसे अभिव्यक्ति देने में परम्परागत शैलियाँ अपने को असमर्थ पाती हैं। यह सच है कि डाली ने चित्रकला को वानगॉग, रेम्बराँ अथवा गोया की भाँति कोई निजी मुहावरा नहीं दिया और उसकी अधिकांश कृतियाँ

वर्णनात्मक हैं, परन्तु यह कहना गलत होगा कि उसने यथार्थ के विकृत रूप को प्रश्रय दिया है। यथासम्भव स्पष्टता और सतर्कता के साथ उसने यथार्थ के उसी रूप को ग्रहण किया है, जो उसकी तात्कालिक मानसिक साज-सज्जा के अनुकूल था। इन्हीं विशेषताओं के कारण उसके बारे में यह कहा जाता है कि, 'आप इसे पसन्द करें या न करें, सल्वाडर डाली हमारी शताब्दी के महान कलाकारों में से हैं।'

डाली ने 1934 में पहली बार अमरीका यात्रा की थी। 1940 में जब वह अमरीका से लौटा, तो एक सफल कलाकार के रूप में उसे मान्यता मिल चुकी थी। उसकी अत्यन्त लोकप्रिय कलाकृति 'स्मृति का आग्रह' न केवल चर्चा का विषय रही, बल्कि फैशन की वस्तु बन चुकी थी। विख्यात प्रदर्शनी कक्ष, बड़े-बड़े हॉल और मैनहट्टन के 'ड्राइंग-रूम' डाली की उक्त कलाकृति के बिना अधूरे समझे जाते।

उक्त प्रतीकात्मक कलाकृति कला जगत में एक नया द्वार खोलती है। प्रस्तुत कलाकृति देखकर लगता है कि समस्त उपकरणों ने अपना आकार और स्वभाव खो दिया है। कहीं पिघली हुई घड़ी पेड़ पर इस तरह लटक रही है, जैसे तार पर तौलिया पड़ा हो, कहीं चबूतरे पर और कहीं-कहीं मानव शरीर पर इस तरह निढाल घड़ियाँ फैली हुई हैं। गर्ज यह कि घड़ियों ने अपने को वस्तुओं के अनुरूप ढाल लिया है। इस कलाकृति के बारे में यह कहना गलत होगा कि 'कलाकार के मन की सुरंग की यह घड़ियाँ समय नहीं बतातीं, बल्कि समय के अस्तित्व पर ही आघात करती हैं'। वस्तुतः ये घड़ियाँ मानव नियति की ओर संकेत करती हैं। समय है, जो कहीं भी आपका पीछा नहीं छोड़ता। घड़ियाँ पिघल सकती हैं, समय नहीं पिघल सकता। प्रस्तुत कलाकृति में कलाकार ने समय पर विजय प्राप्त करने का प्रयत्न अवश्य किया है, मगर घड़ियों की समय-सूचक सुइयाँ उसकी पराजय की ही प्रतीक हैं। परन्तु कठिनाई यह है कि डाली के प्रतीक कभी एक अर्थ नहीं रखते, वह स्वयं प्रतीकों के बारे में आश्वस्त नहीं हो पाता और नयी-से-नयी व्याख्या की खोज में रहता है। प्रस्तुत कलाकृति के बारे में अभी पिछले दिनों उसने कहा था कि, 'लचीली घड़ियों का प्रतीक, मेरे समस्त प्रतीकों की तरह कई अर्थ रखता है। जब पहली बार मैंने उनका प्रयोग किया था, तो मैं उनके बारे में कुछ नहीं जानता था। कई वर्षों के बाद मुझे एक व्याख्या सूझी। बल्कि एक साथ तीन-चार व्याख्याएँ सूझीं। जब पेरिस में प्रथम बार मैंने लचीली घड़ियों को चित्रित किया था, तब मेरा विचार था कि वे समय और स्पेस की विपन्नता का चित्रण करती हैं। मैंने नार्मन के बढ़िया पनीर का एक टुकड़ा खाया ही था कि उसकी कोमलता ने मुझे अभिभूत कर लिया। वही कोमलता मेरी उक्त कलाकृति में आ गयी। मैंने नहीं सोचा था कि कालान्तर में उक्त पेंटिंग इतनी महत्त्वपूर्ण सिद्ध होगी। परन्तु अब मैं सोचता हूँ कि

यह प्रतीक डी.एन.ए. की खोज की हू-ब-हू भविष्यवाणी थी, जो 'सेल' के न्यूक्लस में मिलने वाले वंशानुगत नियमों का संग्रह है और वाटसन तथा क्रिक जैसे हमारे युग के महान वैज्ञानिकों ने 1953 में जिनका वर्णन किया था, डाली की प्रस्तुत कलाकृति के तीस वर्ष बाद। यह एक आश्चर्यजनक घटना है, क्योंकि इस पेंटिंग को देखकर लोगों ने कहा था कि यह खब्ती, अत्यन्त तर्कशून्य और अग्राह्य है।...

'...ये लचीली घड़ियाँ ईसा की पूर्वगत झलक भी देती हैं, क्योंकि ये उस नर्म पनीर से मेल खाती हैं, जिस पनीर ने कला सृजन से पूर्व मेरे मस्तिष्क को जकड़ लिया था।' अब डाली ने खोज निकाला है कि ईसा का शरीर पनीर जैसा है। ऐसा केवल डाली का ही विचार नहीं, इससे कई वर्ष पूर्व, सन्त अगस्तीन ने भी ईसा के शरीर की तुलना पनीर के पहाड़ से की थी। डाली ने केवल पनीर के इस प्रतिबोध को ईसा के शरीर के रूप में पुनः प्रस्तुत किया है। 'जिस प्रकार गिरजाघरों में भोज के स्मरणोत्सव में शरीर और रक्त के लिए सदैव पावरोटी और मदिरा रहती है, उसी प्रकार ये लचीली घड़ियाँ नर्म पीन की भाँति मेरी पेंटिंग में ईसा के शरीर-रूप में उपस्थित हैं।'

इस प्रकार डाली केवल अपनी रचनाओं में ही नहीं, परन्तु अपनी कला की व्याख्याओं और अपने आचरण से लोगों को आश्चर्यचकित करता आ रहा है। उसकी कलाकृतियाँ उस जीवनदर्शन के अनुकूल हैं, जो किसी भी तर्काश्रित विचारधारा को अस्वीकार करता है। यद्यपि 'सुर्रियलिज्म' के बारे में कहा जाता है कि वह फ्रायड के अवैध पुत्रों में सर्वाधिक शोर करने वाला (आन्दोलन) है, परन्तु फ्रायड स्वयं इससे असन्तुष्ट था। बल्कि यदि यों कहा जाए कि फ्रायड इससे क्रुद्ध था, तो गलत नहीं होगा। उसने इस आन्दोलन के एक नेता आन्द्रे ब्रिटन को लिखा था, 'स्वप्नों के संग्रह, बिना उस परिस्थिति विशेष के, जिनसे वे उत्पन्न हुए हों, मेरे निकट कोई अर्थ नहीं रखते। मेरा विचार है कि ये शायद ही किसी के पल्ले पड़ते होंगे।'

परन्तु इधर डाली की मानसिक साज-सज्जा में क्रान्तिकारी परिवर्तन आया है। वह 'सुर्रियलिस्ट' आन्दोलन से आगे निकल गया है। अब वह केवल असम्बद्ध वस्तुओं को साथ-साथ रखकर अथवा कठोर वस्तु को तरल या लचीला रूप देकर भ्रान्तियुक्त दोहरे बिम्ब प्रस्तुत नहीं करता, बल्कि गत कई वर्षों से वह विशाल धार्मिक, रहस्यात्मक, ऐतिहासिक संरचनाओं में व्यस्त रहा है और आश्चर्यचकित करने वाली तकनीक में उसने उन्हें रूपायित किया है। आश्चर्य है कि वह कलाकार, जो अवचेतन के चमत्कारों के कारण लोकप्रिय हुआ था, आज के उन फैशनेबल कलाकारों की भर्त्सना करता है, जो कुरूप के प्रति आकर्षित होते हैं और कुरूप के चित्रण को ही अपनी कला का उद्देश्य मानते हैं। उसकी नयी कृतियों की

चर्चाओं से लगता है कि उसका आग्रह निजी से सार्वजनिक कला की ओर प्रस्थान कर रहा है। यथार्थ जगत की सत्ता को झुठलाने वाला विश्वविख्यात कलाकार आज यह कहने की स्थिति में आ गया है कि, 'जहाँ पहले मैं दानव देखता था, अब मैं देवता देखता हूँ। वे देवता, जो देवदूतों में श्रेष्ठ हैं।'

डाली का मत है कि 'सुर्रियलिस्ट' कलाकारों में वह इकलौता 'सुर्रियलिस्ट' है, जिसने तर्कसंगत ढंग से अपनी विकृतियों का उदात्तीकरण किया है और 'सुर्रियलिज्म' के पैशाची मार्ग को छोड़कर रहस्यवाद की ओर प्रस्थान किया है।

['धर्मयुग', 6 मार्च, 1966]

हुसेन

23 सितम्बर, 1965। भारत-पाक युद्ध विराम का दिन। गैलरी कैमोल्ड में न हुसेन को पहचान पाया, न उनकी कलाकृतियों को। गैलरी कैमोल्ड की दीवारों पर गहरे शोख रंगों की कलाकृतियाँ देखकर मेरे लिए यह सोच पाना मुश्किल हो गया था कि ये हुसेन की ही नयी कलाकृतियाँ हैं। हुसेन भी पहले से बहुत 'युवा' लग रहे थे।

'यह शायद आपको इसलिए लग रहा है कि आपने मुझे पहले दाढ़ी में देखा होगा।' उन्होंने कहा।

'आपने शायद इससे पहले इतने गहरे रंगों का प्रयोग नहीं किया था?' मैंने पूछा।

'ये चित्र मैंने युद्ध के दिनों में ही किये हैं। अभी चार-पाँच दिन पहले पेंटिंग करते हुए मैं महसूस कर रहा था, जैसे मैं ब्रश नहीं चला रहा, कैनवास पर आक्रमण कर रहा हूँ। मुझे लगा था, मेरे 'इमेज' टूट रहे हैं, मेरे रंग टूट रहे हैं। यह अनुभव आधुनिकता का ही एक स्वर लगा। वैसे भी रेनेसाँ के बाद का प्रमुख स्वर वर्तमान के प्रति विक्षोभ और आक्रोश का ही स्वर कहा जा सकता है।'

सामने हुसेन की नयी कलाकृतियाँ टँगी थीं : रेप ऑव रोकाको तथा ब्ल्यू नाइट ऑव वर्जिनिटी। युद्ध के सन्दर्भ में दोनों महत्त्वपूर्ण हैं। 'ब्ल्यू नाइट ऑव वर्जिनिटी' शान्त, सौम्य और स्पर्श से भी अछूतेपन का एहसास देती है परन्तु 'क्रिमसन' रंग के प्रयोग ने सारी ध्वनि ही बदल दी है, मूल ध्वनि ही बदल दी है, समूचे वातावरण में दहशत का समावेश हो गया है। 'रेप ऑव रोकाको' के सुर्ख रंग ऐसे लगे, जैसे दीवार पर किसी ने खून छिड़क दिया हो या कैनवास की हत्या कर दी हो।

'मुझे यही दो रंग वर्तमान मन:स्थिति के अनुकूल लगे। सुर्ख रंग हिंसा, आक्रोश, पराक्रम, साहस, रोमांच, बल को अभिव्यक्त करने का सामर्थ्य रखता है और 'क्रिमसन' रंग, जिसे 'खूने कबूतर' भी कहा जाता है, युद्ध के सन्दर्भ में अधिक अर्थवान हो जाता है। मैंने बरसों बाद इन रंगों का प्रयोग किया है।'

'युद्ध के दिनों में क्या आपने ऐसा महसूस नहीं किया कि इन दिनों राजनीति

के सामने साहित्य और कलाएँ अप्रासंगिक महसूस होती हैं। कलाकार का स्वर गौण हो जाता है और उसका माध्यम कमजोर। स्वतन्त्र राष्ट्र के एक प्रमुख कलाकार और सचेत नागरिक के रूप में आप क्या सोचते हैं?'

'नहीं, ऐसा तो नहीं, राजधानी के कलाकारों और लेखकों का वक्तव्य 'दिनमान' में प्रकाशित हुआ था!'

'क्या वक्तव्य पर हस्ताक्षर करने मात्र से कलाकार दायित्व-मुक्त हो जाता है?'

'शायद नहीं, जबकि बहुत-से लोग यही सोचते होंगे,' हुसेन ने कहा, 'मुझे अपना माध्यम भी कमजोर नहीं लगा। मैं कैनवास पर युद्ध कर रहा था। यह दूसरी बात है, कैनवास पर मैं मशीनगनें और टैंक नहीं बना पाया, मगर मेरे दिल की गहराई बराबर युद्ध को ही कैनवास पर रूपायित कर रही थी, पर अन्य स्तर पर, कला के स्तर पर।'

स्पेन के गृहयुद्ध का हवाला देते हुए उन्होंने पिकासो की पेंटिंग ग्यूएरनिका (युद्ध) की चर्चा की। 10 फीट लम्बी पेंटिंग जो उसकी सफलतम कृतियों में से है। विकृत चेहरे, उनके बीच चीखती हुई एक औरत, एक घोड़ा, खिड़कियों के टूटे हुए शीशे, शोले, विघटन, विध्वंस के अन्य उपकरण ही उस कलाकृति को रूप देते हैं। प्रस्तुत पेंटिंग को देखकर कुछ सैनिकों को पिकासो पर सन्देह हो गया। उन्होंने पूछा, 'यह पेंटिंग किसने की है?'

'यू हैव डन इट (यह आपने की है)।' पिकासो ने कहा था।

'इस युद्ध के बाद क्या राष्ट्रीय चेतना में किसी नये परिवर्तन की बात आप सोचते हैं? उद्देश्यहीनता, अर्थहीनता और अकेलेपन के बीच हमारी नयी पीढ़ी का जन्म हुआ था, उस नयी पीढ़ी का जन्म, जिसने जीवन में पहली बार सायरन सुना, एक हजार पाउंड के जहरीले बम को बर्दाश्त किया, सेवर जेट मार गिराये। क्या आप अनुभव नहीं करते कि नयी पीढ़ी के लिए नये विश्वास और नयी आस्थाएँ उत्पन्न होंगी, अर्थहीनता और निष्क्रियता के बीच नयी पीढ़ी स्वतन्त्रता के मूल्य को भूल रही थी।' मैंने कहा।

'ऐसा मैं जरूर मानता हूँ। हमारी काहिली दूर हुई है। अकेलापन भी टूटा है। हमने पाया कि हम अकेले नहीं हैं। सारा राष्ट्र एक है। अब हम पहले से अधिक चौकन्ने, पहले से अधिक होशियार रहेंगे। हमें दोस्त और दुश्मन की पहचान भी हुई है।...

'मगर कश्मीर की समस्या तलवारों की टकराहट से शान्त होगी, ऐसा मैं नहीं मानता। हमारे लिए यह जरूरी हो गया था, जायज भी। हमारी अर्थव्यवस्था सँभल रही थी कि हमें युद्ध में भाग लेना पड़ा। हम मिलकर रहते तो बहुत कुछ हो सकता

था, ऐसा नहीं हो रहा, मुझे इस बात का अफसोस रहेगा। मैं किसी राजनीतिक दल से सम्बन्धित नहीं हूँ। सार्वभौमिक मूल्यों में मेरा विश्वास है, पूर्व-पश्चिम की सीमा-रेखाएँ भी मेरे लिए अर्थहीन हैं। मेरी दुनिया के लोग हिन्दुस्तान में भी हैं, पाकिस्तान में भी, यूरोप में भी और मध्यपूर्व में भी। कहीं भी। हर जगह। मुझे तो उन तक पहुँचना है।

'पैगामे मुहब्बत है मेरा, जहाँ तक पहुँचे।'

['धर्मयुग', 24 अक्तूबर, 1965]

स्वामिनाथन

कलाकार को उसकी रचनाओं के माध्यम से जाना जा सकता है अथवा उन वक्तव्यों से, जो प्रकट रूप से उसके चिन्तन को वाणी देते हैं ? कलाकार जो कुछ सोचता है, उसे ही अपनी कलाकृतियों में व्यक्त करता है अथवा उसकी कला उन जटिल मनःस्थितियों, अस्पष्ट आकारों और आकारभ्रष्ट बिम्बों को रूपायित करती है, जिसे वह भाषा के माध्यम से अभिव्यक्त करने में अपने को असमर्थ पाता है। प्रायः देखा जाता है कि कलाकार के वक्तव्य कई बार उसकी रचनाओं के ठीक विपरीत बैठते हैं। शायद अब निष्कर्षों तक पहुँचना इतना सरल भी नहीं रहा, शायद असंगतियों और विरोधाभासों के लिए आज का मानव अभिशप्त हो गया है। स्वामिनाथन भी इसके अपवाद नहीं हैं। बातचीत के दौरान बात करते-करते वे सहसा रुक जाते थे, जितनी सतर्कता से मैं उसकी बातचीत में से विरोधाभास ढूँढ़ रहा था, उससे अधिक वे सतर्क थे। वे सतर्क ही नहीं, व्यस्त भी थे; प्रदर्शनी के प्रबन्ध में और बीच-बीच में मिलने वाले भी बहुत आ रहे थे।

मेरा खयाल है, बने-बनाये पैमाने आज के मानव को समझने में सहायक नहीं हो सकते, बल्कि उसे विसंगतियों और विरोधाभासों के बीच ही कहीं ढूँढ़ना होगा। कलाकार के पूर्वाग्रह भी अकारण या आकस्मिक नहीं होते, उनका अपना महत्त्व होता है और वे किसी भी कलाकार के व्यक्तित्व-निर्माण में महत्त्वपूर्ण भूमिका अदा करते हैं। 'धर्मयुग' में प्रकाशित कथा-दशक पढ़कर भी मुझे ऐसा ही लगा था, 'ऐसी स्थिति में उसका (कलाकार का) वक्तव्य उसकी कहानियों की व्याख्या मात्र प्रस्तुत नहीं करता, बल्कि एक ऐसी सम्भावना की ओर संकेत करता है, जिसकी ओर वह बढ़ रहा है। हो सकता है, वह उस बिन्दु तक न भी पहुँच पाये। उसका पहुँचना नहीं, उसकी छटपटाहट महत्त्वपूर्ण है।' (धर्मयुग, 10 जनवरी, 1965)

स्वामिनाथन सार्वभौमिकता के प्रबल समर्थक हैं, परन्तु उनकी रचनाओं में स्थानीय रंग—जैसे हल्दी का रंग, रंगोली के रंग, भारतीय मध्यवर्ग के घरेलू रंग—सबसे अधिक आकर्षित करते हैं। सार्वभौमिक विचारधारा के समर्थक इस कलाकार को हिन्दी का जो उपन्यास अत्यधिक प्रिय है, वह (मैला आँचल) आंचलिक परिवेश की ही कथा-यात्रा है। स्वामिनाथन 'विगत' (भूत) के अस्तित्व को स्वीकार

नहीं करते, मगर उनकी हाल की प्रदर्शनी की मुख्य थीम 'स्मृति' ही है। 'स्मृतियों की जन्मपत्री' शीर्षक कृति देखकर उन्हें कोई स्मृति जीवी भी कह सकता है।

स्वामिनाथन (जन्म : 1928) सुप्रसिद्ध ग्रुप 1890 के संस्थापक सदस्यों में से हैं, जिसका उद्‌घाटन 1963 में प्रधानमन्त्री नेहरू ने किया था। अपनी छायावादी वृत्ति के कारण कालेज की पढ़ाई बीच में ही छोड़कर वे हिन्दी-अँग्रेजी पत्रकारिता की ओर झुके थे, परन्तु जल्दी ही कला ने उन्हें आकर्षित कर लिया। दिल्ली पोलिटेकनिक तथा पोलैंड में वारसा की ललित कला अकादमी में कला-शिक्षा प्राप्त करने के उपरान्त वे स्वतन्त्र रूप से कला-साधना कर रहे हैं। अब तक वे नयी दिल्ली, बम्बई, सेगान आदि देश-विदेश के विभिन्न नगरों में कई प्रदर्शनियाँ कर चुके हैं और उनकी कलाकृतियाँ देश-विदेश में कई संग्रहालयों में संग्रहित हैं।

'आप अपने से पहली पीढ़ी से अपने को कहाँ अलग पाते हैं? मेरा आशय हुसेन, रामकुमार, चावड़ा, हेब्बार आदि की पीढ़ी से है।' मेरा पहला प्रश्न था।

पहले की पीढ़ी की कुछ पूर्व धारणाएँ थीं। इन पूर्व धारणाओं का निर्माण करने में अँग्रेजों का भी हाथ रहा है। जैसे अँग्रेज भारत की कला-परम्परा से परिचित नहीं थे। भारतीय भित्तिचित्रों और लघुचित्रों तथा लोक कला को वे घटिया मानते थे। उन्होंने भारत में शास्त्रीय यथार्थवाद (एकेडेमिक रियलिज़्म) का प्रचार किया और इसमें सफलता प्राप्त की। बहुत से कलाकार इसी प्रभाव के अधीन कला-रचना करने लगे। दूसरा पूर्वाग्रह तब स्थापित हुआ, जब पश्चिम के सम्पर्क में आये कुछ कलाकारों ने शास्त्रीय यथार्थवाद के प्रति सन्देह व्यक्त किया। वे भारतीय लोक कला के आधुनिकीकरण में जुट गये और पश्चिम से उधार ली गयी आधुनिकता को भारत की कला परम्परा पर थोपने लगे। ऐसे कलाकारों में हेब्बार और चावड़ा को लिया जा सकता है। उन्होंने परम्परागत सूक्ष्म सुसज्जित चित्रों की मौलिक शैली को सुरक्षित रखने की बजाय उसे विकृत किया। छद्‌म आधुनिकता उनके लिए पूर्वाग्रह बन कर रह गयी। इस वर्ग के कलाकारों में केवल राजा रवि वर्मा ऐसे थे, जिन्होंने उस लोक परम्परा को विकृत होने से बचाया, उसे सुरक्षित रखा।

कालान्तर में इसकी भी प्रतिक्रिया हुई। ऐसे कलाकार क्षेत्र में आये, जिन्होंने अपनी परम्परा का बिलकुल परित्याग कर दिया और पश्चिम के एब्स्ट्रैक्ट मैनरिज़्म के सहारे जिन्दा रहने की कोशिश की। ऐसे कलाकारों में सूजा का नाम प्रमुख है, जो अपने 'निज' को भूलकर केवल पश्चिम की नकल पर करते हैं। मैं नकल को कभी शुद्ध कला के रूप में स्वीकार नहीं कर सकता। यह निम्नतम पूर्वाग्रह है।

'आपकी पीढ़ी ने इन पूर्वाग्रहों पर कैसे विजय प्राप्त की? इस दिशा में ग्रुप 1890 ने क्या किया?'

ग्रुप 1890 ने पूर्वाग्रहों से मुक्त रहकर शैली और विषय में नये प्रयोग किये। बिम्ब विधान की दृष्टि से नयी पीढ़ी के कलाकारों की कृतियाँ अधिक मौलिक हैं। हमने कोमलकान्त बिम्बों (इमेज) की अपेक्षा रूखे-सूखे, अपरिमार्जित बिम्बों को भी ग्रहण किया। कलाकार बुनियादी तौर पर बिम्बविधाता है और जिस कलाकार के पास बिम्ब नहीं है, वह कलाकार नहीं हो सकता। बिना बिम्ब के रेखाओं और रंगों का भी कोई महत्त्व नहीं। 'हम मनुष्य की जय-जयकार करने के पक्ष में नहीं, और न ही अपने को मनुष्य का मसीहा मानते हैं, हमारी दृष्टि में आत्मप्रशंसा, मानव पराधीनता की ही एक स्थिति है।'

ग्रुप 1890 नये-नये कला प्रयोगों की खोज में रहा है। इतालवी कलाकार फंटेना ने कैनवास में छेद करके पर्सपेक्टिव को नये आयाम दिये थे। इसी तरह ग्रुप 1890 ने भी कला-शैली के स्वीकृत रूप को चुपचाप ग्रहण नहीं कर लिया। अपनी सूझ-बूझ और मानसिक साज-सज्जा के अनुरूप नये से नये प्रयोग किये। हम समय के अस्तित्व को भी नहीं मानते। कलाकार के लिए न भूत होता है, न भविष्य।

'आप वर्तमान को भूत और भविष्य से कैसे अलग कर सकते हैं?'

हम संस्कृति को अपने रक्त में लेकर उत्पन्न नहीं होते। निहायत असभ्य जाति के बालक का पालन-पोषण सभ्य परिवेश में होगा, तो उसका विकास उसी परिवेश के अनुकूल होगा। उसका वह 'भूत' उसके लिए क्या अर्थ रखता है? सहवास का प्रसव से क्या सम्बन्ध? दोनों अनुभव के दो भिन्न धरातल हैं।

'दोनों अनुभव के भिन्न धरातल नहीं हैं। आगत का सुख या आगत की आशंका सहवास के अनुभव को 'शुद्ध अनुभव' अथवा 'काल निरपेक्ष अनुभव' नहीं रहने देती।'

मगर मैं भूत और भविष्य को स्वीकार नहीं करता। मेरे निकट वर्तमान ही सच है। पिछले दिनों मैंने महाबलिपुरम् की यात्रा की थी। महाबलिपुरम् का विगत मेरे लिए कोई अर्थ नहीं रखता, मेरे निकट सब कुछ, सारा कला-सौन्दर्य वर्तमान था। महाबलिपुरम् मेरे लिए सुन्दर न होता, अगर वर्षों से समुद्र की नमकीन हवाओं ने उसके पत्थरों को मल-मलकर न धोया होता...मैं यहाँ शायद भूत की सत्ता को ही स्वीकार कर रहा हूँ।' स्वामिनाथन् ने कहा, 'बात कहीं उलझ गयी है।'

बात वाकई उलझ गयी थी। लोगों का आना-जाना भी बढ़ रहा था। वे शाय्द अपना ध्यान एकाग्र नहीं कर पा रहे थे। उन्होंने कहा, 'इस विषय पर मैंने एक निबन्ध लिखा था, उसे पढ़ने से मेरा दृष्टिकोण स्पष्ट हो जाएगा। अपनी बात मैं यों भी कह सकता हूँ कि वर्तमान भूत का विस्तारण मात्र है।'

'आप भूत की सत्ता को स्वीकार नहीं करते, मगर इस प्रदर्शनी के एक-तिहाई चित्र 'समय' और 'स्मृति' से सम्बन्धित हैं। प्रदर्शनी देखकर तो यही लगता है कि आप स्मृतिजीवी हैं, भूत से सटकर

रहना चाहते हैं। इसे 'भूत' के प्रति भावुकतापूर्ण लगाव भी कहा जा सकता है और वर्तमान से पलायन भी।'

मैं भूत के जिस रूप को स्वीकार करता हूँ, मेरे लिए वह आज भी जीवन्त है। वह एक ऐसा क्षेत्र है, जिसे मैं जोखिम या खतरे में पड़कर भी जानना चाहता हूँ। हो सकता है, मेरी धारणाएँ मेरी कृतियों के विपरीत जाती हों, परन्तु मेरे लिए यही सच है जो मेरी व्यवस्था (सिस्टम) से उत्पन्न हुआ है।

'समकालीन भारतीय चित्रकला से आप सन्तुष्ट हैं? आपके प्रिय चित्रकार कौन-कौन से हैं?'

मैं हुसेन की कद्र करता हूँ। उन्होंने समकालीन भारतीय चित्रकला को एक पूरक बिम्ब दिया है। भारतीय चित्रकला को रंग योजना का सही बोध देने वाले भी हुसेन ही हैं। वे रंग योजना के धनी हैं। यह सब उन्होंने उस वस्तु-स्थिति में भी किया, जबकि उनका मस्तिष्क 'भूत' से आक्रान्त था। यद्यपि उन्होंने ज्यामिति का वह कौशल नहीं सीखा, जो चावड़ा आदि ने अर्जित किया है।

आगे के लोगों में मुझे अम्बादास और जैराम पटेल की कृतियाँ पसन्द आती हैं। मोहन सामन्त की कृतियों का विन्यास (टेक्सचर) मुझे इसलिए प्रिय है कि वह अलंकारमय और सज्जायुक्त नहीं, वृत्तिमूलक (फंक्शनल) हैं। सौन्दर्य की धारणाओं को लेकर उनके मन में कोई पूर्वाग्रह नहीं है।

यह पूर्वाग्रह सबसे अधिक सूजा की कृतियों में वर्तमान है। सूजा के चित्र देखकर लगता है कि वे पिकासो के हाथ बिक चुके हैं। यही कारण है कि बहुत परिश्रम करने के बावजूद कोई मौलिक बिम्ब नहीं दे पाये हैं। पिकासो तो फिर भी आविष्कारकुशल हैं उन्होंने पैंसठ वर्षों तक अपनी मार्केट कायम रखी है। अनुकरण करने वाला कोई कलाकार देर तक जीवित रह सकता है, इसमें मुझे शक है। राजधानी के भी ऐसे कई कलाकारों से मेरा परिचय है जो चित्र तो अमूर्त्त के नाम से बनाते हैं, मगर व्यवहार में पत्नीभक्त, समय पर घर पहुँचने वाले। जीवन में कोई एडवेन्चर, कोई खोज नहीं।

'बंगाल स्कूल के बारे में आपकी क्या राय है?'

बंगाल स्कूल का मसीहा भी हेवेल नाम का एक अँग्रेज था। अवनीन्द्रनाथ तक ने उसकी शिक्षा पर अमल किया। बंगाल स्कूल का आन्दोलन एक प्रतिक्रियावादी आन्दोलन था। दो दशकों तक उसने भारतीय कला का अहित किया। शैली की दृष्टि से भी ये कलाकार मौलिक नहीं थे। इन्होंने जापान की 'वाश टेकनीक' का अधकचरा प्रयोग किया। जब बंगाल भूखों मर रहा था, ये कलाकार भगवान कृष्ण के मनोहारी चित्र चित्रित कर रहे थे।

'कलाकार की प्रतिबुद्धता के बारे में आपकी क्या राय है?'

नहीं, मैं ऐसा नहीं मानता। किसके प्रति कैसी प्रतिबद्धता? आप सार्त्र का नाम

ले सकते हैं, मगर मेरे नजदीक सार्त्र 'बुरा कलाकार' और 'स्यूडो फिलासफर' है अगर आप युद्ध में भाग लेना चाहते हैं तो लीजिए, इसे दर्शन का जामा क्यों पहनाना चाहते हैं? मुझे इस बात का कभी दुख नहीं रहा कि आइन्स्टाइन नाजियों का विरोध करने की बजाय एकान्त में भाग गया था। उसके एकान्त से भी विश्व समृद्ध ही हुआ। यह कलाकार का काम नहीं है कि वह राजनीति के गन्दे खेल में शामिल हो।

'हाल ही के युद्ध की आप पर क्या प्रतिक्रिया हुई?'

मुझ पर कोई प्रतिक्रिया नहीं हुई।

'तो क्या कलाकार हो जाने के बाद व्यक्ति नागरिक भी नहीं रहता? आप ऐसी घटनाओं के प्रति कैसे तटस्थ रह सकते हैं, जिनका सम्बन्ध न केवल हमारी अर्थव्यवस्था से है बल्कि राष्ट्रीय स्तर के बड़े पैमाने पर जिनका प्रभाव पड़ रहा है।'

चीन के आक्रमण के समय मैं अवश्य आन्दोलित हुआ था, सीमा पर जाकर लड़ने की भी मेरी इच्छा हुई थी। जहाँ तक भारत-पाक संघर्ष का सम्बन्ध है, मैं विभाजन को ही अभी तक स्वीकार नहीं कर पाया।

स्वामिनाथन की कृतियाँ देखते हुए मैंने युद्ध-सन्दर्भ की बात अवश्य सोची थी। ऐसा मैंने चावड़ा की प्रदर्शनी में 'सतर्क' शीर्षक चित्र देखकर भी सोचा था। मगर चावड़ा से बात करने पर पता चला था कि युद्ध-सन्दर्भ का उस कलाकृति से कोई सम्बन्ध नहीं था। मेरी इस जिज्ञासा पर कि एक साधारण नागरिक के नाते भी राष्ट्रीय जीवन पर व्यापक प्रभाव छोड़ने वाली स्थितियों से कैसे तटस्थ रहा जा सकता है, स्वामिनाथन ने कहा कि हो सकता है इन कृतियों पर युद्ध का कोई परोक्ष प्रभाव रहा हो। यह प्रभाव किसी 'मूड' के रूप में भी प्रतिफलित हो सकता है और इसके विशेष रंग के प्रयोग के रूप में भी। कला मेरे लिए आत्माभिव्यक्ति का माध्यम है। मैं यह दावा भी नहीं करता कि मैं बहुत अच्छा कलाकार हूँ। मैं अभी अपना रास्ता बना रहा हूँ। कला को ही मैं सर्वस्व नहीं मानता, मगर कभी मैंने अपने को असमर्थ पाया, तो इससे मुक्ति भी पा सकता हूँ।

'भारत में कला-समीक्षा की क्या स्थिति है?'

भारत में कोई कला-समीक्षक नहीं है। रिचर्ड बार्थोलो आदि जो दो-एक अच्छे समीक्षक हैं भी, वे नये कलाकारों को समझने की कोशिश नहीं करते। कलाकारों के साथ उनका सम्पर्क भी नहीं है। नये लोग क्या सोच रहे हैं, इससे भी उनका कोई वास्ता नहीं। कुछ मौसमी कला-समीक्षक हैं, जो हर प्रदर्शनी की समीक्षा करेंगे, चाहे वह हुसेन की हो या किसी कला विद्यालय के चतुर्थ वर्ष के छात्र-छात्रा की। ऐसे केन्द्रों का भी अभाव है, जहाँ बैठकर हम लोग कला-चर्चा कर सकें।

['धर्मयुग', 19 दिसम्बर, 1965]

सोमनाथ खोसा

पुरानी दिल्ली की एक सँकरी गली में एक पुराना मकान! तैल-चित्रों से घिरा बरामदा और नीचे फर्श पर रंगों और तूलिकाओं का बिखराव! गाँधीजी की जीवनयात्रा को 200 तैल-चित्रों में रूपायित करने की परियोजना के प्रणेता कलाकार श्री सोमनाथ खोसा और उनके घर का वातावरण देखा, तो लगा जैसे यह व्यक्ति गाँधीजी में जी रहा है, गाँधीजी में साँस ले रहा है।

'फोटोग्राफी के इस युग में अनुकरणात्मक तैलचित्रों की क्या सार्थकता हो सकती है?' मैंने एक प्रश्न तो किया परन्तु लगा जैसे अपनी एक जिज्ञासा को गलत समय पर प्रश्न का रूप दे दिया है।

'गाँधीजी कहा करते थे, कला के सत्य को सौन्दर्य से विछिन्न नहीं किया जा सकता।' श्री खोसा के ऊपर के दो दाँत टूटे हुए हैं, उन्होंने बताया, 'मेरी आकांक्षा और मेरा आदर्श गाँधीजी के जीवन और व्यवहार, व्यक्तित्व और कृतित्व को तैल-चित्रों के माध्यम से प्रतिभासित करना है।'

'आपकी इस परियोजना में फोटोग्राफी कहाँ तक सहायक सिद्ध हो रही है?' मैंने पूछा।

'फोटोग्राफी भी अभिव्यक्ति का बहुत सशक्त माध्यम है। परन्तु तकनीकी अपर्याप्तता तथा समय के प्रवाह के कारण गाँधीजी के कई ऐतिहासिक चित्र नख से शिख तक दुरुस्त नहीं रहे। एक कलाकार के नाते गाँधीजी के अनुकरणीय जीवन को रंग और तूलिका से साक्षात रूप देने की प्रेरणा मुझे 1957 की एक रात को मिली।'

श्री खोसा आरामकुर्सी पर ढीले हो गये और मैं उनके पुत्र की सहायता से एक-एक तैल-चित्र देखता रहा। उनमें गाँधीजी के पारिवारिक, सामाजिक, राजनीतिक और सांस्कृतिक जीवन की व्यापक झलक थी। मुझे लगा जैसे इससे पूर्व गाँधीजी को कभी इतने नजदीक से नहीं देखा था। इन तैल-चित्रों में गाँधीजी को देश की जनता के मध्य भी देखा जा सकता है और नेताओं के मध्य भी। वायसराय के साथ भी, शान्तिनिकेतन में ठाकुर बाबू के साथ भी। टालस्टाय, विनोबा और मालवीयजी के

साथ भी। साइकिल पर भी और चार्ली चैपलिन के साथ भी। महात्मा के रूप में भी और बैरिस्टर के रूप में भी।

'मैं फोटोग्राफी की सीमाओं में भी नहीं बँधा रहता।' श्री खोसा ने एक तैल-चित्र की ओर संकेत करते हुए कहा, 'इस चित्र में मैंने गाँधीजी को फोकस में लिया है जबकि मूल चित्र में साथ वाले सज्जन फोकस में थे और गाँधीजी दुबले लग रहे थे। इन्दिरा वाला चित्र आपने देखा होगा, चित्र में एक मर्तबान-सा नजर आता था। कई महीने तक सोचने के बाद मैंने पाया वह पलंग का पाया था।'

तैल-चित्रों को देखकर यह भी लगा कि गाँधीजी के शरीर की बारीक-से-बारीक भंगिमा, उनकी एक-एक नाड़ी, एक-एक बाल, चश्मे, वस्त्र और प्रकृति का सूक्ष्मातिसूक्ष्म ज्ञान कलाकार ने अर्जित किया है।

'नेहरूजी अब हमारे बीच नहीं रहे।' श्री खोसा उदास हो गये और बोले, 'वे इस परियोजना में पूरी रुचि ले रहे थे और समय-समय पर प्रोत्साहित करते थे।'

'नेहरूजी की इस परियोजना के बारे में क्या राय थी?'

'नेहरूजी को कुछ चित्र बेहद पसन्द थे तथा उन्होंने कुछ मौलिक सुझाव भी दिये थे। मेरी योजना 365 तैलचित्र तैयार करने की थी। नेहरूजी ने 200 चित्रों तक सीमित रहने की सलाह दी। मैं 60 इंच लम्बे और 40 इंच चौड़े कैनवास पर काम करता था, नेहरूजी ने 40 इंच लम्बे और 30 इंच चौड़े कैनवास को अधिक उपयुक्त माना। उनके दोनों सुझाव मैंने स्वीकार किये।'

'आप काम किस समय करते हैं?'

'मेरे दफ्तर का समय हो रहा है।' उन्होंने हँसते हुए घड़ी की ओर देखा। रात के दस बजे थे। उन्होंने बताया, 'कृत्रिम प्रकाश में इसलिए काम करता हूँ क्योंकि प्रदर्शनियों में कृत्रिम प्रकाश से ही काम लिया जाता है।'

श्री खोसा का गाँधी-शताब्दी (1969) के अवसर पर इस परियोजना के कार्य को सम्पन्न करने का विचार है।

['धर्मयुग', अक्तूबर, 1963]

प्रसेणजित दुवरा

'मैंने जिन चित्रों की रचना अपौचारिक रूप से की है, वे अधिक सफल हुए हैं। 'मनुष्य और यन्त्र' शीर्षक चित्र मैंने यों ही बैठे-बैठे रंग और ह्विस्की के सम्मिश्रण से किया था। वह चित्र बहुत पसन्द किया गया और अब वह चित्र फर्टिलाइजर कार्पोरेशन के पास है।' ये शब्द हैं सुदूर असम प्रदेश के नवयुवक कलाकार प्रसेणजित दुवरा के, जो पिछले दिनों अपने चिरपरिचित नगर बम्बई में थे। बम्बई को 'जानने' के लिए उन्होंने बड़े-बड़े रेस्तराओं और क्लबों का भ्रमण नहीं किया, झुग्गियों और सड़कों पर सोने वाले लोगों के जीवन को निकट से जानने का प्रयास किया। उनके लगभग तमाम चित्रों का केन्द्र सामान्य मनुष्य ही रहा है, संघर्षरत सामान्य मनुष्य। कभी उसने 'शरणार्थी' के रूप में आकार लिया है, और कभी 'मछुए' के रूप में। 'टूटी छत', 'इच्छा', 'बन्द दरवाजा' इत्यादि चित्र भी उनके इस अपार मानव-प्रेम को ही वाणी देते हैं। अपनी आशाओं और भविष्य की परिकल्पनाओं को वे रंगों की टकराहट और रंगों के विषयानुकूल सम्मिश्रण से व्यक्त करते आ रहे हैं।

प्रसेणजित सन् पचास में चित्रकला की ओर आकर्षित हुए थे और तब से अब तक गत सोलह वर्षों में आठ सौ के करीब चित्र बना चुके हैं। इन समस्त चित्रों की एक प्रदर्शनी गौहाटी में हो चुकी है और उनके बहुत-से चित्र विभिन्न कला संग्रहालयों, फर्टिलाइजर कार्पोरेशन तथा असम विधानसभा के कक्षों में संग्रहीत हैं। प्रसेणजित ने अपनी कला-यात्रा भू-दृश्यों (लैंडस्कैप) के चित्रण से प्रारम्भ की थी, जो आज उन्हीं के शब्दों में 'सीमित अमूर्तता की स्वीकृति' तक पहुँची है। देश के औद्योगीकरण और निर्माण कार्यों को भी उन्होंने अपने चित्रों का विषय बनाया है और यथार्थवादी ढंग से उन्हें चित्रित किया है।

['धर्मयुग', 14 मई, 1967]

रमण पटेल

पेड़ के ठूँठ, वृक्ष-स्कन्ध, कुन्दे, टेढ़ी-मेढ़ी टहनियाँ और काठ-कबाड़ किसी कलात्मक कृति का रूप ले सकते हैं, इसका प्रमाण श्री रमण पटेल की काष्ठ कला-कृतियाँ हैं, जिनका प्रदर्शन बम्बई की गैलरी केमोल्ड में 9 से 16 जुलाई के बीच हुआ। ये कलाकृतियाँ काठ होकर ही नहीं रह जातीं बल्कि 'काठ में भी चेतना' का आभास देती हैं। रमण पटेल की इन कलाकृतियों को देखकर लगता है कि उनमें पेड़ के ठूँठ के जटिल, अनगढ़ और घुन लगे आकार को किसी तात्कालिक बिम्ब के अनुसार कलाकृति का रूप देने की अद्‌भुत क्षमता है।

श्री रमण पटेल का जन्म गुजरात के परनेरा गाँव में एक चरवाहे के घर हुआ। बचपन में ही उनकी माता का देहान्त हो गया और वे मिट्टी के घरौंदे और खिलौने बनाकर अपना मन लगाया करते। गाँव के वातावरण में अपने लिए कोई मार्ग न ढूँढ़ पाये, तो वे बम्बई आ गये, जहाँ उन्होंने पन्द्रह रुपये की नौकरी कर ली, जिसमें रोटी-कपड़े की अलग से व्यवस्था थी। बम्बई में वे भूलाभाई मेमोरियल इन्स्टीट्यूट में कलाकारों और मूर्तिशिल्पियों को देखा करते और मन-ही-मन प्रेरणा लिया करते। डरते-डरते एक दिन उन्होंने 'तम्बूरा बजाते हुए एक स्त्री' की मूर्ति निर्मित की, जिस पर उन्हें पच्चीस रुपये का एक पुरस्कार प्राप्त हुआ। इससे प्रेरित होकर वे काठ की मूर्तियाँ बनाने लगे और कालान्तर में उन्हें कई पुरस्कार प्राप्त हुए। एक महिला ने उनकी कला से प्रभावित होकर उन्हें फिनलैंड जाने का निमन्त्रण दिया और उनके लिए कला-शिक्षा की व्यवस्था भी की। श्री पटेल अब तक फिनलैंड, इटली, स्वीडन, डेनमार्क, जर्मनी आदि देशों का भ्रमण कर चुके हैं।

'भारतीय लोक-कला के प्रति इन देशों में अद्‌भुत आकर्षण है। वहाँ मेरी कलाकृतियाँ खूब बिकीं, विशेषकर वे कलाकृतियाँ, जिन पर लोक-कला और भारतीयता की छाप थी और मुझे अन्य मूर्तिशिल्पियों से सम्पर्क स्थापित करने का अवसर मिला। जातीय संस्कारों वाला कलाकार विदेश में भूखा नहीं रह सकता।' श्री रमण पटेल ने बताया।

श्री पटेल की कलाकृतियाँ लोक-जीवन से उनके गहरे लगाव को प्रकट करती हैं, परन्तु काष्ठमूर्तियों द्वारा भावाभिव्यक्ति में कठिनाई अवश्य आती है, जैसे उनकी कलाकृति 'माँ और बच्चा' माँ के चेहरे पर कोई भाव प्रकट करती है, न बच्चे के। जहाँ कहीं भी उन्हें इसमें सफलता प्राप्त हुई है, कलाकृति में जीवन्तता और शक्ति का समावेश हुआ है।

प्रस्तुत प्रदर्शनी की उल्लेखनीय कृतियाँ—सर्कस, निद्रामग्न शिशु, सी-सा, साधु—इस बात का प्रमाण हैं कि काठ से केवल उल्लू ही नहीं बनाये जा सकते, (यद्यपि श्री रमण ने इसमें भी सफलता प्राप्त की है) कला की सूझ-बूझ के द्वारा श्रेष्ठ कलाकृतियों को भी जन्म दिया जा सकता है। रमण पटेल ने इस सूझ-बूझ का व्यापक परिचय दिया है। साधु के चेहरे पर दाढ़ी का प्रभाव पैदा करने के लिए उन्हें लकड़ी को जलाकर काला करना पड़ा। जामुन की लकड़ी के ठूँठ को देखकर किसने सोचा होगा कि इसमें 'माँ और बच्चा' की आकृति छिपी है। 'उड़ता हुआ पक्षी' बाजारू कला के निकट होते हुए भी यह आभास देने का सामर्थ्य रखता है कि यह किसी भी समय गैलरी केमोल्ड से उड़ जाएगा।

['धर्मयुग', 1966]

आबिद सुरती

मेरे लिए यह तय कर पाना कठिन है कि आबिद सुरती पहले दोस्त है या चित्रकार, कार्टूनिस्ट है अथवा कहानीकार। 'धर्मयुग' के पाठकों के लिए वह एक लोकप्रिय व्यंग्य-चित्रकार है और गुजराती पत्रिकाओं के लिए गुजराती की कथा पीढ़ी का समर्थ हस्ताक्षर। मगर आबिद खुद अपने को मूलरूप से चित्रकार ही मानता है और जब उसे रंगों और कैनवास की जरूरत होती है, वह रेडियो के लिए नाटक करता है, उपन्यास लिखता है और उसे आश्चर्य होता है कि उसकी रचनाएँ उसी चाव से पढ़ी जाती हैं, जिस चाव से लोग उसकी चित्र-रचना में रुचि लेते हैं। गत आठ वर्षों में नैनीताल तथा बम्बई की फ्रेंच आर्ट गैलरी, रूपा आर्ट गैलरी, क्नोसियर आर्ट गैलरी और जहाँगीर आर्ट गैलरी में उसके चित्रों की कई संयुक्त और एकव्यक्तीय प्रदर्शनियाँ हो चुकी हैं। एयर इंडिया, टाटा, किंग फीचर सिंडीकेट (न्यूयार्क) तथा कैलिफोर्निया में उसके चित्र संग्रहीत हैं।

कैनवास पर गति का आभास

बम्बई की ताज आर्ट गैलरी में प्रदर्शित हो रहे सुरती के नये चित्रों की थीम 'मछली' है और उसने विभिन्न कोणों से मछली का अध्ययन प्रस्तुत किया है। उसकी ये कृतियाँ पश्चिम के 'काइनेटिक' आन्दोलन की याद दिलाती हैं। जिस गति का अंकन करने के लिए आज बड़े-बड़े दिग्गज कलाकार 'पहिये' का सहारा ले रहे हैं, ठेले की तरह की कृतियों का सृजन कर रहे हैं, आबिद ने बिना किसी बाह्य उपकरण की सहायता के रंगों और रेखाओं के सम्मिश्रण से ही गति का आभास दिया है।, मछली की चंचलता, निरीहता, गति, नियति, संस्कार, आकार, काँटे अमूर्त मगर सधे हुए 'पैचेज' के रूप में उभरते हैं। यही नहीं, कहीं मछली 'तड़पत जल बिन मीन' है और कहीं मानवीय आकार के रूप में मानव नियति की ओर संकेत करती हुई जान पड़ती है। मछलियों के ये अस्पष्ट बिम्ब और आकार कहीं-कहीं मनुष्य के सन्दर्भ में भी सार्थक लगते हैं और एक विशिष्ट अर्थ भी देते हैं। मछुओं और मछलियों का यह संसार एक ऐसा संसार है, जिसका अस्तित्व तो

है, भाषा-परिवेश नदारद है। रंगों और रेखाओं का यह मछलीघर अपने में सम्पूर्ण भी है और साहसिक भी। इससे पूर्व बहुत कम चित्रकारों ने मछली के जटिल रूपाकार का अध्ययन किया है, आबिद ने इन कृतियों में अत्यन्त सूक्ष्मता से मछली का अध्ययन और प्रस्तुतीकरण किया है, जो कहीं-कहीं कलात्मक कम, 'अध्ययनपूर्ण' अधिक हो गया है। शायद यही कारण है कि बहुत से चित्र वस्तु (ऑब्जेक्ट्स) बनकर रह गये हैं, वे अनुभव की गरिमा से वंचित हैं। इन चित्रों में सुरती का आग्रह अमूर्तता की ओर है, परन्तु आकृतिमूलक न होते हुए भी ये चित्र अमूर्त नहीं हैं। अपने आकार में ये अमूर्तता का भ्रम अवश्य उत्पन्न करते हैं, परन्तु मूल रूप से, अनुभव के स्तर पर देखा जाए तो ये चित्र स्थूल लगते हैं।

रंगों की गहरी परत उर्फ जिन्दा मछलियाँ

मैं सोच ही रहा था कि सुरती ने मछलियों का यह अध्ययन कहाँ किया होगा कि उसने बताया कि वह मछलियों के बारे में जानकारी लेने के लिए पुस्तकों और संग्रहालयों में डूबा रहा है। अनुभव के स्पर्श से ये चित्र अधिक जीवन्त हो सकते थे, परन्तु, वहाँ सुरती की आर्ट स्कूल की शिक्षा आड़े आ रही होगी, जो कुशल ड्राइंग मास्टर को तो जन्म अवश्य देती है, कला के आन्तरिक अर्थ से अवगत नहीं कराती। अपनी इस प्रदर्शनी में सुरती ने आर्ट स्कूल के प्रभाव से मुक्त होने का प्रयास अवश्य किया है। उसने साहस के साथ रंगों का मुक्त हस्त से प्रयोग किया गया है, जो कृतियों को नयी प्राण शक्ति देता है। कहीं-कहीं पपड़ी की तरह कैनवास पर रंगों की गहरी परत जमी हुई है, जिसे देखकर लगता है जैसे कैनवास पर जिन्दा मछली चिपका दी गयी हो। एक अन्य स्तर पर 'जीवन' का ऐसा ही एहसास 'नये प्राणों का स्पन्दन' (लाइफ विदिन लाइफ) शीर्षक चित्र देखकर होता है। सुरती की विभिन्न रंगों की संयोजना से बहुत अधिक सहमत न होते हुए भी मुक्त प्रयोग भला लगता है, जो अपने 'रूप' में चिरपरिचित होते हुए भी अपनी पहुँच (एप्रोच) में नया है। 'अवमूल्यन के बाद तो मैं रंगों से ज्यादा खेल भी नहीं पाऊँगा।' सुरती ने कहा, 'मेरी स्थिति का कलाकार अब ये रंग 'एफोर्ड' नहीं कर पायेगा।' सुरती के ये चित्र देखकर लौट रहा था तो लगा कैनवास पर अंकित मछलियों की अस्थिर आँखें मेरा अब भी पीछा कर रही हैं। इस प्रदर्शनी में 'वे दोनों आँखें तुम्हें बराबर देखेंगी।'

['धर्मयुग, 1967]

पढ़ाई लिखाई

सार्त्र और प्रतिबद्धता
सार्त्र और नोबेल पुरस्कार
पाँच दरियाओं का साहित्य
नाच्यौ बहुत गोपाल
हॉलैण्ड की विद्रोही नयी पीढ़ी
प्रेमचन्द की विरासत

सार्त्र और प्रतिबद्धता

संकटकालीन स्थिति में किसी भी देश के प्रबुद्ध बुद्धिजीवी का क्या योगदान हो सकता है, यह किसी भी युद्धग्रस्त राष्ट्र के कलाकारों के चिन्तन का विषय रहा है। क्या संकटकालीन स्थिति में किसी लेखक के लिए अलग-थलग रहकर नितान्त स्वतन्त्र रूप से रचना-कार्य में व्यस्त रहना सम्भव है? बिना प्रतिबद्ध हुए अपने लेखन के साथ वह कहाँ तक न्याय कर सकता है? लेखक क्या, एक सामान्य नागरिक के नाते भी शायद उसके लिए तटस्थ रह पाना मुमकिन नहीं है। वह किसी भी स्थिति में उन बाह्य दबावों से मुक्त नहीं रह सकता, जो प्रत्यक्ष अथवा परोक्ष रूप में उसके रचनाशील व्यक्तित्व को प्रभावित करते हैं। आधुनिक संचेतना के समर्थ वाहक नीत्शे, हैमिंग्वे, कामू, सार्त्र आदि का सक्रिय जीवन इस बात को सार्थक करता है कि इन लोगों ने न केवल लेखन के स्तर पर युग और समय की चुनौती को स्वीकार किया, बल्कि युद्ध में भाग लेकर अथवा सेना में भर्ती होने का संकल्प कर अपने को यथार्थ के अधिक निकट पाया है। यद्यपि अपनी शारीरिक दुर्बलता के कारण ये लोग युद्ध में सक्रिय भाग नहीं ले सके, फिर भी जहाँ भी इन्हें जैसा काम मिला, इन्होंने किया, सार्त्र को रेडक्रास में काम मिला और कामू ने युद्ध में सक्रिय भाग न लेने पर खेद प्रकट करते हुए लिखा था, 'मैं सैनिक रूप में नहीं लिया जाता तो लगता कि मैं अकेला रहने के लिए अभिशप्त हूँ। मैं कठिन से कठिन परिस्थितियों में सामान्य मनुष्य की तरह जीना चाहता हूँ।' सार्त्र ने भी लिखा कि 'लेखक एक ऐसा स्वतन्त्र प्राणी है, जो लोगों को, अन्य स्वतन्त्र लोगों को केवल स्वतन्त्रता का सन्देश देता है।' सार्त्र ने तो यहाँ तक कहा है कि गद्य का केवल एक अर्थ है—जनतन्त्र। उनका मत है कि कोई भी लेखक समसामयिक राजनैतिक घटनाओं और स्थितियों से अपने को अलग नहीं रख सकता। जनतन्त्र, शान्ति और समाजवाद में ही साहित्य का अर्थ निहित है और यदि इसे अभिव्यक्ति देने में वह भाषा को असमर्थ माध्यम पाता है, तो उसे अपनी भाषा का भी तदनुकूल परिष्कार करना होगा। मानवता को दृष्टिगत रखते हुए उसे बराबर अत्याचार, क्रूरता और बर्बरता का विरोध करना होगा।

यद्यपि सार्त्र पर प्राय: यह आरोप लगाया जाता है कि उसके नायक नायकोचित गुणों से वंचित रहते हैं, परन्तु यथार्थ यह है कि समय आने पर उसने अपनी लेखनी से शोले भी बरसाये हैं। जर्मन आधिपत्य के दिनों में उसने न केवल राजनीति में सक्रिय भाग लिया, बल्कि फ्रेंच प्रतिरोध आन्दोलन का खुलकर समर्थन भी किया। उदाहरण के लिए 'डि प्रोफ्यूंडिस' से निम्न पद्यांश प्रस्तुत किया जा सकता है, जो उसने प्रतिरोध के दिनों, सन् 1940-45 के बीच लिखा था—'जर्मन आधिपत्य के दिनों में हम जितना मुक्त थे, उतना मुक्त कभी नहीं थे। हम अपने सभी अधिकार खो चुके थे, जिनमें हमारा बोलने का अधिकार भी शामिल है। प्रतिदिन हमारे सामने हमारा अपमान होता और हमें मूक रहकर उसे बर्दाश्त करना पड़ता...यही कारण था कि हम मुक्त थे। नाजी ज़हर हमारे चिन्तन में जज्ब हो रहा था, हर सही विचार विजय का द्योतक था। बुरी तरह से हमारा पीछा किया जा रहा था, हमारी प्रत्येक मुद्रा ही हमारी शान्त प्रतिबद्धता थी।

'देश निकाला, कारावास और विशेष रूप से मृत्यु हमारा स्वभाव बन रही थी। हममें से प्रत्येक के जीवन का चुनाव, एक प्रामाणिक चुनाव था, क्योंकि यह चुनाव मौत के ऐन सामने खड़े होकर किया गया था। यहाँ मैं अपने उन सहकर्मियों की बात नहीं कर रहा, जो सही तौर पर प्रतिरोधकारी थे, उन तमाम फ्रांसवासियों की बात कर रहा हूँ, जिन्होंने चार वर्षों तक बराबर, दिन-रात 'नहीं' कहा।'

सार्त्र स्वयं सक्रिय प्रतिरोधकारी रहे हैं। हिटलर की बर्बर नीतियों और उसकी क्रूरता से केवल शाब्दिक नफरत नहीं की, डटकर उसका मुकाबला भी किया। मूल रूप से दार्शनिक होने के नाते, उन्होंने अपने 'युद्ध' को न्यायसंगत माना है और दर्शन के स्तर से इसकी व्याख्या भी की है। यह सच है कि उन्होंने मनुष्य को नश्वर और जीवन को 'एब्सर्ड' माना है, परन्तु स्वातन्त्र्य भावना और वरण की स्वतन्त्रता उनके चिन्तन का मूल आधार रही है। वे मनुष्य को नये मूल्यों का निर्माण करने और उनके लिए लड़ने का अधिकार देते हैं। जीवन 'एब्सर्ड' है तो मनुष्य भी स्वतन्त्र है, वह उसे अर्थ दे सकता है। यही कारण है कि वह अस्तित्ववाद को निषेधवाद (निहिलिज़्म) का दर्शन नहीं, एक नूतन मानववाद के रूप में स्वीकार करते हैं।

न केवल दर्शन के स्तर पर ही, बल्कि अपने कथा-साहित्य में भी सार्त्र ने सदैव अत्याचार के विरुद्ध आवाज़ उठायी है। यह कहना अत्युक्ति न होगी कि सार्त्र का सम्पूर्ण साहित्य मूल्यों के संघर्ष का साहित्य है। किसी आरोपित लेखकीय दायित्व के अधीन सार्त्र यह मानकर नहीं चलते कि भविष्य के लिए एक सुनहरा संसार ही सुरक्षित है। भविष्य के गर्भ में बर्बरता भी हो सकती है और समाजवाद भी या बर्बर समाजवाद भी। वे मनुष्य को अत्याचार और बर्बरता का विरोध करने की चेतना अवश्य देते हैं, परन्तु किसी प्रकार के सुनहरे सपनों का जाल उसे नहीं

दिखाते। इस दृष्टि से उनका लघु नाटक 'ला' एनग्रेज' द्रष्टव्य है, जिसमें लोगों का एक समूह हिंसापूर्वक शक्ति हथिया लेता है, बाद में अत्याचार और शोषण की वही पुरानी कहानी दोहराता है। उनके नाटक 'ल' मेन्स सेल्स' में पार्टी की उन नीतियों की गाथा है, जो रात भर में ही सहसा बदल दी जाती हैं और जिन्हें गम्भीरतापूर्वक स्वीकार करने की निरर्थकता में लोग जीते हैं। एक हत्या के प्रकरण में सार्त्र ने पार्टी के सिद्धान्तों का खोखलापन व्यक्त किया है। उनकी सुप्रसिद्ध कहानी 'ला' मूर' स्पेनिश सिविल वार के दौरान तीन व्यक्तियों के मनोविज्ञान का अद्वितीय विश्लेषण प्रस्तुत करती है, जो एक झोपड़ी में सूर्योदय की प्रतीक्षा कर रहे हैं और जिन्हें विश्वास है कि सूर्योदय के साथ ही गोली चलाने वाला दस्ता उनके प्राणदंड की घोषणा कर देगा। 'ला' एन्फेंसडम चीफ' शीर्षक कहानी में यहूदियों की समस्या तथा 'ला प्यूटेन' शीर्षक नाटक में वे नीग्रो समस्या पर उस व्यक्ति की भाँति विचार नहीं करते, जो भ्रष्टशीलता में पाशविक आनन्द लेता है। 'ला' मोशे' (1943) में प्रतिरोध आन्दोलन का समर्थन है और नाटक पढ़कर लगता है कि ऐसे पात्रों की शक्ति में ही विश्व का उद्धार सम्भव है। 'दि डेविल एंड दि गुड लार्ड' में गोयट्ज अपने को जागीरदारों के विरुद्ध कृषक वर्ग के साथ सम्बद्ध करके अपने चिरसंघर्ष को समाप्त करता है और इस निष्कर्ष पर पहुँचता है कि व्यक्ति तब तक समाज सुधार की दिशा में कोई योगदान नहीं दे सकता, जब तक वह किसी क्रान्तिकारी आन्दोलन से सम्पर्क नहीं स्थपित करता। 'नो एक्जिट' के कायर गार्सां की इसलिए हत्या कर दी जाती है कि वह युद्ध में भाग लेने से इनकार करता है।

सार्त्र ने केवल प्रतिरोध आन्दोलन के साथ ही अपने को गम्भीरतापूर्वक सम्बद्ध नहीं किया, अल्जीरिया के स्वतन्त्रता संग्राम में भी उन्होंने सक्रिय भाग लिया और राष्ट्रवादी क्रान्तिकारियों के समर्थन में एक घोषणा पत्र पर हस्ताक्षर करके अपने लेखकीय दायित्व को मौखिक समर्थन तक सीमित नहीं रखा। अल्जीरिया के युद्ध में भाग लेने की उनकी घोषणा सुनकर सरकार ने उन पर प्रतिबन्ध लगा दिया था कि वे रेडियो अथवा टेलीविज़न पर वार्ता प्रसारित नहीं कर सकते। उनके फ्लैट पर दो बार बम गिराकर आक्रमण किया गया था। सार्त्र इससे घबराये नहीं, वे सार्वजनिक रूप से अल्जीरिया की स्वतन्त्रता के पक्ष में लगातार विचार व्यक्त करते रहे। वियतनाम की स्वतन्त्रता का भी उन्होंने समर्थन किया है। वियतनाम पर अमरीकी आक्रमण को दृष्टिगत रखते हुए इस वर्ष उन्होंने अपनी अमरीका यात्रा स्थगित कर दी। हंगरी में रूस के हस्तक्षेप पर भी उन्होंने लेख लिखे थे और रूस की निन्दा की थी, समाजवाद के विरोधियों की तरह नहीं, समाजवाद के समर्थन के रूप में। उन्होंने 'ला एक्सप्रेस' में प्रकाशित एक इंटरव्यू में कहा था, पश्चिमी देशों की सरकारें बुदापेस्त में होने वाली घटनाओं का विरोध करने के अपने समस्त नैतिक

अधिकार खो चुकी हैं; अमरीका ने यह अधिकार उन प्रसारण केन्द्रों को सहायता देकर खोया है, जो हंगरी के लोगों को सशस्त्र विद्रोह के लिए उकसाते हैं, ब्रिटेन तथा फ्रांस ने मिस्र पर आक्रमण करके। 'स्टालिन'स घोस्ट' शीर्षक निबन्ध में उन्होंने सिद्ध किया कि हंगरी में समाजवाद की रक्षा करने के लिए रूस का बुदापेस्त पर सशस्त्र आक्रमण किसी भी रूप में क्षम्य नहीं।

यहूदियों के उत्पीड़न के सम्बन्ध में उनका विचार है कि सभी विरोधी लोग इसलिए 'यहूदी' की परिकल्पना करते हैं, ताकि किसी को अपनी घृणा का केन्द्र बनाया जा सके। घृणा में ही वे अपनी मुक्ति की राह खोज लेते हैं। सार्त्र के अनुसार यहूदी विरोध (एंटी सेमिटिज़्म) सम्पन्न व्यक्तियों द्वारा प्रोत्साहित एक षड्यन्त्र है। एक ऐसा षड्यन्त्र जो सामान्य लोगों को समूचे फ्रांस का आधिपत्य सौंपकर अपनी नगण्य स्थिति के प्रति उन्हें निश्चेष्ट करता है। सार्त्र की सुप्रसिद्ध कहानी 'ला एन्फ्रेंसडम चीफ' का केन्द्रीय भाव भी उनके उपरोक्त निष्कर्ष के सर्वथा अनुकूल है। सार्त्र के अधिकांश नायकों की तरह प्रस्तुत कहानी का नायक ल्यूशियन भी इस बात से पीड़ित है कि उसका अस्तित्व अर्थहीन है। वह बिना किसी विशेष उत्साह के मनोविश्लेषण तथा अटपटे व्यवहार द्वारा अपने जीवन के क्रम को भंग करने का प्रयत्न भी करता है। अर्थहीन वर्तमान को लाश की तरह हाथों में लिये वह घूम रहा है, बिना यह जाने कि इसका क्या किया जाए और इसे कहाँ पटका जाए! उसकी समस्या का समाधान होने लगता है, जब वह फासिस्टों और 'एंटी सेमिटिक लीग' से सम्बन्ध स्थापित करता है। वह पूरी तीव्रता के साथ यहूदियों से घृणा करता है और इस प्रकार अपनी अनिर्दिष्टता और अस्पष्टता से पलायन करता है। यह बात उसके मस्तिष्क में घर कर जाती है कि वह अधिकारवान है, क्योंकि वह फ्रेंच है, सच्चा फ्रेंच, इसलिए विश्वनागरिकों और निकृष्ट यहूदियों से श्रेष्ठ है, जिनका कोई घर, कोई देश, कोई अधिकार नहीं है। सार्त्र ने यहाँ पर केवल विश्लेषण प्रस्तुत किया है, किसी समाधान का झूठा दावा नहीं किया, क्योंकि सार्त्र यह स्वीकार करके चलते हैं कि 'लेखक का कर्त्तव्य तो इतना है कि विश्व में कोई अनभिज्ञ न रहे और यह न कहे कि वह अबोध है।' प्रस्तुत कहानी का व्यंग्य एक नये स्तर पर उनके विचारों का ही प्रतिपादन करता है। जर्मन आधिपत्य के समय हथियार तो छीन लिये गये थे और व्यंग्य ही एक ऐसा अस्त्र रह गया था, जो फ्रांस के बुद्धिजीवियों के हाथ में बचा था। सार्त्र ने वाल्तेयर आदि पूवजों की तरह व्यंग्य का शुद्ध रूप में उपयोग नहीं किया। उन्होंने व्यंग्य को दर्शन का पुट और अपने चिन्तन का बल भी दिया।

उन लोगों को सार्त्र का अस्तित्ववादी दर्शन कदाचित अवसादपूर्ण लगे, जो लोग जल्दी-से-जल्दी किसी निष्कर्ष पर पहुँच जाना चाहते हैं और असफलताओं

को धारण नहीं कर सकते, उन्हें शायद सार्त्र प्रतिक्रियावादी भी लगें। सार्त्र के साहित्य में उज्ज्वल भविष्य की अनुपस्थिति किसी भ्रम में नहीं डालती, बल्कि उन खतरों की ओर संकेत करती है जो मनुष्य के जीवन और अस्तित्व के लिए चुनौती का रूप ले रहे हैं। उनकी खोज प्रामाणिक है, परिणाम चाहे भयावह हों।

['धर्मयुग', 26 सितम्बर, 1965]

सार्त्र और नोबेल पुरस्कार

गत वर्ष जब ज्यां पाल सार्त्र ने नोबेल पुरस्कार प्राप्त अथवा स्वीकार करने में अपनी असमर्थता प्रकट की तो विश्व भर में इसकी घोर प्रतिक्रिया हुई। यह प्रश्न विवाद का विषय रहा कि क्या सार्त्र का निर्णय एक समकालीन प्रबुद्ध लेखक की आज के जटिल राजनैतिक सन्दर्भ और मानसिक स्थितियों के प्रति एक सहज प्रतिक्रिया है? सार्त्र के इस निर्णय को देश-विदेश के बहुत-से बुद्धिजीवियों ने आत्म-प्रचार का एक 'सुअवसर' कहा और कुछेक का मत था कि सार्त्र 'ग्रैंड ओल्ड मैन' (बुजुर्ग) बनने से कतरा रहे हैं। कुछ लोगों ने इसे स्थापित व्यवस्था (एस्टेब्लिशमेंट) की ओर से दी जाने वाली रिश्वत कहकर पुरस्कार तिरस्कार सार्त्रोचित माना। कुछ लोगों ने इस निर्णय के बीज अस्तित्ववाद में ढूँढ़ते हुए कहा कि 'वरण की स्वतन्त्रता' अस्तित्ववाद का प्राण रही है और पुरस्कार को अस्वीकार कर सार्त्र ने अपने स्वतन्त्रता के अधिकार का ही उपयोग किया है।

वस्तुत: सार्त्र के इस निर्णय को नितान्त निजी समझना भ्रामक होगा, क्योंकि सार्त्र ने अपनी रचनाओं में तथा पुरस्कार की घोषणा के उपरान्त भेंटवार्ताओं में, जो विचार प्रकट किये हैं, वे उसके इस निर्णय की संगति में आते हैं। इस निर्णय को 'आत्मप्रचार का सुअवसर' कहना भी अन्यायपूर्ण होगा, क्योंकि सार्त्र के स्तर का लब्धप्रतिष्ठ व्यक्ति ऐसी झूठी ख्याति का मुखापेक्षी क्यों रहेगा? आत्मप्रचार तो सदा नकली लेखकों का हथकंडा रहा है।

सार्त्र के इस निर्णय की ध्वनि उसके नाटक 'दि डेविल एंड दि गुड लार्ड' में मिल सकती है। प्रस्तुत नाटक में एक बाज़ारी नेता गोयट्ज एक कोढ़ी को बुलाकर अपनी सज्जनता और नैतिकता का परिचय देना चाहता है। भीड़ कोढ़ी को गोयट्ज की ओर बढ़ते हुए देखती है। तभी कोढ़ी को मालूम होता है कि गोयट्ज सार्वजनिक रूप से उसका चुम्बन लेकर अपनी स्वार्थ सिद्धि करना चाहता है। वह निराश होकर अपने हाथ ऊपर उठा देता है और कहता है : मुँह पर नहीं।

पुरस्कार का दबाव

यदि सार्त्र की आत्मकथा के प्रथम भाग 'वर्ड्स' को प्रामाणिक दस्तावेज माना जाए तो उसके अन्तिम अंश भी उसके इस निर्णय को स्पष्ट करने में सहायक होते हैं। उन्होंने लिखा है : 'मुझे अपने पागलपन के बारे में यही बात अच्छी लगती है कि प्रारम्भ से ही इसने मुझे उच्चवर्ग के आकर्षणों से बचाया है। मैंने कभी नहीं सोचा कि मैं कोई सुखी प्रतिभावान व्यक्ति हूँ। मेरी एक मात्र चिन्ता कर्म तथा आस्था के द्वारा अपने आपको बचाये रखना है। इसके परिणामस्वरूप मेरा शुद्ध वरण मुझे किसी से भी ऊपर नहीं उठा देता। अपने को समग्र रूप से बचाने के लिए मैं बिना किसी प्रकार के उपकरणों और औजारों के अपने आपको पूरी तरह से कार्य में झोंक देता हूँ।...फिर क्या बचता है? एक समग्र मनुष्य, सभी मनुष्यों से संरचित, सभी मनुष्यों के समान श्रेष्ठ और किसी से भी श्रेष्ठ नहीं।' इन पंक्तियों के लेखक के लिए किसी प्रकार का बाह्य सम्मान अथवा पुरस्कार क्या अर्थ रख सकता है? सार्त्र सदैव बाह्य आकर्षणों से अपने को बचाते रहे हैं। सन् 1945 में उन्होंने 'फ्रेंच लीजियन ऑव आनर्स' की नियुक्ति को अस्वीकार किया था। विद्वानों में प्रतिष्ठित संस्था 'द कॉलेज डि फ्रेंच' में भी उन्होंने प्रवेश नहीं लिया। नोबेल पुरस्कार की घोषणा के उपरान्त उन्होंने कहा था कि यदि उन्हें लेनिन पुरस्कार दिया जाता, तो वे उसे भी स्वीकार नहीं करते। पुरस्कारों के प्रति सार्त्र का दृष्टिकोण उस टिप्पणी से भी स्पष्ट हो जाता है जो उन्होंने कामू को नोबेल पुरस्कार दिये जाने का समाचार पाकर की थी। उन्होंने कुछ इस अन्दाज़ से कहा था कि वह इसके योग्य है, जैसे उनके लिए नोबेल पुरस्कार किसी भी प्रतिभा-व्यतीत व्यक्ति की सहज परिणति हो। इसकी पुष्टि गत वर्षों के पुरस्कार-विजेताओं की सूची से हो सकती है। प्राय: नोबेल पुरस्कार उस आयु श्रेणी के लेखकों को दिये गये हैं, जिनकी प्रतिभा चुकने लगती है या वे वास्तव में सठियाने लगते हैं। साठ से अस्सी वर्ष की आयु के बीच ही अधिकांश साहित्यकारों को पुरस्कार प्राप्त हुआ है। जिन व्यक्तियों को चालीस-पचास की उमर के बीच नोबेल पुरस्कार प्राप्त भी हुआ है, वे भी अपनी प्रतिभा का परिचय इससे वर्षों पूर्व दे चुके थे। साहित्य के विद्यार्थियों के लिए यह आश्चर्य का विषय है कि हेमिंग्वे को 56 वर्ष की अवस्था में तथा इलियट को भी जीवन की सान्ध्य बेला (60वें वर्ष) में पुरस्कृत किया गया। दोनों ही इससे एक-चौथाई शताब्दी पूर्व अपनी श्रेष्ठतम कृतियों के द्वारा अपनी साहित्यिक प्रतिभा का परिचय दे चुके थे। यह दूसरी बात है कि धन और ख्याति की आवश्यकता उन्होंने तभी अनुभव की थी। परन्तु इससे अकादमी का वह उद्देश्य अवश्य खंडित होता है, जिसमें एक बार उसने 'लेखक को स्वतन्त्र रचना-कार्य के लिए आर्थिक स्वतन्त्रता देने' की बात की थी। यह बताने की आवश्यकता नहीं कि नोबेल पुरस्कार द्वारा

आर्थिक स्वतन्त्रता प्राप्त कर कितने लेखक अपने रचनाकर्म में किसी महत्त्वपूर्ण कृति का सृजन कर पाये हैं। पुरस्कारों से प्रेरणा पाकर कभी किसी लेखन ने किसी असाधारण कृति को जन्म नहीं दिया होगा (पुरस्कार प्राप्ति के लिए लोग अवश्य देश परिवेश और जीवन को भुलाकर असाधारण की खोज में लगे रहे हैं)। पुरस्कार कभी लेखन का माध्यम नहीं रहे। नोबेल पुरस्कार की घोषणा के उपरान्त सार्त्र ने एक स्थान पर कहा था, 'कोई भी लेखक, जो राजनीतिक, सामाज़िक मामलों तथा साहित्य में कुछ सिद्धान्तों को लेकर चलता है, उसे शुद्ध रूप से अपने ही माध्यम से कार्य करना चाहिए, अर्थात् लेखन के माध्यम से और उसके द्वारा स्वीकार किये जाने वाले सम्मान उसके पाठकों पर एक प्रकार का दबाव डालते हैं, जिसे मैं वांछनीय नहीं मानता।'

सीमाएँ और समस्याएँ

सार्त्र का यह निश्चित मत है कि लेखक को एक प्रतिष्ठान के रूप में रूपान्तरित होने के प्रयत्न का विरोध करना ही चाहिए, इसके लिए उसे चाहे कितना बड़ा सम्मान ही क्यों न ठुकराना पड़े। नोबेल पुरस्कार इसका अपवाद नहीं है। 1960 में जब सार्त्र अल्जीरिया के स्वतन्त्रता संग्राम का समर्थन कर रहे थे और उन्होंने राष्ट्रवादी क्रान्तिकारियों के समर्थन में एक घोषणापत्र (मैनीफेस्टो) पर हस्ताक्षर भी किये थे, तब उनके लिए यह पुरस्कार कोई अर्थ रख सकता था। उन्होंने कहा भी है कि 'तब मैंने इसे आभार सहित स्वीकार किया होता। तब पुरस्कार न केवल मुझे बल्कि उस स्वतन्त्रता संग्राम को भी सम्मानित करता, जिसके लिए हम सब लड़ रहे थे। जब सारा संघर्ष समाप्त हो गया, तब मुझे पुरस्कृत कियां गया।'

इसके अतिरिक्त नोबेल पुरस्कार समिति की कुछ अपनी सीमाएँ हैं। जैसे नोबेल ने 27 नवम्बर, 1895 की अपनी अन्तिम आकांक्षा (विल) में लिखा था कि 'प्रतिवर्ष नोबेल पुरस्कार उस व्यक्ति को दिया जाए, जिसने साहित्य-क्षेत्र में आदर्शवादी प्रकृति का उत्कृष्टतम कार्य किया हो।' अब यह 'आदर्शवादी प्रकृति' ही ऐसी सीमा है जो आधुनिक साहित्य के मूल्यांकन में एक बड़ी बाधा उपस्थित करती है। नोबेल पुरस्कार समिति के सदस्य रचनाओं में आदर्शवाद ढूँढ़ने के लिए विवश हो जाते हैं अथवा बहुत बार उन्होंने भावुकतावश आदर्शवाद को भी रूढ़ अर्थों में ले लिया है। आदर्शवाद के नाम पर भी किसी समकालीन लेखक का नाम अस्वीकार किया जा सकता है और किसी भी लेखक को पुरस्कृत करने के लिए आदर्शवाद की नयी व्याख्याएँ प्रस्तुत की जा सकती हैं। आदर्शवाद को रबड़ की तरह यहाँ तक फैलाया गया है कि 'आदर्शवाद तो कविता की मूल प्रकृति में रहता ही है।' यह एक ऐसी व्याख्या है, जो किसी भी लेखक को पुरस्कार दिलवाने में

सहायक हो सकती है, जबकि आधुनिक जीवन और आधुनिक साहित्य में इसकी संगति ढूँढ़ना व्यर्थ है। दूसरे, विश्व भर की भाषाओं का आकलन नोबेल पुरस्कार समिति कर पाती होगी, यह संदिग्ध है। अनूदित रचनाओं के द्वारा मूल्यांकन कहाँ तक सम्भव है, यह विचारणीय है। मिस्ट्रल को ऐकेगरे (स्पेन) के साथ पुरस्कार न बाँटना पड़ता, यदि उन्हीं दिनों उसके महाकाव्य 'मीरिया' का घटिया अनुवाद स्वीडिश भाषा में प्रकाशित न हुआ होता। महाकाव्य का अनुवादक जातीय भाषा और जातीय संस्कारों का अनुवाद करने में असफल रहा था। जब टैगोर को पुरस्कृत किया गया, तब समिति में मूल बांग्ला भाषा में कविता का रसास्वादन करने वाला केवल एक व्यक्ति था।

अपनी भेंट वार्ताओं में सार्त्र ने यह भी कहा है कि यह कैसा पुरस्कार है, जो मलार्मे को नहीं, स्यूली प्रियूधाम को दिया गया। सोवियत उपन्यासकार माइखल शोलोखेव, चिली के कवि पाब्लो नेरुदा, फ्रेंच कवि लुई अरागा इस पुरस्कार के सर्वथा उपयुक्त थे, मगर उन्हें कभी पुरस्कृत नहीं किया गया। सार्त्र को यह कहने का भी अधिकार है कि यह निर्णायक समिति (जूरी) भी अन्य प्रतिष्ठानों की भाँति अपनी अज्ञेयता का ही परिचय देती रही है। रूस के सम्बन्ध में इसने ब्यूनिन के पक्ष में टालस्टाय, चेख़व, गोर्की आदि की अवहेलना की। नोबेल पुरस्कार समिति ने उस सोवियत उपन्यास को पुरस्कृत किया, जो विदेश में प्रकाशित हुआ था और स्वदेश में जिसका प्रकाशन वर्जित था। हेनरी जेम्स, रिल्के, डी.एच. लारेंस, जोला, हार्डी, स्पिनबर्न आदि को पुरस्कृत नहीं किया गया। मार्क ट्वेन भी इस पुरस्कार से वंचित रहे। शॉ को पुरस्कार प्राप्त हुआ, मगर उसके सन्दर्भ में कहीं भी उसकी तीक्ष्ण व्यंग शक्ति की चंर्चा नहीं की गयी। 1957 में कामू को सार्त्र के ऊपर प्राथमिकता दी गयी थी, सार्त्र उस समय लेखन में कामू से नौ वर्ष वरिष्ठ थे और अधिक विख्यात। तब से सार्त्र के विचारों में कोई परिवर्तन नहीं आया। सार्त्र के पास यह सोचने का भी कोई कारण नहीं होगा कि उक्त निर्णय को तब्दील किया जाए। विशेष रूप से उस सार्त्र के लिए, जिसके लिए लेखक की प्रतिबद्धता का प्रश्न महत्त्वपूर्ण रहा है। उन्होंने लेखक के दायित्व को हमेशा समझा और अल्जीरिया के स्वतन्त्रता संग्राम तक में सक्रिय भाग लिया।

वस्तुत: अब सार्त्र इस स्थिति में हैं कि उस प्रलोभन को अस्वीकार कर सकें जो आठ वर्षीय पाल का सपना हो सकता था, परन्तु साठ वर्षीय सार्त्र के लिए जिसका आकर्षण भंग हो चुका है।

['धर्मयुग', 5 सितम्बर, 1995]

पाँच दरियाओं का साहित्य

भारतीय लिपियों की जननी अशोक कालीन ब्राह्मी लिपि ही पंजाबी (गुरुमुखी) की जननी मानी जाती है। गुरुमुखी का अर्थ है—गुरु के मुख से उच्चरित वाणी। डॉ. ग्रियर्सन का कथन है कि 'पंजाबी प्रायः गुरुमुखी लिपि में लिखी जाती है। कभी-कभी भ्रमवश उसी बोली को भी गुरुमुखी कह दिया जाता है।'

मुगल राज्य की स्थापना के बाद पंजाब एक संगठित इकाई बन गया था। 1526 ई. से एक ओर नये शक्तिशाली साम्राज्य की स्थापना हुई और दूसरी ओर गुरु नानक ने अपनी साहित्यिक प्रतिभा से इस युग का संचालन किया। इससे पूर्व के युग को अनेक नामों से अभिहित किया गया है, जैसे : पूर्व नायक काल, नाथ योगी काल, बाबा फ़रीद काल आदि। इस युग में गद्य का कोई उदाहरण उपलब्ध नहीं होता, तथापि बाबा फ़रीद के मौखिक वचन तथा चौरंगीनाथ के बारे में उपलब्ध सामग्री से गद्य के अस्तव्यस्त तथा प्रारम्भिक रूप का आभास अवश्य मिलता है। युग की मुख्य भाषा केन्द्रीय पंजाबी और मुल्तानी थी जिसमें फ़ारसी, अरबी, तुर्की आदि के शब्दों का प्रयोग उदारतापूर्वक किया जाता था। प्राकृत, संस्कृत आदि के छन्दों के अतिरिक्त फ़ारसी के छन्दों का प्रयोग भी किया जाने लगा था। इस युग के नाथपन्थी प्रमुख रचनाकरों में योगी गोरखनाथ, चरपटनाथ, गोपीनाथ तथा वीर रस के कवियों और किस्सा लेखकों में पुष्प, मसऊद, मुल्ला दाऊद तथा फुटकर कवियों में खुसरो आदि के नाम प्रमुख हैं।

गुरु नानक देव से लेकर आधुनिक युग के प्रारम्भ तक पंजाबी में तीन प्रमुख प्रवृत्तियाँ लक्षित होती हैं जिन्हें क्रमशः गुरुवाणी, सूफी-काव्य परम्परा और किस्सा-काव्य-परम्परा के अन्तर्गत रखा जा सकता है।

मुगल काल का समय पंजाबी साहित्य का 'स्वर्ण युग' माना जाता है। इस युग की साहित्यिक उपलब्धि गुरुवाणी, भक्तवाणी, सूफी साहित्य और किस्सा साहित्य के रूप में स्वीकृत है। गुरुवाणी में भौतिक तथा मानसिक परतन्त्रता के प्रति सामाजिक चेतना का आलोक, प्रचलित रूढ़ियों पर आघात, समाज के आध्यात्मिक

पक्ष का प्रतिनिधित्व, कण-कण में परमात्मा की अनुभूति, लोक-जीवन की प्रांजल झाँकी तथा अनुभव की सचाई और तीव्रता स्पष्ट परिलक्षित होती है। इस युग की साहित्यिक प्रतिभाओं—गुरु नानक, गुरु अर्जुन देव, गुरु गोविन्द सिंह, भाई गुरुदास आदि—ने विषय की दृष्टि से बौद्धिक पक्ष का प्रतिपादन किया और छन्द की दृष्टि से रूपक शैली को अपनाया।

सूफी कवियों में शाह हुसैन, सुल्तान बाहु, हाशिम, बुल्लेशाह आदि के नाम प्रमुख हैं। इन्हें हिन्दी के सूफी कवियों के समानान्तर रखा जा सकता है क्योंकि इन दोनों भाषाओं के कवियों का उद्‌देश्य एक ही है। यद्यपि इन कवियों ने सूफी मत के प्रतिष्ठापन में, मनुष्य के आचरण को नैतिक धरातल प्रदान करने में, अत्याचार के प्रति मानसिक निर्भीकता की भावनाओं को जन्म देने में अपनी साहित्यिक प्रतिभा का चमत्कार दिखाया परन्तु त्याग, पलायन, रहस्यवाद की अयथार्थ और असन्तुलित तीव्रता इनकी रचनाओं को गुरु-साहिबों की सहज-स्वाभाविक प्रवृत्ति से अलग कर देती है। सूफी कवियों की विशिष्टता इस बात में भी परिलक्षित होती है कि उन्होंने पंजाब के आचार-विचार, रहन-सहन, लोक-जीवन, लोक-भाषा अदि को आत्मसात किया और भारतीय भक्ति के प्रति आग्रह भी दिखाया। विदेशी प्रीत-कथाओं के स्थान पर 'हीर राँझा', 'सस्सी-पुन्नू' आदि पंजाबी प्रीत-कथाओं को प्रश्रय देकर इन कवियों ने पंजाबी लोक-जीवन से अलग निकट का सम्बन्ध स्थापित किया।

कविता में रचित प्रेम-कथाएँ 'किस्सा' कहलाती हैं। पंजाबी की इस किस्सा-काव्य-परम्परा में दामोदर, पीलू, हाभिज बरखुरदार, अहमद, मुकबल, वारिसशाह आदि के नाम प्रमुख हैं। इन कवियों ने प्रायः प्रेमेतर किसी विषय को अपने काव्य का आधार नहीं बनाया। इस किस्सा-काव्य के प्रतिनिधि कवि वारिसशाह ने सामाजिक रीतियों; धर्म और आचरण से लेकर दैनन्दिन जीवन के मार्मिक और व्यावहारिक प्रसंगों की कलात्मक अभिव्यक्ति की है। विरह-वर्णन की दृष्टि से वारिस को किसी भी महाकवि के समकक्ष रखा जा सकता है। यही कारण है कि वारिसशाह की 'हीर' पंजाब के लोक-जीवन का एक अविभाज्य अंग बन चुकी है और उसके स्वर पंजाब के घर-आँगन में सुने जा सकते हैं। वस्तुतः वारिस पंजाब के लोक-जीवन के प्रतिनिधि कवि हैं।

सिक्ख साम्राज्य के कवियों में हाशिम, कादिरयार, अहमदयार, इमामबख्श आदि के नाम उल्लेखनीय हैं। हाशिम ने 'सस्सी-पुन्नू', 'शीरीं-फरहाद' तथा 'सोहणी-महिवाल', कादिरयार ने 'पूर्ण भक्त', अहमदयार ने 'हीर-राँझा', 'यूसुफ जुलैखा', 'लैला मजनूँ', 'चन्दरबदन', 'गुलबदन' आदि की रचना से किस्सा-काव्य-परम्परा में महत्त्वपूर्ण योगदान दिया।

आधुनिक पंजाबी काव्य-धारा के प्रथम कवि भाई वीर सिंह ने जहाँ एक ओर कादर के रहस्यमय वर्णन को ग्रहण किया, वहीं दूसरी ओर हिन्दी के छायावादी कवियों के समानान्तर प्रकृति का कोमलकान्त-पदावलि में रोमांटिक वर्णन किया। उनकी आध्यात्मिक दृष्टि पर सिख इतिहास की गहरी छाप है। पंजाबी भाषा के परिष्कार में उनका वही स्थान है जो हिन्दी में पन्तजी का। भाषा-परिष्कार के अतिरिक्त 'बैंत' का त्याग कर उन्होंने नवीन छन्दों को ग्रहण किया, नूतन बिम्ब-विधान की सृष्टि की तथा प्रतीक-योजना के सफल प्रयोग किये। इस युग के दूसरे कवि प्रो. पूर्ण सिंह बौद्धमत, वेदान्त तथा सिख धर्म से प्रभावित रहे हैं। उनकी आध्यात्मिक दृष्टि अद्वैतवाद के अधिक निकट है। ग्राम-जीवन का सजीव तथा सांगोपांग वर्णन उनकी निजी विशेषता है। लाक्षणिक भाषा प्रयोगों का आरम्भ भी उन्हीं से हुआ माना जाता है। धनीराम चात्रिक तथा कृपा सागर इस काव्य-धारा के दो अन्य प्रसिद्ध कवि हैं।

स्वच्छन्दतावादी तथा प्रगतिवादी काव्य-धारा के प्रमुख कवियों में मोहन सिंह तथा अमृता प्रीतम का विशिष्ट स्थान है। अतृप्त प्रेम, स्वेच्छाचारिता तथा श्रृंगार-भावना इन कवियों की प्रमुख विशेषता है। इन कवियों ने लोक-भाषा का संस्कार किया तथा कलात्मक अभिव्यक्ति पर विशेष बल दिया। यही कारण है कि वे कवि पंजाब के लोकप्रिय कवि रहे हैं। इस काव्य-धारा के अन्य प्रमुख कवियों में बाबा बलवन्त, प्रीतम सिंह सफीर, सन्तोख सिंह धीर, गुरुचरण रामपुरी, तख्त सिंह, दीवान सिंह काले पानी आदि के नाम विशेष उल्लेखनीय हैं।

इधर कुछ वर्षों से पंजाबी में प्रयोगवाद, नयी कविता, आधुनिक भावबोध आदि को लेकर भी काफी बहस हुई है। नये कवियों की एक नितान्त नयी पीढ़ी आधुनिक जीवन की जटिलताओं, प्राविधिक और यान्त्रिक युग की विसंगतियों और अकेलापन, कुंठा, निराशा, अवसाद आदि प्रवृत्तियों तथा वैज्ञानिक युग की विचक्षणता तथा भाषा-शैली के प्रति नया आग्रह लिये हुए सामने आयी है। इन कवियों में जसवन्त सिंह नेकी, जगतार, तारा सिंह, सति कुमार, स्वर्ण, कृष्ण अशान्त, अजायब कमल, हरनाम, रविन्दर रवि, जसवीर आहलूवालिया, सुखपाल, सुखवीर आदि प्रमुख हैं। इन कवियों और स्वच्छन्दतावादी कवियों के बीच डॉ. हरिभजन सिंह, मीशा, देवेन्द्र सत्यार्थी तथा शिव कुमार बटालवी आदि सेतु-स्वरूप हैं, जिनकी कविताओं में आधुनिकता के प्रति आग्रह तो है, परन्तु जिनकी भाषा-शैली तथा पहुँच स्वच्छन्दतावादी कवियों के अधिक निकट है।

आधुनिक युग में पत्र-पत्रिकाओं के प्रकाशन के बाद गद्य का प्रचार भी बढ़ा। उपन्यास, कहानी, रेखाचित्र, समीक्षा आदि गद्य की अन्य विधाओं पर भी पंजाबी

लेखकों का ध्यान गया। पंजाब के जन-जीवन में लोक-कथाओं का विशेष महत्त्व रहा है। 'हीर-राँझा', 'सोहणी-महिवाल', 'सस्सी-पुन्नू', 'मिर्ज़ा साहिबाँ' आदि प्रीति-कथाओं की एक जीवन्त परम्परा पंजाब में उपलब्ध है, परन्तु समस्त भारतीय भाषाओं की भाँति पंजाबी में भी कथा-साहित्य का विकास पश्चिम के प्रभाव-स्वरूप ही हुआ है। प्रारम्भ की रचनाओं में यह प्रभाव स्पष्ट रूप से परिलक्षित नहीं होता।

भाई वीर सिंह, भाई मोहन सिंह तथा चरण सिंह शहीद आदि कथाकारों का उद्‌देश्य धार्मिक पुनरुत्थान था। भाई वीर सिंह के उपन्यास—'सुन्दरी', 'विजय सिंह', 'सतवन्त'—संघर्षशील सिख इतिहास से सम्बन्धित हैं तथा उनकी प्रारम्भिक कहानियाँ किसी ऐतिहासिक घटना का इतिवृत्तात्मक विवरण प्रस्तुत करती हैं। मोहन सिंह वैद्य के प्रमुख उपन्यासों के नाम हैं—'वकील दी किस्मत', 'इक सिख घराना', 'सुभाग कौर', 'दम्पति कौर'। वैद्यजी सुधारवादी उपन्यासकार थे। इनकी कहानियों का गठन निबन्ध के अधिक निकट था। चरण सिंह शहीद ने ऐतिहासिक तथा सामाजिक दोनों प्रकार के उपन्यास लिखे।

पंजाबी के उपन्यास सम्राट नानक सिंह का कथा-साहित्य पंजाबी साहित्य में एक युगान्तरकारी परिवर्तन प्रस्तुत करता है। उन्होंने पूर्ववर्ती उपन्यासकारों की भाँति सिख इतिहास, सिख धर्म तथा सिख सम्प्रदाय से ही प्रेरणा ग्रहण नहीं किया, बल्कि उनका अनुभव-क्षेत्र अधिक व्यापक था। उन्होंने निम्न मध्यवर्गीय पारिवारिक जीवन को अपनी रचनाओं का विषय बनाया। वह न तो नैतिक दृष्टि का त्याग कर पाये हैं और न मनोवैज्ञानिक जीवन-दृष्टि का परिपालन। दलित, पीड़ित तथा शोषित वर्ग के प्रति वह सदैव सहानुभूतिपूर्ण रहे हैं। 'पवित्तर पापी', 'चिट्टा लहू', 'अधखिड़या गुलाब', 'जीवन संग्राम' आदि उनके प्रमुख उपन्यास हैं। उनके अधिकांश उपन्यास दुखान्त हैं तथा उनका स्वर सुधारवादी ही रहा है। उनकी कहानियाँ भी प्रायः साम्प्रदायिक एकता, छुआछूत की समस्या, विधवा-विवाह, बाल-विवाह, अनमेल विवाह आदि पर आधारित हैं।

उत्तर नानक सिंह युग के उपन्यासकारों में सुरेन्द्रसिंह नरूला, जसवन्त सिंह कँवल, महेन्द्र सिंह सरना, नरेन्द्रपाल सिंह, अमृता प्रीतम, सन्तोख सिंह धीर आदि प्रमुख हैं। नरूला के उपन्यासों पर मार्क्सवाद का गहरा प्रभाव परिलक्षित होता है। यही कारण है कि उनके अधिकांश उपन्यास वर्ग-संघर्ष पर आधारित हैं। पंजाब के ग्रामीण जीवन का अत्यन्त मार्मिक, जीवन्त तथा प्रामाणिक चित्रण उपन्यासकार जसवन्त सिंह कँवल के उपन्यासों में परिलक्षित होता है। यही कारण है कि उनकी दृष्टि अधिक यथार्थोन्मुखी रही है। सरना के उपन्यासों में मानव-मन के विभिन्न

स्तरों का मनोवैज्ञानिक चित्रण उपलब्ध होता है। ऐतिहासिक उपन्यासकारों में नरेन्द्रपाल सिंह, त्रिलोक तथा हरनामदास सहराई प्रसिद्ध हैं। इनमें से नरेन्द्रपाल की दृष्टि अधिक व्यापक तथा अधिक वैज्ञानिक है।

अमृता प्रीतम के उपन्यासों का मुख्य विषय प्रेम है। प्रेम के विभिन्न पक्षों के उद्घाटन में वे अद्वितीय हैं। 'डॉ. देव', 'बन्द दरवाजा' तथा 'इक सवाल' आदि उनके उपन्यास खूब लोकप्रिय हुए हैं। आधुनिक गद्य का रूप सँवारने में गुरबख्श सिंह का योगदान भी महत्त्वपूर्ण है। 'कुँआरी माँ' उनका लोकप्रिय उपन्यास है। उनकी दृष्टि भी सुधारवादी रही है और मार्क्सवाद का प्रभाव भी उन्होंने ग्रहण किया है। सन्तोख सिंह धीर का नया उपन्यास 'शराबी' पंजाबी उपन्यास की सम्भावनाओं का द्योतक है।

सैकड़ों वर्षों तक पंजाब युद्ध-भूमि रहा है। इसके प्रभावस्वरूप वीर और श्रृंगार रस की सहज अभिव्यक्ति पंजाबी साहित्य में हुई है। श्रृंगार और सौन्दर्य की एक झलक गुरुबख्श सिंह की 'प्रीत कहानियाँ' में देखी जा सकती है।

आधुनिक पंजाबी कहानी के संस्कार में सन्तसिंह सेखों, करतार सिंह दुग्गल तथा कुलवन्त सिंह विर्क का योगदान महत्त्वपूर्ण है। इनकी कहानियों में जहाँ एक ओर विषय की परिपक्वता दृष्टिगोचर होती है, वहीं दूसरी ओर वर्ग-संघर्ष का चित्रण तथा मनोवैज्ञानिक विश्लेषण और भाषा-शैली के परिष्कार के प्रति विशेष आग्रह भी देखा जा सकता है। जसवन्त सिंह कँवल, सन्तोख सिंह तथा सुजान सिंह की कहानियों में पंजाब की धरती का विशद चित्रण है जो आंचलिक कथा के रूप में विकसित हो रहा है। अमर सिंह, सुरजीत सिंह सेठी, प्रभजोत कौर, जसवन्त सिंह विरदी आदि की कहानियाँ नगर-जीवन पर आधारित हैं तथा अमृता प्रीतम नारी की पारिवारिक-सामाजिक स्थिति का भावुकतापूर्ण चित्रण करती हैं। नये कथाकारों में सन्धु, भोगल, खन्नवी, गुरदयाल तथा अजित कौर की कहानियों में आधुनिक जीवन की जटिलताओं, विसंगतियों तथा यन्त्रणाओं के प्रति विशेष आग्रह देखा जा सकता है।

आधुनिक आलोचना का प्रादुर्भाव इतिहास-लेखन से प्रारम्भ हुआ माना जाता है। इस कोटि के आलोचकों में डॉ. मोहन सिंह, प्रिंसिपल तेजा सिंह, डॉ. दर्दी, डॉ. कोहली तथा हरवंश सिंह हैं। पंजाबी साहित्य का ऐतिहासिक मूल्यांकन प्रस्तुत करने में इन समालोचकों का महत्त्वपूर्ण योग है। सन्तसिंह सेखों की आलोचना का आधार वैज्ञानिक है और प्रगतिवादी आलोचकों में उनका विशिष्ट स्थान है। उन्होंने साहित्य की समस्त विधाओं का समाजशास्त्रीय अध्ययन प्रस्तुत किया। सेखों की बौद्धिक समीक्षा-प्रणाली के विपरीत तेजा सिंह की समीक्षा-पद्धति प्रभाववादी है

और उन्हें हृदयवादी समीक्षक कहा जा सकता है। किशन सिंह की समीक्षा भावना और बुद्धि का सामंजस्य प्रस्तुत करती है। पंजाबी के नये आलोचकों में कृपाल सिंह कसेल, अतरसिंह, जसबीर आहलूवालिया तथा शान्तिदेव का नाम विशेष रूप से उल्लेखनीय है। जसवीर तथा शान्तिदेव ने नयी कविता तथा नये साहित्य की समस्याओं और आवश्यकताओं पर विशेष बल दिया है। हिन्दी के नये कवियों की भाँति पंजाबी के नये कवि भी आलोचना-क्षेत्र में उतर रहे हैं और कवि की सामाजिक तथा सृजनात्मक समस्याओं के प्रति अधिक जागरूक हैं।

['माध्यम', जनवरी, 1965]

नाच्यौ बहुत गोपाल

'नाच्यौ बहुत गोपाल' लोकनायक श्री जयप्रकाश नारायण को समर्पित हिन्दी के वरिष्ठ उपन्यासकार श्री अमृतलाल नागर की नवीनतम औपन्यासिक कृति है। अपने अन्य उपन्यासों से अलग हटकर नागरजी ने इस उपन्यास में एक अत्यन्त नाजुक थीम उठायी है, एक ब्राह्मणी के परिस्थितिवश मेहतरानी बनने की थीम की परिकल्पना और उसका सफल निर्वाह वही व्यक्ति कर सकता था, जो जाति, वर्ण और वर्ग की सीमाओं से ऊपर उठकर केवल मनुष्य मात्र की चिन्ता अपने साहित्य का अन्तिम उद्देश्य मानता हो।

नागरजी ने बहुत साहसपूर्वक जाति, वर्ग और वर्ण में बँटे समाज और उसमें प्रचलित रूढ़ियों पर बहुत कड़े प्रहार किये हैं, उपन्यास में जहाँ-जहाँ भी जातिगत या वर्णगत संकीर्णता का प्रसंग आया है, नागरजी ने कुछ जलते हुए चुनौती भरे प्रश्न पाठक के सामने रख दिये हैं, 'पचासों ब्राह्मण, ठाकुर, बनिए, खत्री, कायस्थ और मुसलमान जब इन मेहतरानियों के साथ बदकारियाँ करते हैं, तब आपको बुरा नहीं लगता?' यह तथा ऐसे ही अनेक अन्य प्रसंग उन पाठकों को उपन्यास भर हल्का करते रहते हैं, जो इस स्थिति की कल्पनामात्र से नाक-भौं सिकोड़ेंगे कि एक ब्राह्मण स्त्री जिसे शास्त्रों, पुराणों आदि की भी पर्याप्त जानकारी है, अपने संस्कारों को ताक पर रखकर कैसे एक अनपढ़ मेहतर के साथ भाग जाती है। नागरजी पाठक से भी आगे बढ़कर यह कहते दिखाई पड़ते हैं, 'और भी सच बोलना पड़े तो यही कहा जाएगा कि स्वयं निर्गुनिया ही मोहन को भगा लायी है।' वस्तुतः निर्गुनिया के मेहतर के साथ भागने या भगाये जाने को लेकर उपन्यासकार के मन में कोई भी कुंठा नहीं है, वह इस स्थिति को तर्क-सिद्ध करने के फेर में भी नहीं पड़ता। उपन्यासकार ने ब्राह्मणी निर्गुनिया और मेहतर मोहन के शारीरिक सम्बन्धों को अत्यन्त कुंठाहीन एवं साहसपूर्ण ढंग से चित्रित किया है। निर्गुनिया के काया-सुख के प्रति भी उसका दृष्टिकोण स्पष्ट है। सवेरे नौ बजे से रात के आठ बजे तक कोठे-कोठे तालों पड़ी चौमंजिला छोटी हवेली में यों ही पिंजरे की मैना की तरह छटपटाने वाली और रात को अपने पचहत्तर वर्ष के बूढ़े आर्यपुत्र पति की जवान लिप्साओं की आँच में भुन-

भुनकर मरने वाली निर्गुनिया को मोहन मेहतर कामक्षुधा की भयंकर मरुभूमि में हरियाली की पट्टी की तरह मिलता है।

सामाजिक दृष्टि से अत्यन्त हेय एवं आपत्तिजनक लगने वाला मोहन-निर्गुनिया का प्रेम-प्रसंग गंगाजल की तरह पवित्र तथा निर्मल होकर उभरता है। जल्ले नाम का आढ़तिया और पहले महायुद्ध की कमाई से लखपति बना मसुरियादीन महाराज अपनी बेशर्म लिप्साओं के कारण पाठकों की पूरी सहानुभूति खो देते हैं और एक निरीह ब्राह्मणी को दमघोंटू वातावरण से मुक्ति दिलाने वाला मोहन नायक की पूरी गरिमा प्राप्त कर लेता है। निर्गुनिया मोहन के साथ भागकर अपराधी नहीं हो जाती बल्कि बूढ़ा कामलोलुप मसुरियादीन महाराज ही निर्गुनिया को नरक में ढकेलने के लिए पूर्ण रूप से उत्तरदायी है। सिर और मूँछों पर खिजाब पोत बड़े तनकर चलने वाले मसुरियादीन महाराज एक स्त्री की कामक्षुधा को इस सीमा तक भड़का देते हैं कि वह यह सोचने को विवश हो जाती है, 'हिन्दू, मुसलमान, चमार, क्षत्रिय, वैश्य, ब्राह्मण—काया-सुख प्राप्त करने के लिए कोई भी मिले उससे क्या फर्क पड़ता है। निर्गुनिया की नारीकाया को सशक्त पुरुषदेह चाहिए ही, सुख-सम्मान से जीने की सुविधा चाहिए—जाति, वर्ग और वर्ण नहीं।'

अपनी इस शारीरिक भूख या काया-सुख की तलाश में अगर निर्गुनिया भटक जाती है तो उसकी भटकन एक ब्राह्मण स्त्री की भटकन के रूप में ही नहीं आँकी जानी चाहिए, बल्कि उसे स्त्री जाति की आर्थिक परतन्त्रता, असुरक्षा की भावना, समाज में स्त्री की स्थिति, स्त्री की पशुओं को भी प्राप्त सुविधाओं के छिन जाने के व्यापक सन्दर्भ में देखी जानी चाहिए। निर्गुनिया के संघर्षों के असली स्वरूप को रेखांकित करने के लिए उसे यों देखना होगा कि अगर निर्गुनिया ब्राह्मणी न भी होती तब भी क्या उसका संघर्ष यही न होता, जो उपन्यास में है। इन व्यापक सन्दर्भों में देखा जाए तो निर्गुनिया एक भ्रष्ट वेश्या के रूप में पाठक के सामने नहीं आती, बल्कि आने वाले कल की उस नारी की हल्की-सी तस्वीर पेश करती है, जो हर प्रकार के सामाजिक अन्याय के सामने घुटने नहीं टेक देगी, बल्कि अपनी सूझ-बूझ, अपनी कर्मठता, अपनी दिव्य दृष्टि और अपने अत्यन्त निजी संघर्षों के बल पर 'आज समोसा कल बोसा' के मन्त्र से आग पर नंगे पाँव चलते हुए अकलुषित लौटती रहेगी।

'नाच्यौ बहुत गोपाल' भंगी बस्तियों के सार्थक चित्रण की दृष्टि से ही महत्त्वपूर्ण नहीं है, भारत में स्त्री की सामाजिक स्थिति को लेकर आज तक इतनी प्रामाणिक एवं प्रासंगिक रचना नहीं लिखी गयी है। भारत में नारी के शोषण, संघर्षों, पीड़ाओं और उसकी दुर्दशा पर लिखा गया यह अपने ढंग का प्रथम प्रयास है। निर्गुनिया के इस कथन पर सहमत होना पड़ता है, 'बाबू जी, पक्श लेकर बात नहीं

करती, पर यह सच है कि दुनिया में दूर-दूर देसों तक औरत से बढ़कर कोई और ज्यादा गुलाम नहीं। मैंने ब्राह्मण भी देखा, मेहतर भी देखा। मरद सब जगह एक हैं, सब जगह औरत की एक जैसी मिट्टी पलीत होती है। मैंने दलितों की समसिया को दोहरे ढंग से भोगा है।'

निर्गुनिया ने दलितों की समस्या को सचमुच दोहरे ढंग से भोगा है। एक तरफ उसके प्रियतम का तकाजा, 'जब मेहतर का हाथ पकड़ा है तो साथ भी निभा, बन मेहतरानी' तथा ब्राह्मणी से मेहतरानी बनने की प्रक्रिया में उठाये गये अपमानों की लम्बी कड़ी; सास द्वारा मेहतरानी बनाने के लिए जमकर की गयी पिटाई कुछ ऐसा असर दिखाती है कि सात दिन के प्रतिरोध के बाद एक दिन अचानक निर्गुनिया मुँह अँधेरे उठती है, नाक पर पट्टी बाँधती है और पूरे हठ के साथ मेहतरानी बन जाती है। निर्गुनिया की यन्त्रणा, पीड़ा व अपमान का अध्याय यहीं समाप्त नहीं हो जाता, बल्कि मोहन के डाकू बन जाने के उपरान्त वह अपने को काम-लोलुप समाज के भेड़ियों के बीच निहायत असहाय और नितान्त अकेला पाती है। यहीं से इस दलिता की समस्या का एक नया दौर शुरू होता है।

सुन्दर जवान औरत को दुनिया में अकेला देखकर बहुत से 'झाऊलाल' सक्रिय होने लगते हैं। दुनिया उसके मुँह का निवाला और वह दुनिया के मुँह का निवाला बनने को आमादा की जाती है। समाज का सही स्वरूप उसके मस्तिष्क में स्पष्ट से स्पष्टतर होने लगता है। ब्राह्मणत्व खोने की कुंठा समाप्त होने लगती है जब वह देखती कि 'रायबहादुर पंडित बटुक परसाद ऊँचे कुल के ब्राह्मण होकर भी खुलेआम मुसलमान रंडी रखते थे। बाद में रखी उनके ऊँचे कुल की ब्राह्मणी घरवाली ने अपने नौकर खड्ग बहादुर तथा और न जाने किन-किन नौकरों, मालिकों और नाते-रिश्तेदारों को अपना खसम बनाया।'

उपन्यास का शिल्प मौलिक ही नहीं, आधुनिक भी है। रचना विधान पत्रकारिता की तकनीक से प्रेरित है। कहानी के बिखरे हुए सूत्र जोड़ने के लिए बीच-बीच में सेतु की तरह निर्गुनिया का इंटरव्यू लिया जाता है। उपन्यास अब पत्रकारिता से बहुत अलग नहीं रह सकता। इस उपन्यास में भी इंटरव्यू और सर्वेक्षण आदि के कारण एक नयी ताजगी आ गयी है। घटनाएँ अधिक सम्भाव्य तथा स्थितियाँ अधिक आत्मीय हो गयी हैं। भंगी बस्तियों के अधिकांश पात्र—माई, मामू, चमेली, मसीताराम, गुल्लज दाई उपन्यासकार के कल्पना पुत्र नहीं, धरती की सच्ची सन्तानें लगते हैं। युगों-युगों से पीड़ित, शोषित तथा मजबूर ये पात्र अपनी गहरी छाप छोड़ जाते हैं। रम का एक घूँट इनके जीवन में कितना आत्मविश्वास भर देता है। जैसे सुबरातन एक घूँट निगलते ही सहसा स्त्री से सास बन जाती है। वह अपनी बहू के बुखार की चिन्ता नहीं करती और उसे जलते हुए चूल्हे के सामने

बैठाकर रम के नशे में झूमने लगती है।

मोहन की माई सुबरातन विलायती रंग के नशे में झूम रही थी। सन्तरे के छिलके सामने पड़े थे। सेव आधा कुतरा हुआ रखा था। भांजे की डाँट-डपट सुनकर रम की बादशाही भड़की, बोली, 'तू चुप रह। रंडी, निगोड़ी नखरा करके पड़ी रहे और मैं भूखी रहूँ?' मेहतरों की बस्तियों, मेहतरों के जीवन, उनके रीति-रिवाज, उनकी गलियों और कोठरियों का ऐसा आत्मीय चित्र निश्चय ही बहुत श्रम के बाद सम्भव हो सका होगा। जैसा कि लेखक ने भूमिका में स्वयं लिखा है, 'विभिन्न मेहतर बस्तियों में स्त्री-पुरुष से भेंट करके उनके रीति-रिवाज, किंवदन्तियों के रूप में प्रचलित उनके इतिहास की परम्पराएँ और उनके सुख-दुख के हाल-चाल जानने में मुझे कुछ कठिनाइयों का सामना भी करना पड़ा।'

भंगी बस्तियों की ही भाँति यंग क्रिश्चियंस लीग के सन्दर्भ में छावनी क्षेत्र का भी बड़ा जीवन्त चित्रण हुआ है। छावनी के घसकटों, बावर्चियों, नाई, धोबी, मेहतर, चमारों के समाज में ईसाई धर्म का प्रचार करने वाले बैंड मास्टर जैक्सन हों या उनका प्रियपात्र डेविड, जोनाथन या उसकी चौथी बीवी मार्था, मरियम बई, सिकन्दर मसीह का क्लबघर और छावनी के सबसे ऊँचे अफसर की मेम की मुँहलगी सूसन—ये सब पात्र क्रिश्चियन समाज के रीति-रिवाज, रहन-सहन, आचार-व्यवहार की अच्छी जानकारी देते हैं। कहीं-कहीं यह भी आभास होता है कि इस मुक्त समाज के सम्पर्क में आकर भारत के अन्य दलित वर्गों में एक नयी चेतना जागृत होती है और वह रूढ़िगत ढंग से हटकर सोचने लगा है। मोहन का इस कदर बेझिझक होकर उबल पड़ना अस्वाभाविक नहीं लगता, 'मेरे बाप साले हरामी की ब्याहता ठकुराइन तो कोई और होगी। उससे जो बच्चे पैदा हुए होंगे वह सब साले ठाकुर ही कहलाते होंगे, और मैं कमनसीब उसी हरामी की औलाद, उस साले की हविस का शिकार अपनी अम्मा के पेट से पैदा होकर मेहतर कहलाता हूँ। मुझे नफरत है इन ऊँची कौमवालों से, साले सोहबत के शौक में हमारी औरतों को अकेले में दबोचते हैं और फिर उन्हीं से जो बच्चे होते हैं, छूते हुए भी घिनाते हैं।...इन साले हरामियों की...'

उपन्यास में एक और महत्त्वपूर्ण निष्कर्ष सामने आता है। हिन्दू-मुस्लिम एकता की जड़ें जितनी हमारे मेहतर समाज में मजबूत हैं, उतनी और कहीं मुश्किल ही दिखाई देंगी। वह दूसरी बात है कि कुछ निहित स्वार्थ इस एकता को भी भंग करने के षड्यन्त्र रचते रहते हैं। यह एकता इस रूप में देखी जा सकती है कि मेहतर समाज नवरात्रों का व्रत भी रखता है। जन्माष्टमी, होली के साथ-साथ कजरी तीज भी मनाता है। घरों में हिन्दुवानी और मुसलमानी दोनों ही तरह के नाम रखे जाते हैं।

उपन्यास पढ़ते हुए यह विचार बराबर आता रहा, 'एक ब्राह्मणी के परिस्थितिवश

मेहतरानी बनने' की थीम पर लिखते हुए नागरजी के अपने संस्कार कहाँ तक आड़े आये होंगे। उपन्यास के अन्त तक पहुँचते-पहुँचते एक हद तक इस समस्या का कुछ-कुछ निदान हो गया। उपन्यास के अन्तिम पृष्ठ पर निर्गुनिया की आत्महत्या, आत्महत्या नहीं लगती, कुछ-कुछ हत्या का आभास देती है। मेहतरानी बनी उस दिव्य निर्गुनिया को जीवित रखना नागरजी को क्यों स्वीकार न हुआ? जिन्दगी के कटु-से-कटु अनुभवों और संघर्षों एवं पीड़ाओं से, जो स्त्री इतने साहसपूर्ण ढंग से जूझने की सामर्थ्य रखती हो, उसे अचानक बिला वजह नींद की गोलियों से भून देना, मुझे उसके प्रति अन्तिम अन्याय-सा लगा। अत्यन्त विपरीत स्थितियों में भी अपनी सन्तान को बड़े-बड़े ओहदों पर पहुँचाने वाली महिला पर यह शेर ठीक तरह से चस्पाँ नहीं होता कि :

फना का होश आना जिन्दगी का दर्देसर जाना,
अजल क्या है, खुमारे बाद-ए-हस्ती उतर जाना।

['सारिका', 12 मई 1978]

हॉलैंड की विद्रोही नयी पीढ़ी : प्रोवो

अमरीका के बीटनिक हों या इंग्लैंड के बीटल अथवा एंग्री यंग मेन, यूरोप के योजनाबद्ध समाज की अघायी हुई पीढ़ी हो या बंगाल की भूखी पीढ़ी—असन्तोष की एक गहरी भावना आज हर देश की नयी पीढ़ी में किसी-न-किसी रूप में परिलक्षित हो रही है। इस सन्दर्भ में हालैंड की नयी पीढ़ी भी अपवाद नहीं है। हॉलैंड की नयी पीढ़ी के ये लोग जो अपने आपको प्रोवो कहते हैं, वास्तव में बीटनिक, बीटल और भूखी पीढ़ी का ही एक अन्य छोर हैं। ये लोग सफेद कपड़े पहनते हैं, क्योंकि उनके अनुसार सफेद रंग शुद्धता, मासूमियत, निर्मल विचारों और शान्ति का प्रतीक है। पिछले दिनों शान्ति के इन समर्थकों पर नियन्त्रण रखने के लिए सरकार को डेढ़ हजार सैनिक नगर में तैनात करने पड़े। राज मजदूरों के द्वारा उठाये गये एक विरोध को लेकर झगड़ा शुरू हुआ था, जो इतना गम्भीर रूप ले गया कि देश भर में अशान्ति और क्रोध की लहर दौड़ गयी। हॉलैंड के वरिष्ठ नेता प्रोवो की इन गतिविधियों से चिन्तित हैं। उनका मत है कि यह विद्रोह हॉलैंड के तथाकथित जन-कल्याणकारी सामाजिक ढाँचे के प्रति नयी पीढ़ी की सहज प्रतिक्रिया है। वर्तमान सामाजिक व्यवस्था किसी भी रूप में नयी पीढ़ी के अनुकूल नहीं रही। नयी पीढ़ी अनुभव करती है कि समाज ने उसके लिए केवल निषेधों की व्यवस्था की है, उसके जीवन में आनन्द तथा साहसिक कार्यों के लिए कोई स्थान नहीं रहा, रह गया है बोरियत का एक धारावाहिक सिलसिला। यही कारण है कि ये युवा लोग अधिकारियों के साथ अकारण झगड़ा मोल लेते हैं। कई बार तो उन्हें यह भी ज्ञात नहीं होता कि वास्तव में वे चाहते क्या हैं?

हॉलैंड के शतरंज के चैम्पियन डोनर की पत्नी वीटरिंग का दावा है कि 'हॉलैंड में केवल पचास सच्चे प्रोवो हैं, जिनमें से एक की आयु 96 वर्ष है।' श्रीमती वीटरिंग ने अमस्तरदम के पालिका चुनाव में दूसरा दर्जा प्राप्त किया है और उनके पति ने शतरंज के चैम्पियन के रूप में हॉलैंड का प्रतिनिधित्व करना अस्वीकार कर दिया है, क्योंकि उनका विचार है कि पुलिस ने पिछले दंगे के दौरान उनकी पत्नी के साथ दुर्व्यवहार किया है। प्रोवो के जन्म के बारे में उनका मत है कि पाँच

वर्ष पूर्व बुद्धिजीवियों के एक ग्रुप 'प्लाइनर्ज' तथा मजबूत लोगों के ग्रुप 'दाइकर्ज' की अमस्तरदम में एक भिड़न्त हो गयी थी। 'दाइकर्ज' के पास साइकिलों की जंजीरें थीं, जिसकी वजह से 'प्लाइनर्ज' हार गये। कालान्तर में यही लोग प्रोवो के रूप में संगठित होने लगे और उन्होंने अपना प्रचार-कार्य प्रारम्भ कर दिया। हॉलैंड की नयी पीढ़ी के लोगों ने शाही सवारी पर धुएँ वाले बम गिराये थे। अब अमस्तरदम में इन लोगों की स्थिति इतनी अच्छी है कि वहाँ की नगरपालिका में इनके बहुत से सदस्य हैं।

['धर्मयुग', 1967]

प्रेमचन्द की विरासत

मृत्यु के चार दशक बाद भी प्रेमचन्द की प्रासंगिकता असंदिग्ध है। हिन्दी में प्रेमचन्द ही एकमात्र ऐसे कथाकार हैं, जिनकी चर्चा समाजोन्मुखी कथाकर भी करते हैं और व्यक्तिवादी प्रवृत्ति के लेखक भी। कई बार प्रेमचन्द के नाम का आश्रय निहित स्वार्थों की पूर्ति के लिए भी लिया जाता है। हिन्दी के कई आलोचकों ने कहानी को शहरी और ग्रामीण खेमों में बाँटकर प्रेमचन्द की मुख्य भावधारा का सरलीकरण करने की कई बार कुचेष्टा की है। हिन्दी कहानी के वरिष्ठ आलोचक डॉ. नामवर सिंह ने ग्राम के परिवेश पर लिखी कहानियों से शहरी परिवेश पर लिखी कहानियों को तरजीह देकर निर्मल वर्मा की प्रतिमा स्थापित की थी। यह अलग बात है कि हाल ही में प्रकाशित एक इंटरव्यू में वे अपनी स्थापनाओं पर पश्चात्ताप करते प्रतीत होते हैं :

शहरी जीवन को लेकर जो कहानियाँ लिखी गयीं, उनमें आधुनिकता की ऐसी बीमारी चली, इस तरह से अस्तित्ववादी प्रभाव आया कि उसमें लेखकों को अपने-आपसे फुरसत नहीं थी।

इधर नामवर जी सन् 1936 से लेकर कम-से-कम 1953-54 तक के साहित्य को ही प्रेमचन्द की परम्परा का विकास मानते हैं। इस तर्क से पचास के लेखकों की, साठ के लेखकों की, सत्तर के लेखकों की समर्थ पीढ़ियाँ प्रेमचन्द की परम्परा से बेदखल हो जाती हैं।

राजेन्द्र यादव ने 'प्रेमचन्द की विरासत' शीर्षक लेख में इस विषय पर विचार प्रकट किये हैं। उनका मत है कि 'अगर प्रेमचन्द की पकड़ शहरी परिवेश पर भी उतनी ही सही होती, तो कोई वजह नहीं है कि उनकी संवेदना और दृष्टि वहाँ भी उतनी ही गहराई से न जाती और अगर बात प्रेमचन्द के सरोकार, रवैये और यथार्थ दृष्टि की ही है, तो मेरा सचमुच विश्वास है कि नगर कथाकार ने अपने आसपास को जिस गहराई और विविधता में देखा है; सम्बन्धों, सन्दर्भों और अस्तित्व की जिन जटिलताओं भरी स्थितियों में अपने समय के आदमी को पकड़ा है, वैसा शायद विषय और क्षेत्र को ही प्रेमचन्द की विरासत का दावा करने वाले लेखकों ने नहीं

किया।' लगभग इसी दृष्टिकोण को निर्मल वर्मा ने 'सारिका' में प्रकाशित अपने इंटरव्यू (के विज्ञापन) में स्पष्ट किया है कि 'मैं कम से कम यह नहीं स्वीकारता कि एक किसान की दुनिया ज्यादा यथार्थवादी है और एक मध्यवर्ग के बुद्धिजीवी की दुनिया नकली है।' राजेन्द्र यादव ने अपने लेख में स्पष्ट किया है कि 'केवल गाँव की पृष्ठभूमि से अपने पात्रों को उठाने के कारण कोई लेखक प्रेमचन्द की परम्परा और विरासत का हकदार नहीं हो जाता, मुख्य बात है प्रेमचन्द के सरोकार, रवैये और यथार्थ दृष्टि की।' राजेन्द्र यादव का यह तर्क समझ में आता है मगर यही एक ऐसा बिन्दु है जहाँ पर वे डॉ. नामवर सिंह की तरह ही अन्तर्विरोधों का शिकार होने लगते हैं। पूरी पुस्तक पढ़कर लगता है कि शीर्षक के अलावा राजेन्द्र यादव का प्रेमचन्द से कोई सरोकार नहीं। प्रेमचन्द की कहानियों की मुख्यधारा को उन्होंने समझा होता तो वे यों न बहक जाते। 'कफन' और 'पूस की रात' की तारीफ करते समय क्या हमने कभी यह भी सोचने की जरूरत महसूस की कि हृदय परिवर्तन का आदर्शवाद छोड़कर प्रेमचन्द हृदय स्तब्धता या विजड़ित संवेदना के बिन्दु पर साँस तोड़ते हैं...यह स्तब्ध संवेदना वैसी ही स्थापित स्थिति है जैसे फिल्म में फ्रीज दृश्य अथवा प्रेमचन्द एक बिन्दु के बाद अपने को विचित्र अन्धी गली में पाते हैं! या ठीक शरच्चन्द्र जैसी ही स्थिति में प्रेमचन्द आदर्श का मार्फिया इंजेक्शन देते हैं आदि-आदि। आश्चर्य होता है कि 'कफन' पर विचार करते समय राजेन्द्र यादव आदमी की उस भूख और अमानवीय स्थितियों पर कुछ कहना पसन्द नहीं करते जो 'कफन' में अपने क्रूरतम रूप में वर्तमान हैं और जो पूरी समाज व्यवस्था बदले जाने की भरपूर माँग करती हैं। वे उस समाज को भी पहचानने की कोशिश नहीं करते जिसने घीसू और माधव को जानवरों के स्तर पर जीने के लिए मजबूर कर रखा है। उनकी दृष्टि बम्बइया फिल्मों के एक पिटे-पिटाये 'टेक्निक', 'फ्रीज दृश्य' पर है। 'कफन' की इससे अश्लील व्याख्या हिन्दी में दूसरी नहीं मिलेगी। कई लेखों को पढ़कर लगता है कि अपनी ही विसंगतियों का शिकार होते जाना राजेन्द्र यादव की नियति है। जहाँ तक नामवरजी के अन्तर्विरोधों को उजागर करने का प्रश्न है, उसमें राजेन्द्र यादव की विलक्षण प्रतिभा का आभास मिलता है। यह कहना गलत न होगा कि पुस्तक समर्पण पृष्ठों द्वारा ही नहीं, अन्य अनेक रूपों में भी नामवर सिंह को ही समर्पित है। समर्पण इस प्रकार है—

ईमानदारी, प्रतिभा, अध्ययन और
मेधा जैसे विलक्षण गुणों की
जीवन्त समाधि
मित्र नामवर सिंह
के लिए!

इस समर्पण की व्याख्या राजेन्द्रजी ने अनेक लेखों में की है। जो कुछ इस प्रकार है : सबसे दयनीय हालत नामवर की रही : जल्दी-से-जल्दी चन्द्रगुप्त की तलाश करके चाणक्य बन बैठने की उतावली में वे पश्चिमी आलोचना से जो भी फन्दा ले आते, उसके नाप की गर्दन हम लोगों के बीच तलाश करने लगते—उसमें कभी मार्कण्डेय की गर्दन फिट बैठती, कभी निर्मल की...कभी नयी कहानी की तलाश उषा प्रियंवदा से होती तो कभी रवीन्द्र कालिया से। इस उठा-पटक ने नामवर सिंह को अब इतना थका दिया है कि साहित्य-वाहित्य का मूल्यांकन छोड़कर वे सीधे-सादे रिश्तों पर उतर आये हैं। अनुज काशीनाथ सिंह संसार के सर्वश्रेष्ठ कथाकार हैं : सो नेशनल बुक ट्रस्ट, साहित्य अकादमी या एन.सी.ई.आर.टी. के संकलनों में प्रेमचन्द, जैनेन्द्र के बाद के एकमात्र कथाकार के रूप में उन्हें ही चस्पाँ करते रहते हैं।

'...नामवर कन्विंस हो गये कि ग्रामीण कहानी ही नयी कहानी है—यह स्थापना कहानी के पहले विशेषांक में आ भी गयी। शीघ्र ही प्रतिभा सम्पन्न समीक्षक का बहिर्गमन (ज्ञानरंजन को धन्यवाद!) दिल्ली हुआ। यहाँ नरेश मेहता, श्रीकान्त वर्मा 'कृति' निकालकर हिन्दी को विदेशी आधुनिकता से परिचित करा रहे थे। नामवर जैसा बहुपठित व्यक्ति यह कैसे स्वीकार कर लेता कि वे किसी से कम आधुनिक है ? दिल्ली में नया बपतिस्मा हुआ, निर्मल वर्मा को पहला नया कहानीकार घोषित किया गया...'पानफूल' की ग्रामीण कहानी से उठकर नयी कहानी 'लन्दन की एक रात' तक जा पहुँची। कुछ साल बाद समीक्षक को सहसा इलहाम हुआ कि वह नयी पीढ़ी से कट गया है और उसने झटके से 'माया' के विशेषांक में एक और शुरुआत का नारा लगाकर रवीन्द्र कालिया का अभिषेक कर दिया और इस धारा में आज सिर्फ काशीनाथ सिंह (नामवर के भाई) ज्ञानरंजन (कब तक) रह गये हैं।'

इस प्रकार के और भी उद्धरण पुस्तक में मिल जाएँगे। इन उद्धरणों के आलोक में न केवल नामवर सिंह के अन्तर्विरोधों को बल्कि राजेन्द्रजी की कुंठाओं को भी समझा जा सकता है।

नतीजों पर पहुँचने की इसी जल्दबाजी के कारण राजेन्द्र यादव ने कुछ प्रासंगिक प्रश्नों की बड़ी सतही व्याख्या प्रस्तुत कर दी है जैसे 'लघु उपन्यास : भविष्य की केन्द्रीय विधा' शीर्षक लेख में उन्होंने मोटे उपन्यासों को मात्र काग़ज़ छपाई की महँगाई और बढ़ी हुई कीमतों के तर्क से खारिज करना चाहा है। वे शायद भूल जाते हैं कि भारत के अमर ग्रन्थ तब लिखे गये थे जब छपाई का आविष्कार भी नहीं हुआ था। वह साहित्य आज भोजपत्र पर भी उपलब्ध है और कागज पर भी। दूसरे लघु उपन्यास की वकालत करते समय जरूरी था कि वे गोदान, बूँद और समुद्र, मैला आँचल, झूठा सच, गिरती दीवारें आदि के सन्दर्भ में नतीजों पर पहुँचते

न कि 'देश' अथवा 'अमृत' में धारावाहिक रूप से छपने वाले उपन्यासों के माध्यम से। इसी कोटि की तार्किकता उनके ललित लेख 'प्रेयसी' में भी मिलेगी। यह लेख कम लगता है धमकी ज्यादा। 'पत्नी परम्परा है, संस्था है। यदि वह अपने अधिकारों, आदर्शों या मर्यादाओं के नाम पर बदलने या लचीले होने से इनकार कर देगी तो समाप्त हो जाएगी।' या 'पत्नी और प्रेयसी की स्थिति आज की जनता और पुलिस जैसी है' या 'वस्तुत: यह लड़ाई व्यवस्था और व्यक्ति (दीये और तूफान?) की पुरानी लड़ाई है।' पूरा लेख एक लेखक के विचार नहीं, मुक्ति के लिए छटपटा रहे एक पति का आर्त्तनाद-सा लगता है। इस एकपक्षीय पूरे लेख में भारतीय समाज में स्त्री की (पत्नी हो या प्रेयसी) दयनीय स्थिति का कहीं कोई हवाला नहीं। तमाम प्रश्नों को एक बहुत ही सीमित व निजी दायरे में उठाया गया है, जो भारतीय समाज में स्त्री की कारुणिक स्थिति के आर्थिक, सामाजिक, समाजशास्त्रीय व ऐतिहासिक पक्षों की अन्ध अवहेलना करते हैं, शायद यही कारण है कि अधिकांश लेखों में वे तर्क श्रृंखला खड़ी नहीं कर पाते। यह बात काफी कौतुकपूर्ण लग सकती है कि राजेन्द्र यादव केवल उन्हीं विषयों पर साहसपूर्वक लिखते हैं, जो उनके निजी व्यक्तित्व से इतर हैं जैसे राजेन्द्र यादव पत्नी नहीं हैं, जैसे राजेन्द्र यादव सम्पादक नहीं हैं, जैसे राजेन्द्र डबल-डेकर उपन्यासकार नहीं हैं, राजनेता नहीं हैं, नामवर सिंह नहीं हैं, उपेन्द्रनाथ अश्क नहीं हैं, काशीनाथ सिंह नहीं हैं।

इन तमाम विषयों पर लिखते समय उनकी प्रतिभा व रचनात्मकता उभरकर सामने आती है। जहाँ चीजों को उन्होंने ऐतिहासिक सन्दर्भ में देखा है, वहाँ वे सफल भी हुए हैं। हिन्दी में पारिश्रमिक प्रश्न को लेकर उनका यह तर्क विचारोत्तेजक है :

'सन् तीस-छत्तीस में प्रेमचन्द-जैनेन्द्र या बाद में यशपाल को पच्चीस से लेकर चालीस रुपया एक कहानी का 'सुधा-माधुरी-चाँद' से मिला करता था। तब घी एक रुपया किलो था और सोना बाईस-पच्चीस रुपये तोला। आज घी तीस है और सोना छह सौ (?) मोटे रूप में साढ़े सात या आठ सौ रुपये तक एक कहानी के पारिश्रमिक का मतलब सिर्फ यही है कि हम सन् तीस-पैंतीस वाला पारिश्रमिक पा रहे हैं। यहाँ यह याद रखना चाहिए कि उन सभी पत्रों के सर्कुलेशन दो से लेकर सात-आठ हजार से अधिक नहीं थे। आज एक से लेकर तीन साढ़े तीन लाख के सर्कुलेशन का दावा करने वाली पत्र-पत्रिकाएँ हिन्दी में एक दर्जन के आस-पास हैं।' राजेन्द्र यादव मूलत: एक कथाकर हैं। उनकी इस प्रतिभा का परिचय अनेक लेखों में सर्वत्र मिलता है। यह भी लगता है कि एक प्रतिभाशाली कथाकार, 'चिन्तक' बनने के चक्कर में अपनी प्रतिभा का कैसे दुरुपयोग करता चलता है।

इन लेखों में जगह-जगह इतनी मार्मिक कथा-स्थितियाँ मिलती हैं, जिन्हें

राजेन्द्र यादव ने यों ही एक हवाले के रूप में फिजूल खर्च कर दिया है। जैसे यह एक वार्तालाप पूरी कहानी कह देता है—'ये रोना-गाना अब हमारे काम का हिस्सा बन गया है। वह एक्टिंग करनी पड़ती है कि बड़े-से-बड़े ऐक्टर का बाप नहीं कर सकता। ऊँचे से ऊँचे क्लबों के मेम्बर बनकर जुए से हजारों हारते हैं, अफसरों को जिताते हैं। सीधे रिश्वत तो दे नहीं सकते...उसे शराब पिलाते हैं, होटलों में खिलाते हैं, घुमाते हैं, नशे या भावुकता का बहाना करके यह भी कहते हैं कि तू ही मेरा सबसे अजीज दोस्त है'। साथ ही ताकते रहते हैं कि तीर निशाने पर लग रहा है या नहीं... (राजनीति और बुद्धिजीवी, पृ. 31)

इन कथा-स्थितियों पर राजेन्द्र यादव कहानी नहीं लिखते, शायद इसलिए कि अपने कुछ अन्य साथी लेखकों की तरह वे भी 'झाड़ी' से जूझकर अनन्त सुख पाने लगे हैं।

राजेन्द्र यादव की रचना-प्रक्रिया में हुआ यह परिवर्तन पल्ले नहीं पड़ता कि ऐसी कौन-सी अनिवार्यता है कि वे कथा-स्थितियों का इस्तेमाल अपने निबन्धों में करने लगे हैं और उनकी कहानियाँ निबन्धों का आभास देने लगी हैं।

पुस्तक में उनका लेख 'आईने के सामने' भी संकलित है, जिसमें उन्होंने दावा किया है, 'सचमुच मुझे अभी लिखना है, जो कुछ मैं लिखना चाहता हूँ या जो भी मैं लिख सकता हूँ, वह तो अभी शुरू ही नहीं हुआ।'

मालूम नहीं उनका सही लेखन कब शुरू होगा, 'प्रेमचन्द की विरासत' की समीक्षा के माध्यम से राजेन्द्रजी को चौदह वर्ष पूर्व किये उक्त संकल्प की याद दिलाना अप्रासंगिक न होगा।

['सारिका', 21 जुलाई, 1978]

संवाद

रवीन्द्र कालिया, असगर वजाहत,
आलोक मेहता और नीलाभ मिश्र

रवीन्द्र कालिया, असगर वजाहत, आलोक मेहता और नीलाभ मिश्र

रवीन्द्र कालिया : सबसे पहले तो हमें रचनाकार की स्थिति पर बात करनी चाहिए। एक तरफ दिल्ली के हर रचनाकार के पास अपनी गाड़ी और फ्लैट है, वहीं छोटे शहरों में ऐसे रचनाकार हैं जिसके पास दो जून खाने का जुगाड़ नहीं है। यह उस शहर की साहित्यिक संस्कृति है जो अपने जोड़-तोड़ में नहीं लगी है। मुझे यहाँ दिल्ली आकर यह महसूस हुआ कि लोग दिल्ली को साहित्य का केन्द्र मान रहे हैं लेकिन मैं ऐसा नहीं मानता। दिल्ली साहित्य की मंडी हो गयी है और इधर जो कुछ नये रचनाकार सामने आये हैं, वे छोटे-छोटे शहरों से हैं। तो यह ताज्जुब होता है कि अपेक्षाकृत छोटे केन्द्र जैसे लखनऊ, भोपाल, बनारस, राँची, मुजफ्फरपुर, जमशेदपुर जैसे छोटे शहरों में हैं। दिल्ली साहित्य का केन्द्र नहीं, उसे चाहे तो शक्तिपीठ कह लें, मंडी कह लें बल्कि इसके लिए दिल्ली नहीं, दरियागंज ही पर्याप्त है।

असगर वज़ाहत : मैं यह निवेदन करना चाहूँगा कि दिल्ली में जो साहित्यकार हैं, उनकी स्थिति, साहित्यकार होने के नाते या वे लिखते हैं, इस नाते शायद वैसी नहीं है। इतनी सम्पन्नता उनके अन्दर नहीं है जितनी दूसरे कारणों से है यानी कोई कहीं काम कर रहा है, कोई कहीं जॉब कर रहा है।

रवीन्द्र कालिया : मतलब, साहित्य पार्ट टाइम जॉब है।

असगर वजाहत : नहीं, मैं इसे दूसरे रूप में लेता हूँ। वह यह कि हमने अभी साठ साल के बाद भी कोई ऐसी व्यवस्था विकसित नहीं की है जिसके माध्यम से एक लेखक लेखन करते हुए सम्मान का जीवन जी सके। ऐसा सिस्टम हमारे पास है ही नहीं।

रवीन्द्र कालिया : समर्पित लेखन दिल्ली में सम्भव नहीं है लेकिन इलाहाबाद में सम्भव है। इलाहाबाद में आपको एक दर्जन लेखक ऐसे मिल जाएँगे जो साइकिल पर चलते हैं, चप्पल चटकाते हुए दिन भर धूप में घूमते हैं और जिन्दगी का सही मजा उठाते हैं। वे जीवन की भौतिक सुविधाओं की चिन्ता नहीं करते हैं। दिल्ली में ऐसा नहीं है। दिल्ली में अकसर मैंने दो तरह के साहित्यकार देखे हैं, या

तो बिलकुल खाते-पीते जिन्हें देखकर लगता है कि साहित्य उनकी पहली प्राथमिकता नहीं है, नौकरी और सुविधाएँ उनकी पहली प्राथमिकता होती है, लेकिन लेखन पहली प्राथमिकता बहुत कम लेखकों में मुझे अब दिखाई दे रहा है।

आलोक मेहता : लेकिन पहले आप लोग भी तो रहे दिल्ली में जैनेन्द्रजी के समय। थोड़ा उस समय के बारे में बताएँ कि क्या था कि तब जिन्दा रह सकते थे, अब जिन्दा नहीं रह सकते?

रवीन्द्र कालिया : वह जमाना अलग था। तब शायद आप नहीं थे दिल्ली में। साठ के दशक की बात है, मैं रास्ते में उसी समय को याद करता आ रहा था कि यह वही दिल्ली है कि दिल्ली में अगर सौ लेखक थे तो रोज सौ के सौ लेखक मिलते थे कनॉट प्लेस के टी हाउस में। और सबके बीच ऐसा इंटरैक्शन होता था, कोई दफ्तर से आ रहा है, कोई घर से आ रहा है। जैसे कमलेश्वर कहते, 'यार, तेरे पास बीस रुपये हैं तो जरा निकालना मुझे उनको चाय पिलानी है।' और मोहन राकेश को मैंने देखा कि वह कहीं नौकरी नहीं करते थे लेकिन टैक्सी में आते थे बल्कि हम उनके घर जाते तो वह कहते, 'मैं टैक्सी मँगा दूँ।' खर्चा उनका प्रकाशक चलाता था। आज यह काम प्रकाशक नहीं करता।

आलोक मेहता : प्रकाशक आज ज्यादा कमा रहा है।

रवीन्द्र कालिया : हाँ, आज ज्यादा कमा रहा है। मुझे याद है कि ओम प्रकाश जी उनके प्रकाशक थे। अगर मोहन राकेश का एक टेलीफोन चला जाता था कि मुझे पाँच हजार रुपया आज ही चाहिए तो वह पूछेगा नहीं कि क्यों चाहिए? ऐसा उनका एक रसूख और रौब था।

असगर वजाहत : मैं तो यह मानता हूँ कि लेखक, रचनाकार या कलाकार की स्थिति बहुत हद तक उसके परिवेश से संचालित होती है।

रवीन्द्र कालिया : परिवेश बहुत बदल गया है। कल का जो परिवेश था, उसमें मैंने देखा निर्मल वर्मा हों, श्रीकान्त वर्मा हों, नेमिचन्द्र जैन हों, अशोक वाजपेयी हों, तमाम लोग, समझ लीजिए, ऐसा लगता ही नहीं था कि उनकी पैसा कमाने की कोई महत्त्वाकांक्षा है। आज जोड़-तोड़ और पैसे और पुरस्कार की राजनीति दिल्ली में है। हर जगह मुझे उसका बोलबाला नजर आता है। हर चीज प्रायोजित की जा रही है।

असगर वजाहत : हाँ, चीजें प्रायोजित तो की जा रही हैं। इसमें कोई शक नहीं है। जैसाकि हमने बातचीत शुरू की थी जो आज का माहौल है और जो तीस साल पहले का माहौल था, उसमें जमीन-आसमान का फर्क है। कुछ सपने, आइडियल्स बचे हुए थे। आज जो चीज़ सबसे ज्यादा टूटी है, वह सपने। सपनों का टूटना इतनी तेजी से हुआ है कि साँस लेने में भी आपको दुश्वारी होती है। इसी कारण से एक मायने में आज का लेखन जगत सीमित और संकुचित हो रहा है। दूसरे मायने में

सम्भव है कि वह बढ़ भी रहा हो, लेकिन उसकी बढ़त को आप महसूस नहीं कर पा रहे हैं। क्योंकि एक मायने में लेखक के जो सरोकार होने चाहिए वे सरोकार कहीं खंडित होते हमको दिखाई दे रहे हैं।

रवीन्द्र कालिया : मुझे एक शे'र याद आ रहा है कि

किसी दिन इधर से गुजर कर तो देखो,
बड़ी रौनकें हैं फ़कीरों के डेरे में।

वे फ़कीरों के डेरे उठ गये दिल्ली से। मैंने देखा है मोहन राकेश और कमलेश्वर को रहते हुए। उनके पास साधन नहीं हैं, लेकिन मस्ती से जी रहे हैं और ठहाके लगा रहे हैं और लड़ते थे कि साहब, हम तो इतना पैसा लेंगे। ज्यादातर साहित्यिक पत्रिकाएँ पैसा नहीं देती हैं। यह भी एक प्रकार का शोषण है। आपको किसने कहा कि आप पत्रिका निकालिए क्योंकि लेखक के शोषण पर ही अगर आपकी पत्रिका टिकी है तो यह कहाँ का न्याय है? आप न साहित्य के साथ न्याय कर रहे हैं, न लेखक के साथ।

असगर वजाहत : इसी के साथ-साथ आप देखिए कि हिन्दी की स्थिति क्या है? पचास करोड़ लोगों की भाषा है। कितनी पत्रिकाएँ छपती हैं, साहित्यिक पत्रिकाएँ, सांस्कृतिक पत्रिकाएँ, कहाँ-कहाँ जाती हैं? क्या उनका टर्न ओवर है? क्या बिजनेस करती हैं? इतने बड़े देश में और हिन्दी जैसी भाषा की पत्रिकाओं की स्थिति अगर ऐसी है कि वे इतना पैसा अर्जित नहीं कर पा रही हैं कि अपने लेखकों को पेमेंट करें।

रवीन्द्र कालिया : ऐसा है कि जितने बड़े-बड़े घराने थे, उन्होंने हिन्दी से अपना हाथ खींच लिया है।

असगर वजाहत : मतलब, हिन्दी घरानों के आधार पर चल रही थी?

रवीन्द्र कालिया : नहीं, मेरा कहना है कि परोक्ष रूप से हिन्दी को बढ़ाने में इन घरानों की बड़ी भूमिका थी। प्रत्यक्ष रूप से हिन्दी उनके उद्योग के उत्पादन का माध्यम थी। अगर पाँच लाख घरों में 'धर्मयुग' जाता था तो वह भूमिका किसको थी?

असगर वजाहत : यह भूमिका भी अन्ततः क्या घरानों की होगी कि हिन्दी आगे जाती है या पीछे जाती है?

रवीन्द्र कालिया : यह बाजार का युग है।

असगर वजाहत : तो पहली बात यह बताओ कि ठीक है, यह पूँजी का युग है तो क्यों न सब लोग लेखन छोड़कर पहले पूँजी अर्जन का काम करें?

रवीन्द्र कालिया : अब ऐसा नहीं है कि आपको अगर जन-जन तक पहुँचना है तो पूँजी की जरूरत तो है ही। दूरदर्शन है उसमें भी पूँजी है, प्रेस है उसमें भी पूँजी

है। प्रकाशन में भी पूँजी है, लेकिन बड़े घराने जो अफोर्ड कर सकते हैं उन सबों ने हिन्दी पत्रिकाएँ बन्द कर दी हैं। बन्द होने की भी वजह थी। हिन्दी को विज्ञापन ही नहीं मिलते थे। सोचते थे कि हिन्दी पढ़ने वालों के पास रेफ्रिजरेटर नहीं है, एसी नहीं है, इन्हें विज्ञापन किस चीज़ का दूँ? आज स्थिति बदली है और बड़ा आशान्वित हूँ। हिन्दी अखबारों के आज जो बीस-बीस संस्करण निकल रहे हैं।

असगर वजाहत : हिन्दी के सारे क्षेत्र में जिस ढंग की शैक्षणिक और सांस्कृतिक जागरूकता आनी चाहिए थी, जो पाठक आपके बनने चाहिए थे, जो सपोर्ट सिस्टम बनना चाहिए था एक जो प्रोफेशनल व्यवस्था विकसित होनी थी, वह नहीं हो पाया है। उसके क्या कारण थे?

रवीन्द्र कालिया : उसके लिए सबसे पहले लेखक ही जिम्मेदार है। मैं आपको बताऊँ, कैसे? आज इतनी भ्रूण हत्याएँ हो रही हैं, लिंग का अनुपात गड़बड़ा गया है। हरियाणा में तो बहुएँ केरल से आ रही हैं। यही स्थिति पंजाब में है। कुछ-कुछ ज़िलों में वर्षों से लड़कियाँ पैदा ही नहीं हुई हैं तो हिन्दी में भ्रूण हत्या पर दो रचनाएँ दिखा दीजिए। दहेज हत्या, भ्रूण हत्या और स्त्री की स्थिति पर आप ध्यान नहीं देंगे तो कोई क्यों आपको पढ़ेगा?

असगर वजाहत : स्त्री पर पूरा विमर्श चल रहा है।

रवीन्द्र कालिया : विमर्श कागजों पर चल रहा है।

असगर वजाहत : भ्रूण हत्या पर तो मैंने ही कहानी लिखी है।

रवीन्द्र कालिया : समाज में जिस अनुपात में भ्रूण हत्याएँ हो रही हैं, उस अनुपात में कहानियाँ कहाँ हैं?

असगर वजाहत : उस समाज के अनुपात में तो लेखक कम पड़ जाएँगे? जितने लेखक होने चाहिए हमारे समाज में, उससे कम लेखक निकलेंगे।

रवीन्द्र कालिया : मुझे कई बार ऐसा लग रहा है कि समाज जिस गति से उन्नति कर रहा है, साहित्य नहीं। समाज साहित्य से आगे चल रहा है। लोग पहले कहते थे साहित्य समाज से आगे चलता है और वह रास्ता दिखाता है लेकिन आज स्थिति बिलकुल विपरीत है। हमारे समाज में परिवर्तन जिस तेजी से आ रहे हैं वह हिन्दी साहित्य में रिफलेक्ट ही नहीं हो पा रहा है।

नीलाभ मिश्र : महानगरों में ढूँढ़ें तो कम हों, लेकिन छोटे शहरों और दूसरी जगह पर लोग लिख रहे हैं।

रवीन्द्र कालिया : नहीं, मैं इन जनरल कह रहा हूँ।

असगर वजाहत : हम कविता-कहानी की तो बात कर रहे हैं, लेकिन आज हमारे हिन्दी साहित्य में नाटक कहाँ चले गये हैं? मैंने लिखा था किसी जमाने में कि हमारे ये नाटककार एक विलुप्त प्रजाति के रूप में याद किए जाएँगे कभी, यह कहा

जाएगा कि ये भी हुआ करते थे कभी। अगर कोई लड़का अपने पिता से कहेगा कि मुझे नाटककार दिखाओ तो पिता कहेगा, 'बेटा, नाटककार अब नहीं होते।'

रवीन्द्र कालिया : लेकिन सरकार का जितना निवेश इस विधा पर है, और अन्य किसी पर नहीं। यह एकमात्र भाग्यवान विधा है। इस एक विधा विशेष पर कितने का बजट है एनएसडी का।

असगर वजाहत : यूरोप में जब इतना बड़ा स्पेस है नाटक के लिए तो हमारे यहाँ क्यों नहीं? कन्नड़, मराठी, गुजराती में देखो, एक बड़ा पावरफुल सीन है। हिन्दी में निर्देशक चाहता है कि नाटक लेखक ही न हो, इसलिए कहानी मंचित करता है।

नीलाभ मिश्र : जैसाकि आपने कहा, निर्देशक चाहते हैं नाटक लेखक हो ही न, अनुपस्थित हो तो यह लेखक हिन्दी के केन्द्र से, हिन्दी के संस्थानों के केन्द्र से, प्रतिष्ठानों से गायब हो रहा है। तो क्या आपको यह नहीं लगता कि सवाल लेखकों की गरिमापूर्ण जिन्दगी से भी जुड़ा है? छोटे शहरों और बड़े शहरों के बारे में आपने बताया कि इन बड़े शहरों में गैर लेखकीय गतिविधियाँ भी हैं और लेखक जीने के लिए सिर्फ लेखन पर निर्भर नहीं हैं। लेकिन छोटे शहरों में लेखक का जीवनयापन मुश्किल है। अभी अमरकान्तजी का उदाहरण हमारे सामने है। तो लेखक को लेखन के, समाज की चिन्ता के केन्द्र में लाना, इस विषय पर आप क्या सोचते हैं?

असगर वजाहत : मैं आपको बताऊँ। सभ्य देशों में यह माना जाता है कि लेखक या कलाकार जो कमा कर रहा है वह एक बड़े तबके के लिए है, पूरे समाज के लिए है। और इस काम को करने में वह खुद कष्ट पा रहा है। यानी मैं यदि लेखन नहीं करता और प्रापर्टी डीलर होता तो मेरी स्थिति भिन्न होती। तो लेखक या रचनाकार जब रचना करता है तो उसकी एक कीमत चुकाता है। उसको सन्तुलित करने का काम समाज का है। सभ्य देशों में ऐसा होता है कि वहाँ चित्रकारों के इतने चित्र थोक में म्युनिसिपल कॉपरपोरेशन खरीद लेती हैं, सरकारें ले लेती हैं ताकि ये जीवित रहें, मरें नहीं। एक स्टैंडर्ड पर ये कायम रहें। हमारे यहाँ इसकी कोई अवधारणा, कोई विचार ही नहीं है।

रवीन्द्र कालिया : इसके लिए कुछ शक्तियाँ जिम्मेवार हैं। सबसे बड़ा मुजरिम मैं प्रकाशक को मानता हूँ। वे किताबों की कीमत बहुत ज्यादा रखते हैं। आप लोग बंगाल जाइए, मैंने वहाँ के पुस्तक मेले देखे हैं, करोड़ों की संख्या में वहाँ पुस्तक प्रेमी आते हैं। इस भारी भीड़ का कारण यह है कि बड़ा लेखक है और उसके किताब का मूल्य साठ रुपया है।

असगर वजाहत : आपने पुस्तक संस्कृति की बात की। मैंने मराठी लेखकों के सम्मेलन में देखा है कि किताबों की झाँकी निकालते हैं शहर में, किताबों की आरती

उतारी जाती है। जहाँ भी उनका सम्मेलन होता है, वहाँ उनका समाज किताबमय लगता है। गेट बनाए जाते हैं लेखकों के नाम से।

रवीन्द्र कालिया : असगर साहब, हिन्दुस्तान में तो बहुत से शहर हैं जहाँ किताबें मिलती ही नहीं हैं।

असगर वजाहत : जिस समाज में लेखन हो रहा है, वह विश्व का सबसे बड़ा लोकतन्त्र है, तो क्या विश्व के इस सबसे बड़े लोकतन्त्र की एक प्रतिशत जिम्मेदारी भी इसके प्रति बनती है? विश्व का सबसे बड़ा लोकतन्त्र, जिसका बजट खरबों हजार करोड़ रुपये में चला गया है, क्या वह सोचता है कि किताब हमारे समाज के एसेंशियल कम्पोनेंट हैं? लेखक विकास की प्रक्रिया में एक अनिवार्य तत्त्व है।

रवीन्द्र कालिया : इतना ज्यादा राज्याश्रित होने की जरूरत नहीं है, जरूरत थोड़े आत्मबलिदान की भी है। अगर आप इस तरफ आये हैं तो सर पर कफन बाँध कर आये हैं। मैंने तो फ़िराक साहब को, पन्तजी को, महादेवी को देखा है। इलाहाबाद मे मैंने गैलेक्सी ऑफ ऑथर्स को देखा है। इन्होंने अपने बूते लिखा। सरकार की एक भूमिका साहित्य के प्रचार-प्रसार में हो सकती है।

असगर वजाहत : सरकार किसी से लिखवा नहीं सकती है लेकिन ऐसे हालात पैदा कर सकती है जिससे लेखन ज्यादा लोगों तक पहुँचे, जहाँ उसकी सुरक्षा हो। अमरकान्तजी की आज जो बुरी स्थिति है, वह क्या है? हमारी सरकार, संस्था, व्यवस्था और हमने खुद कभी यह नहीं सोचा कि ऐसी स्थिति पैदा होगी तो हम खुद क्या करेंगे। हमने क्यों व्यवस्था नहीं बनाई।

रवीन्द्र कालिया : हमें यह जानना होगा कि अमरकान्तजी की इस स्थिति के लिए कौन जिम्मेदार है। ऐसे कितने प्रकाशक हैं जो अपने लेखकों को रॉयल्टी देते हैं?

असगर वजाहत : देखिए, जहाँ तक लेखक संगठनों की बात है, मैं खुद एक लेखक संगठन से बेहद गहराई से जुड़ा हूँ। लेकिन इसके बावजूद इसमें कोई सन्देह नहीं कि लेखक संगठनों की जो भूमिका होनी चाहिए थी, भाषा और साहित्य के प्रोमोशन के लिए उन्हें जो करना था, साहित्यकारों की सुरक्षा के लिए जो करना था, वह नहीं हो पाया। ये लेखक संगठन यह समझते रहे हैं कि हम वैचारिक नेतृत्व देने के लिए हैं।

आलोक मेहता : कालियाजी तो सत्ता की राजनीति को भी करीब से देखते रहे हैं। इन्दिरा गाँधी के समय रहे, बाद के दिनों में रहे तो शायद ये बता सकें कि सत्ता ने हिन्दी की तरफ ध्यान क्यों नहीं दिया। पचास साल तक हिन्दी शासन करती रही। इन्दिराजी स्वयं किसी साहित्यकार के यहाँ चली जाती थीं, मदद भी कर देती थीं...।

रवीन्द्र कालिया : नहीं, यह काम तो शीला दीक्षित भी करती हैं। वह त्रिलोचनजी के यहाँ चली गयी थीं और अभी एक सबसे बड़ा काम जो उन्होंने किया है, वह यह कि बीस साहित्यिक पत्रिकाओं को दस-दस लाख रुपये के विज्ञापन दिए हैं।

आलोक मेहता : लेकिन क्या कारण है कि जैसा आपने कन्नड़, गुजराती और मराठी कहा, क्या कारण है कि हिन्दी में ऐसा नहीं है? क्यों नहीं हम रवीन्द्र कालिया या असगर वजाहत के फैन हैं? क्यों नहीं हम जैनेन्द्र के फैन हैं? ऐसा क्यों नहीं है कि कोई कहे कि मैं अमरकान्तजी के लिए जान दे दूँ?

रवीन्द्र कालिया : मैं स्वयं असगरजी का बहुत बड़ा फैन हूँ और भी होंगे, वे भले न बताएँ। मैंने जबसे अमरकान्तजी का वक्तव्य छापा है, मेरे पास बहुत-सी प्रतिक्रियाएँ आयी हैं। मेरे पास विदेश से एक महिला का फोन आया कि मैं जब तक जीवित रहूँगी, अमरकान्त को मासिक पेंशन देना चाहती हूँ।

आलोक मेहता : फिर आपने हाँ कहा?

रवीन्द्र कालिया : नहीं, मैं हाँ करने वाला कौन होता हूँ। मैंने उन्हें अमरकान्तजी का नम्बर दे दिया कि आप उनसे बात कर लीजिए। बहरहाल, इधर एक नयी चीज देख रहा हूँ। एक ट्रेंड और है जो इन दिनों देखने को मिल रहा है। वह यह कि महिलाओं की जीवनियाँ बहुत आ रही हैं।

नीलाभ मिश्र : आत्मकथाएँ अच्छी हैं या बुरी?

रवीन्द्र कालिया : दोनों तरह की हैं। अच्छी आत्मकथाएँ भी हैं जैसे चन्द्रकिरण सौनरेक्सा की आत्मकथा अभी आयी है। मेरा ख्याल है कि भारतीय समाज में स्त्री की जो सही स्थिति है उसको जानना हो तो वह एक महत्त्वपूर्ण दस्तावेज़ है।

असगर वजाहत : महिला लेखिकाओं में जो जागरूकता और हालात का सामना करने का जज्बा पैदा हो रहा है वह भी एक महत्त्वपूर्ण चीज़ है। उसको हम निगेट नहीं कर सकते। सिंसियरिटी जहाँ है वहाँ अच्छा काम हो रहा है, जहाँ नहीं है वहाँ नहीं हो रहा है।

रवीन्द्र कालिया : उसमें ऐसी चीजों का समावेश हो रहा है और ऐसी शैली में हो रहा है कि लोग कह रहे हैं कि यह आइटम कथाएँ हैं या आत्मकथाएँ हैं। आत्मकथा अपने सफरिंग के साथ समय को समझना है, न कि अपनी कुंठाओं की अभिव्यक्ति करना है। भला यह भी लिखने की बात है कि मेरे पति बिस्तर पर अनाड़ी थे, मैंने राह दिखाई।

गुफ़्तगू

राजेन्द्रसिंह बेदी

उपेन्द्रनाथ अश्क

नरेश मेहता

मार्कण्डेय

अमरकान्त

सत्यदेव दुबे

साधना शाह

एक पाठक

राजेन्द्रसिंह बेदी

'वास्तव में यह राष्ट्र के इम्तहान की घड़ी थी। मैंने घमासान युद्ध का समाचार सुना, तो सहसा विश्वास नहीं आया। मेरे होश-हवास गुम हो गये, मगर जल्दी ही मैं सँभल गया। मुझे लगा, मेरा आत्मसम्मान और राष्ट्रीय अभिमान खतरे में है, मेरा क्रोध जाग गया। मैं सोचने लगा, इस राष्ट्रीय अनुष्ठान में मैं क्या सहयोग दे सकता हूँ। मैं युद्ध के समाचार सुनता और मुझे बहुत शर्म आती कि मैं कोई ठोस सहयोग नहीं दे पा रहा हूँ। मगर जल्दी ही मैं एक ऐसे काम में जुट गया, जो मेरी उस मन:स्थिति के सर्वथा अनुकूल था। देव आनन्द के लिए एक डाक्यूमेंट्री लिखनी थी, इसी मसले पर। मैंने रात-रात भर जागकर काम किया और मुझे अपने अस्तित्व की कुछ सार्थकता नजर आयी।' राजेन्द्रसिंह बेदी ने कहा और अपने सामने बिखरे तमाम कागजात उठाकर मेज पर पटक दिये। यद्यपि मैं समय निश्चित करके उनसे मिलने गया था, परन्तु वे जिस एकाग्रता से मेज पर झुके थे, मुझे लगा, मैंने शायद उनके काम में विघ्न डाला है। उन्होंने बताया कि वे कोई कहानी नहीं लख रहे थे, बल्कि महीने भर के बिलों का जोड़ लगा रहे थे।

बेदी साहब बेतकल्लुफी के साथ कुर्सी पर बैठ गये। रूसी गिलासदानों में चाय आ गयी। युद्ध-चर्चा का नाश्ता होने लगा।

'रही अकेलेपन की बात, इस आपात्कालीन स्थिति में सामाजिक रूप से मैंने अपने को बिलकुल अकेला नहीं पाया। मुझे लगा, मेरे पड़ोसी मेरे अधिक पड़ोसी हो गये हैं, उत्तर-दक्षिण की सीमाएँ मिट गयी हैं। सारा राष्ट्र एक है। मैंने एक अन्य स्तर पर अकेलापन अवश्य अनुभव किया, राष्ट्रीय स्तर पर हमारे बड़े-बड़े तथाकथित मित्र-राष्ट्रों की खामोशी और पक्षपातपूर्ण नीति ने हमें संकट की इस घड़ी में अवश्य अकेला छोड़ा है।

'मगर अकेलापन कभी, इससे पहले भी, मेरे सामने नहीं आया। एक सीमा तक अकेलेपन को मैं लेखक के लिए बहुत जरूरी भी मानता हूँ। वह समाज का एक विशिष्ट प्राणी है, बहुत ही संवेदनशील और सेन्सिटिव प्राणी। डिटैचमेंट, आइसोलेशन के द्वारा ही वह जिन्दगी का सही जायजा ले सकता है। और मैं तो भारतीय दर्शन का

कायल हूँ...'

'बीइंग होलियर देन दाऊ', होने का एहसास मुझे कभी नहीं हुआ। मैंने अपने आपको पूरी तरह 'इन्वॉल्व' पाया, सड़क के एक मामूली आदमी की तरह। आपको यह गली के आदमी की बात लगेगी, मगर क्रोध में मैं यह भी सोच रहा था कि लगे हाथ हमें चीन से भी निपट लेना चाहिए—यह राष्ट्र के आत्मसम्मान का सवाल है। हमारा मनोबल बहुत ऊँचा था। लोग बहुत सतर्क थे और अपनी जिम्मेदारियों को समझ रहे थे। उन्होंने कीमतें भी नहीं बढ़ने दीं। अगर कोई स्थिति का लाभ उठाना चाहता, तो लोग उसे पीट भी देते।

'दरअसल लोगों के आत्मसम्मान की भावना जाग गयी थी। उसमें एक-सा उत्साह और एक-सा कर्त्तव्यबोध था। राष्ट्र का यह पक्ष देखकर मुझे बहुत सन्तोष हुआ। लगा, जैसे पहली बार मुझे अपने जिस्म का एहसास हो रहा है। इस दौरान मुझे नहीं लगा कि हमारा राष्ट्रीय चरित्र गिर रहा है। या हमारे राष्ट्र के लोग भ्रष्टाचारी होते जा रहे हैं। सच पूछा जाए तो मैंने पहली बार अपने राष्ट्र का सही चरित्र विजुआलाइज किया। इन मुश्किलातों में हमारा राष्ट्रीय चरित्र निस्सन्देह रूप से विकसित हुआ है, हमारे सामने नये अर्थ प्रकट हुए हैं। जैसे हमें यह पता चला कि हम एक दृढ़ राष्ट्र से ताल्लुक रखते हैं। किसी साम्प्रदायिक संकट की सम्भावना में मैंने अपने ऊपर कुछ जिम्मेदारियाँ ले ली थीं। मजरूह, नासिर हुसेन और अख्तर के परिवारों की हिफाजत का जिम्मा मैंने अपने ऊपर ले लिया था। मगर मुझे खुशी हुई, यह देखकर कि इस दौरान साम्प्रदायिक दंगों की कोई वारदात नहीं हुई।

'इस बीच लेखकों के वक्तव्य भी प्रकाशित हुए, विचार सभाएँ भी हुईं। जो लेखक किन्हीं मजबूरियों में विचार सभाओं में शामिल नहीं होना चाहते थे, उन्हें भी शामिल होना पड़ा। मगर एक बात मेरी समझ में नहीं आयी कि कांगो, हंगरी, वियतनाम और कोरिया के बारे में वक्तव्य देने वाले सहसा चुप क्यों हो गये! शायद इसलिए कि यह प्रतिबद्धता का सवाल था, अपने देश का सवाल था। ह्यमैनिटी के बारे में उनका वह जज्बा कहाँ गया! हिन्दी वाले तो फिर भी सक्रिय रहे। मैं इस चेतना की प्रशंसा करता हूँ।' बेदी साहब ने कहा, 'मगर मुझे आकाशवाणी द्वारा प्रसारित हिन्दी की खबरें कभी समझ में नहीं आयीं। शास्त्रीजी भी तो हिन्दी में ही भाषण देते हैं, उस हिन्दी को मैं समझ लेता हूँ।'

उपेन्द्रनाथ अश्क

आज से पाँच वर्ष पूर्व (1955) की बात है कि मैं कॉलेज से लौटा ही था कि अश्कजी के छोटे भाई नरेन्द्र शर्मा से समाचार मिला कि 'अश्कजी जालन्धर तशरीफ ला रहे हैं।' पूछा, 'सच? कब आ रहे हैं?'

'आज रात पठानकोट एक्सप्रेस से।' नरेन्द्रजी ने मेरी उत्सुकता शान्त करने के लहजे में उत्तर दिया, 'लेकिन भाई, गाड़ी रात के पौने ग्यारह बजे छूती है जालन्धर का प्लेटफॉर्म।'

मैं दिन भर घर पर ही रहा यानी कि रात को स्टेशन पर पहुँचने की भूमिका तैयार करता रहा। गाड़ी 11 बजे आती थी। रात को दस बजे जब घर वालों से इजाजत चाही तो साफ इनकार! माँ ने हस्बेमामूल आवारागर्दी-निरोधक भाषण पिलाकर शान्त करना चाहा, पापा चुप रहे (उनकी चुप्पी का अर्थ 'स्वीकृति लक्षणं' नहीं होता), परन्तु मैं स्टेशन पर पहुँचने का अन्तिम निर्णयक कर चुका था। आज सोचता हूँ मेरे इस दु:साहस का जिम्मेदार मैं स्वयं नहीं हूँ, बल्कि 'गिरती दीवारें' का चेतन है, 'गर्म राख' का जगमोहन और 'बड़ी-बड़ी आँखों' के संगीतजी हैं। उपेन्द्रनाथ 'अश्क' से मिलने की लालसा न जाने कब से मेरे अन्दर कुनमुना रही थी।

स्टेशन पर पहुँचते ही अश्कजी को पहचानने का प्रश्न उठ खड़ा हुआ। वहाँ मुझे कहीं भी खास भीड़ नजर नहीं आ रही थी। पाँच नम्बर प्लेटफॉर्म के टी-स्टाल के काउंटर पर कुहनी जमाये मोहन राकेश खड़े नजर आये। मेरा उनसे परिचय नहीं था। यद्यपि उनकी कुछेक रचनाएँ पढ़ चुका था। मैं राकेशजी के पीछे जा खड़ा हुआ। वे नरेन्द्र शर्मा से बातचीत कर रहे थे। पता चला कि वह भी अश्कजी की प्रतीक्षा में है। पठानकोट एक्सप्रेस आने तक हमारा परिचय हो चुका था।

अश्कजी गाड़ी से उतरे तो उनके चेहरे पर सफर की थकावट का कोई चिह्न नहीं था, शायद इसलिए कि वह कश्मीर से लौट रहे थे और या फिर इसलिए कि टिकट उन्होंने इलाहाबाद से लिये हुए थे। उनका उतरने का प्रोग्राम नहीं था, मोहन

राकेशजी ने उन्हें बरबस उतार ही लिया।

प्लेटफॉर्म पर ही मैंने परिचय के उपरान्त कहा, 'आपसे मिलने की बहुत इच्छा थी और आप हैं कि जालन्धर आते ही नहीं।'

'अरे भाई! हमारा जीवन ही कुछ ऐसा है।' अश्कजी ने प्लेटफॉर्म के चिकने फर्श पर पड़े एक पत्थर को अपनी छड़ी से ठोकर मारते हुए कहा, 'टिककर बैठ ही नहीं पाते। जीवन-संघर्ष इच्छाओं को पीछे डाल देता है।'

अश्कजी ने जीवन-संघर्ष की बात की तो मैंने घड़ी की ओर देखा : साढ़े ग्यारह! मैंने लम्बी साँस ली और पूछा, 'आप कहाँ ठहरेंगे?'

'राकेश के यहाँ।' अश्कजी ने कहा।

'मैं आपसे और बातचीत करना चाहता था।'

'कल सुबह सात-आठ बजे आना, जमकर बैठेंगे।' अश्कजी ने कहा और मैं घर की ओर लपका।

अगले दिन राकेशजी का घर ढूँढ़ता मॉडल टाउन पहुँचा। माँजी ने बताया कि वे दोनों मुँहअँधेरे ही घर से चले गये। दो घंटे तक पत्र-पत्रिकाएँ उलटता-पलटता रहा। फिर सूचना मिली कि वे दोनों लुधियाना चले गये हैं और रात को आठ बजे लौटेंगे।

दूसरे दिन उर्दू पत्रिका 'आईना' में छपा अश्कजी का एक बड़ा चित्र लेकर पहुँचा। मैंने उस बड़े चित्र पर उनके हस्ताक्षर लिये और बात शुरू करने के लिए यह जानते हुए भी पूछ बैठा—'आप जालन्धर में ही पैदा हुए थे शायद।'

'हाँ-हाँ।' अश्कजी मुसकराये, '14 दिसम्बर, 1910 को।'

मैंने पूछा, 'आपकी श्रेष्ठ कहानियाँ कौन-कौन हैं?'

'यह मुश्किल सवाल है। डेढ़-दो सौ कहानियों के मुझे नाम तक याद नहीं। (फिर तनिक रुककर, ऐनक उतारकर आँखें मलते हुए)—'हाँ, आप लिखिए।'

मैंने कागज-पेन निकाला और लिखने लगा। अभी दो कहानियों के नाम ही लिख पाया था कि पता चला पेन में स्याही खत्म है। अश्कजी ने अन्दर से अपना पोर्टफोलियो मँगवाया और उसमें से एक पेन निकालते हुए बोले—'लाओ, मैं ही लिख दूँ।'

अश्कजी लिखने लगे, 'काले साहब, तकल्लुफ, चट्टान, अंकुर, नासूर, पिंजरा, काकड़ां का तेली, बैंगन का पौधा, पत्थर-अल-पत्थर, कहानी लेखिका और जेहलम के सात पुल, बच्चे, मिस्टर घटपांडे, लिटेजांइटिस और डाची।'

'श्रेष्ठ नाटक कौन-कौन से समझते हैं आप?' मैंने पूछा।

अश्कजी ने लिख दिए—'छठा बेटा, अलग-अलग रास्ते, अंजो दीदी, कैद और उड़ान।'

'श्रेष्ठ एकांकी?'

'मैं इन एकांकियों को अपने श्रेष्ठ एकांकी समझता हूँ—' अश्कजी ने आगे लिखा, 'लक्ष्मी का स्वागत, चिलमन, चमत्कार, मैमना, चरवाहे, पर्दा उठाओ पर्दा गिराओ, बतसिया, तूफान से पहले, जोंक, पापी और तौलिए।'

'आप की शैली पर किस-किस का प्रभाव पड़ा?' मैंने पूछा।

यह भी अश्कजी ने लिख दिया :

1. चरित्र-चित्रण : गाल्जवर्दी
2. विषय-वस्तु : गोर्की
3. मनोवैज्ञानिक यथार्थता : चेख़व
4. टैकनीक की पूर्णता : मोपासाँ, ओ. हेनरी तथा सामरस्टेमाम

अश्कजी को इतनी तेजी से लिखते देखकर मुझे बहुत विस्मय हुआ। लग रहा था, हर सवाल का उनके पास जवाब हाजिर है। जब वह सभी विदेशी लेखकों का नाम लिख चुके तो मैंने पूछा, 'हिन्दी के किसी भी लेखक का प्रभाव आप पर नहीं पड़ा?'

'विषय-वस्तु का पड़ा है।' और उन्होंने विषय-वस्तु के आगे प्रेमचन्दजी का नाम भी लिख दिया।

'अच्छा अब यह बताइए कि आप अपने किस उपन्यास को सर्वश्रेष्ठ समझते हैं?' मैंने पूछा।

'उपन्यास मैं कोई भी पूर्ण न कर सका।' अश्कजी ने बताया, 'कहने का अभिप्राय यह है कि 'गिरती दीवारें' के दो-तीन भाग होने चाहिए थे परन्तु बना केवल एक। यही हाल 'गर्म राख' का हुआ। 'बड़ी-बड़ी आँखें' 500 पृष्ठों का चाहिए था और लिख पाया केवल 237 पृष्ठ।'

फिर अश्कजी ने बताया कि 'गिरती दीवारें' में समाज को उन्होंने जैसा देखा, वैसा ही चित्रित कर दिया। उसमें पैस्सिव रियलिज़्म है। परन्तु 'गर्म राख' तक पहुँचते-पहुँचते उनका दृष्टिकोण और विकसित हुआ। उसमें उन्होंने कतिपय सामाजिक समस्याओं के समाधान की ओर भी दृष्टिपात किया है। इसीलिए अश्कजी इस उपन्यास को 'पोजिटिव रियलिज़्म' के अन्तर्गत ग्रहण करते हैं। अश्कजी ने बताया कि 'साप्ताहिक हिन्दुस्तान' में धारावाहिक रूप से प्रकाशित होने वाले उपन्यास ('बड़ी-बड़ी आँखें') को श्री सुमित्रानन्दन पन्त ने पढ़कर 'गीति उपन्यास' का नाम दिया है।'

''सितारों के खेल' उपन्यास का आपने जिक्र ही नहीं किया।'

''सितारों का खेल' मेरा प्रथम प्रयास था। उम्र के लिहाज से मैंने थोम बड़ी

उठायी। आज उसी थीम पर लिखता तो अच्छा होता।'

जब मैं उनके साहित्य पर बातें कर चुका तो दूसरे लोगों के बारे में उनके विचार जानने की उत्सुकता हुई। मैंने मेज पर से एक पत्रिका उठाते हुए पूछा, 'आप आधुनिक कहानीकारों में से किसकी रचनाएँ पसन्द करते हैं?'

'यशपाल और अज्ञेय की।'

'अज्ञेय की कहानियों के बारे में आपकी क्या राय है?'

'मुझे उनकी कई कहानियाँ पसन्द हैं। 'जीवन शक्ति', 'रोज', 'लेटरबाक्स' तथा 'शरणार्थी' की अन्य कहानियाँ।' अश्कजी बोले, 'परन्तु अज्ञेय की कहानियों से भी मुझे उनकी कविताएँ अधिक प्रिय हैं।'

'उर्दू में आपके प्रिय कथाकार कौन हैं?'

'राजेन्द्रसिंह बेदी, मंटो, कृष्ण, बलवन्त सिंह और इस्मत चुगताई की रचनाएँ मुझे विशेष प्रिय हैं।'

तभी साथ वाले कमरे से निकलकर श्री राजनारायण बिसारिया भी आ बैठे। बातचीत के सिलसिले में उन्होंने बताया कि विष्णु प्रभाकर बड़ी तेजी से एकांकी और नाटक लिख रहे हैं।

'शायद इसीलिए धड़ाधड़ नये रेडियो स्टेशन खोले जा रहे हैं।' मैंने विष्णुजी के बारे में पढ़ा व्यंग्य सुनाया। और साथ ही मुझे याद आया 'अश्कजी' पर भी कहीं पढ़ा था कि अफवाह है कि उपेन्द्रनाथ 'अश्क' अपना नाम 'आँसूजी' कराने की फिक्र में हैं। मैंने सुनाया तो सबने एक ज़ोरदार ठहाका लगाया।

उसी दिन सायं को अश्कजी ने 'पंजाबी लिखाड़ी सभा' की बैठक में एक निबन्ध पढ़ा। गोष्ठी में पंजाबी के सुप्रसिद्ध कवि डॉ. मोहनसिंह, आलोचक सरदार हीरासिंह 'दर्द' और कहानीकार सरदार सन्तोखसिंह 'धीर' भी उपस्थित थे। अश्कजी ने कितनी ही कहानियाँ, चुटकले, संस्मरण और शेर सुनाये। लोगों को हँसाया, आलोचकों की खबर ली। वे पंजाबी में धाराप्रवाह बोल रहे थे और बीच-बीच में पंजाबी के टप्पे सुना रहे थे।

अन्त में अश्कजी ने बताया कि वह शुरू में पंजाबी में लिखते रहे हैं और अब पुनः निकट भविष्य में पंजाबी में कहानी लिखेंगे।

मैंने मन ही मन में 'आँसूजी' वाले व्यंग्य का संशोधन किया, 'अश्कजी' अपना नाम 'हंजुजी' (पंजाबी में आँसूजी का समानार्थी शब्द) कराने की फिक्र में हैं।'

['साप्ताहिक हिन्दुस्तान', 11 दिसम्बर, 1960]

नरेश मेहता

रवीन्द्र कालिया : नरेशजी, आपने इतने मोटे-मोटे उपन्यास लिखे हैं, क्या आप रोज नियमित रूप से लिखते हैं?

नरेश मेहता : न।

रवीन्द्र कालिया : दिन के पहर में लिखते हैं?

नरेश मेहता : ज्यादातर दोपहर में। आँखों के कारण रात को नहीं लिखता। जब सब लोग स्कूल-कॉलेज चले जाएँ, वही जो चार-पाँच घंटे मिलते हैं, उनमें आप जो भी कर लीजिए। (हँसते हुए) क्रान्ति कर लीजिए या जनसंघ का मेनिफेस्टो लिख लीजिए।

रवीन्द्र कालिया : किन दिनों ज्यादा लिखते हैं?

नरेश मेहता : लिखने के लिए बेस्ट सीजन : फरवरी, मार्च और अप्रैल। इधर सितम्बर, अक्तूबर, नवम्बर।

रवीन्द्र कालिया : कैसे कागज पर लिखते हैं?

नरेश मेहता : पहले तो लिखने के लिए चुन-चुनकर रंगीन कागज़ लाया करता था। मगर वक्त की मार ने यह सम्भव नहीं रहने दिया। फिर भी पूरा कागज तो होना ही चाहिए।

रवीन्द्र कालिया : बॉलपेन से लिखते हैं या फाउंटेनपेन से?

नरेश मेहता : पेन से।

रवीन्द्र कालिया : काटते-पीटते हैं?

नरेश मेहता : नहीं।

रवीन्द्र कालिया : आपकी अम्बीशस रचना कैसी होगी, महाकाव्य या महाकाव्यात्मक उपन्यास?

नरेश मेहता : इन अम्बीशंस में मेरा फेथ नहीं। मुझ पर जो लांछन बार-बार लगाया जाता है—वह सही भी होगा, मुझे कोई आपत्ति नहीं—कि साहब इनकी तो प्रोजेक पोएट्री है। ठीक है। बेसिकली मेरी सारी मानसिक तैयारी एक कवि की है। दुर्भाग्य से मेरे दो-एक उपन्यास कुछ हिट कर गये। मैंने जीवन में कभी नहीं सोचा

था कि मैं कभी गद्य भी लिखूँगा। मुझे अगर अपनी कविता से खाने-पीने को मिल जाए तो मैं गद्य की तरफ झाँकूँ भी नहीं। कोई कहानी लिखने को कह दे, तो फिर हम ऐसा सूली पर टँग गये कि कोई हिसाब नहीं। घटनाओं में अपने को बाँध पाना मेरे लिए बहुत मुश्किल है, इसलिए मेरी कहानी में कोई घटना नहीं होती।

रवीन्द्र कालिया : उपन्यास में तो होती है?

नरेश मेहता : उपन्यास में भी खास घटना नहीं होती। मोटी-मोटी बातें जैसे जीना-मरना, आना-जाना। फॉर मी, लाइफ इज ए ग्रेट पोएट्री, नाट ए ग्रेट नॉवेल। अब आप इसको कुछ भी कह लीजिए, मैं प्रोज़ और पोएट्री में कोई फर्क नहीं करता। इसलिए भाषा में भी कोई अन्तर नहीं रखता कि यह गद्य की भाषा है, यह पद्य की भाषा है।

रवीन्द्र कालिया : अच्छा हुआ आप स्वयं ही भाषा पर चले आये। मैं जानना चाहता था कि आपकी बोलचाल और लेखन की भाषा में इतना अन्तर क्यों है? बोलचाल में आप तत्सम शब्दों का इस्तेमाल बिलकुल नहीं करते। कॉफी हाउस में तो आप न केवल देशज बल्कि भदेस शब्दों का भी खुलकर प्रयोग करते हैं।

नरेश मेहता : दरअसल भाषा की क्रिस्पनेस मेरे दिमाग में रहती है। अँग्रेज़ी का बहुत ज्यादा प्रभाव मेरे दिमाग पर है।

रवीन्द्र कालिया : नहीं, मैं कहूँगा, लिखते समय आपकी भाषा कृत्रिम क्यों हो जाती है?

नरेश मेहता : आपको जो कहना हो कहिए। मुझे कोई आपत्ति नहीं। मेरे दिमाग में हमेशा यह प्रश्न रहता है कि अँग्रेज़ी और उर्दू की क्रिस्पनेस कैसे आये।

रवीन्द्र कालिया : बातचीत में आपकी भाषा में जो क्रिस्पनेस है, यह बहुत कम लोगों को नसीब होती है।

नरेश मेहता : मैं सबसे महान उस भाषा को मानता हूँ, जिसमें भाषाहीनता हो। भाषाहीनता सबसे बड़ी भाषा है।

रवीन्द्र कालिया : इसका क्या मतलब है?

नरेश मेहता : भाषा को निरन्तर छोड़ते जाइए। अभी मेरे यहाँ भाषा का बहुत दबाव है।

रवीन्द्र कालिया : भाषाहीनता वाले किसी लेखक का उदाहरण दीजिए।

नरेश मेहता : नहीं, उदाहरण नहीं। जैसे प्रेमी-प्रेमिका की सिचुएशन को लें, घंटों मौन रह सकते हैं, दे डोंट स्पीक, दे कम्युनिकेट। यही भाषा का उदात्तीकरण है। इसी स्तर पर भाषा का प्रयोग होना चाहिए।

रवीन्द्र कालिया : आपका अभिप्राय भाषा की लाक्षणिकता से है?

नरेश मेहता : उसमें सारी लाक्षणिकता, सारा अभिनय, सब बोले, लेकिन

बोध न हो भाषा का। यह बहुत मुश्किल से आता है।

रवीन्द्र कालिया : मैं आपको रूपवादी कहना पसन्द करूँगा।

नरेश मेहता : यार, एक बात मैं कहता हूँ। आप जो कहना चाहें, कहिए, मुझे कोई आपत्ति नहीं। मेरे लिए ये रूपवादी, अरूपवादी, प्रगतिवादी अब कोई अर्थ नहीं रखते। रचनात्मकता के सन्दर्भ में कोई अर्थ नहीं रखते। मुख्य बात है रचना। उसी में से बात आएगी। खाँचे कहीं नहीं ले जाते।

रवीन्द्र कालिया : नये लोगों को आप पढ़ते हैं ?

नरेश मेहता : क्यों नहीं ?

रवीन्द्र कालिया : नये लोगों में कौन आपका प्रिय कवि है ?

नरेश मेहता : एक तो संग्रह उपलब्ध नहीं होते। लेकिन जो पत्रिकाएँ आती हैं, उन्हें देखकर लगता है, लोग बहुत अच्छा लिख रहे हैं, कल या परसों एक पत्रिका में मैंने कैलाश गौतम की एक कविता पढ़ी। उसमें कम्प्लीट फ्रेशनेस है।

रवीन्द्र कालिया : लेकिन नरेशजी, कुछ ऐसे नाम भी होते हैं, जिन्हें आप ढूँढ़कर पढ़ते हैं।

नरेश मेहता : हाँ, जगूड़ी...वह अच्छा लिखता है और धूमिल ने अपनी अलग पहचान बनायी थी।

रवीन्द्र कालिया : और कहानीकारों में ?

नरेश मेहता : हाँ, पढ़ी हैं, मगर कहानी पढ़ने में मेरी जान निकलती है। अगर पढ़ने पर आ गया तो पढ़ता चला जाऊँगा। लेकिन एवॉयड करूँगा कहानी पढ़ना।

रवीन्द्र कालिया : आप यह मत भूलिए, आपका यह इंटरव्यू कहानी पत्रिका में ही छपने वाला है।

नरेश मेहता : मैंने 'धर्मयुग' में आज तक कोई कहानी नहीं पढ़ी। वह पेज ही मैं छोड़ देता हूँ।

रवीन्द्र कालिया : अच्छा अब यह बताइए, इस उम्र में आपने जो प्रेम कविताएँ लिखी हैं, इसके पीछे क्या राज़ है ?

नरेश मेहता : कोई राज़ नहीं, (हँसते हुए) वैसे एक राज़ है इसमें! जैसे मरने से पहले या बुझने से पहले दीया भभकता है...

रवीन्द्र कालिया : इतनी इटेंस प्रेम कविताएँ तो आपने अपनी युवावस्था में भी नहीं लिखीं।

नरेश मेहता : युवावस्था में आदमी प्रेम करता है, प्रेम लिखता नहीं

रवीन्द्र कालिया : इन कविताओं को पढ़कर एक खूबसूरत बंगाली महिला का चेहरा उभरता है।

नरेश मेहता : मेरे सम्पूर्ण लेखन में एक बंगाली गन्ध ही तो है। और क्या है!

रवीन्द्र कालिया : मत्स्यगन्धा?

नरेश मेहता : हाँ, यह ठीक है। मत्स्यगन्धा। हा-हा-हा! मैं एक बात बताता हूँ। देयर वॉज ए लेडी। शी वॉज बंगाली। मेरा दुर्भाग्य यह है कि...

रवीन्द्र कालिया : ...कि बंगाल ही आकर्षित करता है।

नरेश मेहता : जरूर-जरूर, नॉन-बंगाली शायद ही कोई महिला मेरे सम्पर्क में आयी हो।

रवीन्द्र कालिया : आपकी पत्नी बंगाली हैं?

नरेश मेहता : नहीं।

रवीन्द्र कालिया : यह बताइए, पहला प्रेम आपने कब किया? उसका आपके साहित्य पर क्या प्रभाव है?

नरेश मेहता : (एक लम्बी आह भरते हैं)।

रवीन्द्र कालिया : संकोच मत कीजिए। अब इस उम्र में आप उत्तर देंगे तो आपकी पत्नी नाराज नहीं होंगी।

नरेश मेहता : मैं इस प्रश्न को यों कहना चाहूँगा कि पहला-दूसरा कुछ नहीं होता। बस, सब लेडीज डिड ऑबलाइज मी। दे रीयली एंरिच्ड मी आलसो।

रवीन्द्र कालिया : कविताएँ पढ़कर यही लगता है कि कोई एक महिला है जो आज भी आपको उसी प्रकार हांट करती है।

नरेश मेहता : आप स्वयं ही सोचिए, यदि आपने प्रेम के संगीत को समस्त इन्द्रियों के साथ जिया है, तो क्या वह 'हांट' नहीं करेगा?

रवीन्द्र कालिया : प्रेम को सेक्स से आप कितना अलग मानते हैं?

नरेश मेहता : मैं बिलकुल अलग नहीं मानता। अगर सेक्स नहीं है तो प्रेम नहीं है।

रवीन्द्र कालिया : लेकिन शादी के बाद तो कठिनाई आ जाती है, सेक्स का ऐसा इस्तेमाल जैसा आप कह रहे हैं, क्या सम्भव है?

नरेश मेहता : शादी के बाद अगर आप सेक्स के लिए किसी के पास जाते हैं तो आपसे बड़ा मूर्ख कोई नहीं, क्योंकि सेक्स का सुख स्त्री में नहीं होता, आपमें ही होता है।

रवीन्द्र कालिया : अच्छा!

नरेश मेहता : प्यारे, सेक्स के स्तर पर वुमन इज मीनिंगलेस।

रवीन्द्र कालिया : स्त्री अर्थहीन है...तब तो यह सब आत्मरति कहा जाएगा।

नरेश मेहता : तुम कुछ भी कहो, मुझे कोई आपत्ति नहीं, लेकिन यह सच है कि आई हैव टू वीकनेसेज। वन इज म्यूजिक एंड दि अदर इज बंगाली...

रवीन्द्र कालिया : हाँ, तो आप एक बंगाली महिला के बारे में बता रहे थे।

नरेश मेहता : शी वॉज रीयली ए नाइस वुमन। शी वॉज ए फ्रेंड ऑव माई वाईफ। बल्कि एक जमाना तो यह था कि मैं और मेरी पत्नी अकसर उसके यहाँ जाते थे। मगर बाद में जब कभी भी मैं कलकत्ता गया, उसके यहाँ नहीं गया। (थोड़ा रुककर) उस फूल को देखकर जो आनन्द प्राप्त होना था, हो गया। अब उसे क्यों तोड़ा जाए!

रवीन्द्र कालिया : अब तो वह फूल मुरझा चुका होगा। तोड़ने से आपका क्या अभिप्राय है?

नरेश मेहता : टु प्लक द वुमन इज सेक्स, टु रेसपेक्ट द वोमन इज लव। स्त्री को आप आदर नहीं देते तो आपका सेक्स मैथुन होगा, सम्भोग नहीं।

रवीन्द्र कालिया : सम्भोग में भी तो प्रेम उत्पन्न हो सकता है।

नरेश मेहता : सम्भोग, प्रेम, कला, साहित्य, संगीत अगर आपको किसी तरीके से उदात्त नहीं बनाता है, विराट नहीं बनाता है, नॉन नरेश मेहता नहीं बनाता है, तो बकवास है। मेरी पत्नी ने एक चीज़ को छोड़कर—संगीत को—मेरी समस्त लालसाएँ पूरी की हैं। फॉर मी वोमन ऐज सेक्स हैज नो मीनिंग। मेरे बारे में मेरी पत्नी जानती है कि मैं कई लोगों के सम्पर्क में आता हूँ। बट शी नैवर डाउटेड मी। अब तो यह स्थिति आ गयी है कि...

रवीन्द्र कालिया : कि आप सुरक्षित रूप से प्रेम कविताएँ लिख सकते हैं।

नरेश मेहता : शी नोज़ एवरीथिंग।

रवीन्द्र कालिया : लेकिन यह बहुत खतरनाक स्थिति है कि आप एक ओर पत्नी को पूरा आदर देतें रहें, दूसरी ओर किसी अन्य महिला के बारे में भी अत्यन्त भावुकतापूर्वक सोचते रहें और उसी की स्मृति में कविताएँ लिखते रहें।

नरेश मेहता : वह मुझ पर पूरा विश्वास करती है।

रवीन्द्र कालिया : खैर छोड़िए, यह बताइए कि एक लम्बे अर्से तक आप उपेन्द्रनाथ अश्क व भैरवप्रसाद गुप्त के पड़ोसी रहे हैं। लेखक का पड़ोस लेखक के लिए कैसा रहता है? आपका क्या अनुभव है?

नरेश मेहता : न...न...यह...यह...नहीं।

रवीन्द्र कालिया : अरे, सुनिए। यह बुरा सवाल नहीं है। आपको उत्तर देना चाहिए।

नरेश मेहता : (सोचते हुए) दरअसल जो कमेंट हम करें, उनमें सेंस ऑव आब्जेक्टिविटी होनी चाहिए। हम सब मनुष्य हैं। अगर मैं किसी के बारे में कोई बात कन्फेस करता हूँ, इसका अर्थ यह नहीं कि मैं उसका विरोधी हूँ।

रवीन्द्र कालिया : लगता है आप भैरव के बारे में कुछ कहने जा रहे हैं।

नरेश मेहता : हाँ, लेकिन छोड़ो यार।

रवीन्द्र कालिया : अरे!

नरेश मेहता : दरअसल, जब तक मैं कम्युनिस्ट पार्टी का सदस्य था, मेरी सारी काव्यात्मकता और लेखकीय रुझान बड़े क्रान्तिकारी थे। आज मैं जनसंघी हूँ। (हँसते हुए) जहाँ सम्प्रेषण के सारे तार ही टूट गये हों, वहाँ मैं क्या कर सकता हूँ!

रवीन्द्र कालिया : आप लेखकीय पक्ष से बात कर रहे हैं। हम पड़ोसी के नाते आपके अनुभव जानना चाहते हैं।

नरेश मेहता : भैरव के यहाँ मैं कभी नहीं गया।

रवीन्द्र कालिया : इतने वर्षों?

नरेश मेहता : हाँ।

रवीन्द्र कालिया : वे आये कभी आपके यहाँ?

नरेश मेहता : वह भी नहीं आये।

रवीन्द्र कालिया : ताज्जुब है!

नरेश मेहता : ऐसी स्थिति में क्या कहें! फिर मेरे व उनके लेखकीय रुझान में भी बहुत अन्तर है। वे मूलतः गद्य के वृत्त के आदमी हैं, मैं काव्य के वृत्त का आदमी हूँ। वे क्रान्तिकारी हैं, मैं रिएक्शनरी। वे महान हैं।...

रवीन्द्र कालिया : और मैं अकिंचन (हा हा हा) और दूसरे पड़ोसी आपके?

नरेश मेहता : बाबू उपेन्द्रनाथ अश्क। देखिए, अश्कजी के बारे में मैं एक बात कह सकता हूँ। विद हिज़ लिमीटेशन अपार्ट, वन थिंग ही हैज़ गॉट। उनके बारे में एक पॉज़िटिव प्वॉइंट यह है कि वे आपको व्यक्तिगत रूप में भी कोंचते हैं और आपके लेखन को भी। वे उससे प्राप्त भी करते हैं औरं आपको भी करवाते हैं, मगर बुद्धि और ज्ञान से उनका कोई सम्बन्ध नहीं। एक मामले में वह बेचारा बहुत सीधा है। उसको ज्ञान के स्तर पर आप बहका लीजिए, जिसकी वे कमी-पूर्ति अपनी प्रेक्टिकैलिटी से करते हैं। यहाँ वे आपको पीट ले जाते हैं, लेकिन गाहे-बगाहे, पड़ोसी के नाते, ही हैज वार्म्थ।

रवीन्द्र कालिया : ऐसा नहीं होता कि आप लिख रहे हों और वे आ धमकें?

नरेश मेहता : नहीं, ऐसा नहीं।

रवीन्द्र कालिया : असमय-कुसमय तो नहीं आते?

नरेश मेहता : वे जब आते हैं, असमय ही होता है। लेकिन उनका इंटेंशन ऐसा नहीं रहता। मगर उनमें प्रपोर्शन बोध नहीं है। जहाँ तक भैरव का सम्बन्ध है, मैं उसके बारे में सोचता ही नहीं। इट इज़ ए क्लोज़्ड चैप्टर। एंड आइ डोंट वांट टु ओपन इट अगेन।

रवीन्द्र कालिया : क्या आपके सब पड़ोसियों से ऐसे ही सम्बन्ध हैं?

नरेश मेहता : हा हा हा! ऐसा नहीं कहा जा सकता।

रवीन्द्र कालिया : इसका अर्थ हुआ, लेखक का पड़ोस लेखक की रचनात्मकता के सन्दर्भ में अर्थहीन है।

नरेश मेहता : ऐसा एक्सपेक्ट करना ही गलत है।

रवीन्द्र कालिया : मगर बहुत से लोग केवल साहित्यिक वातावरण के कारण ही इलाहाबाद में आकर बसे हैं।

नरेश मेहता : अब इलाहाबाद बदल गया है। मैं स्वयं यही सोचकर आया था इस शहर में। अपने सीने पर हाथ रखकर कहो, कहाँ है वह माहौल? वेयर इज द कम्युनिकेशन बिटवीन टू राइटर्स?

रवीन्द्र कालिया : कारण क्या है?

नरेश मेहता : कारण बहुत बड़ा है। आज से पच्चीस-तीस साल पहले, हर आदमी यहाँ एक आदर्श की भ्रामकता में रहता था, अपने बारे में भी, साहित्य और परिवेश के बारे में भी। आज दिन बहुत चढ़ा है। सब एक अदद भैंस, एक अदद मकान, एक अदद वाहन, एक अदद कैरियर के पीछे हैं। अब जमीन आसमान का फर्क है। आज लेखन के प्रति दायित्व ही कहाँ रह गया है?

['सारिका', 1 फरवरी, 1978]

मार्कण्डेय
अमरकान्त
रवीन्द्र कालिया

मार्कण्डेय—कहानियों का एक बहुत ही सशक्त आन्दोलन हिन्दी में चलता रहा है, उस धारा के कुछ लेखक अब भी लिख रहे हैं। कहानी विकास के दौरान बहुत से प्रतिभाशाली लेखक सामने आये, मगर बहुत से नये-पुराने आलोचकों का मत है कि कहानी की यह धारा समाप्त हो चुकी है। मेरा विचार है, संवाद का विषय यह होना चाहिए कि कहानी-लेखन का स्वरूप क्या है, उसके विकास की स्थितियाँ क्या हैं, वह कहाँ तक आज की सामाजिक स्थितियों में ढंग से विकसित हो रही है?

अमरकान्त—मेरी समझ में इस पर विचार करने की जरूरत है कि कहानी की जो मूल धारा और स्वस्थ परम्परा है, उसका कहाँ तक विकास और निर्वाह हुआ है?

सन् 1950 के आसपस जो नये कहानी-लेखक उभरकर आये थे, उनके लेखन को 'नयी कहानी' की संज्ञा दी गयी थी, यह बात सही है कि उस समय कहानी दिग्भ्रमित हो गयी थी। उसे द्वितीय कोटि की ऐसी विधा कहा जा रहा था, जिसकी सम्भावनाएँ समाप्त हो गयी हों। इस काल में कहानी को नयी जमीन पर उतारने का प्रयास शुरू हो गया था। उस समय जो नये कहानीकार लिख रहे थे, उनमें से बहुत से प्रगतिशील आन्दोलन से जुड़े हुए थे, बाद में सन् 1960 के बाद अनेक कहानीकार उभरकर आये, उन्होंने नये-नये प्रयोग किये। हमें इसी रोशनी में कहानी की मुख्यधारा पर विचार करना चाहिए कि सन् 1950 के आसपास की प्रगतिशील लेखन की परम्परा को भविष्य में सही भूमि पर किस प्रकार उतार सकते हैं?

रवीन्द्र कालिया—आपका प्रश्न बहत प्रासंगिक है, इस विषय पर विचार करना बहुत जरूरी है कि नयी कहानी की परम्परा सही रूप में विकसित हो पायी

या नहीं। अगर नयी कहानी की परम्परा का सही दिशा में विकास हुआ होता तो उसमें पचास के बाद के, साठ के बाद के, सत्तर के बाद बहुत से लेखक सम्मिलित हुए होते। मगर यह कहना सही नहीं होगा कि 50 के बाद केवल समाजोन्मुखी कहानियाँ ही लिखी गयीं। यहाँ तक कि समाजोन्मुखी कहानियाँ लिखने वाले बहुत से लेखक कालान्तर में व्यक्तिवादी रुझान की कहानियाँ लिखने लगे। इस सन्दर्भ मे 'ग्लास टैंक', 'प्रिया सैनी' आदि व्यक्तिवादी कहानियों का हवाला दिया जा सकता है। यही नहीं, नयी कहानी के आन्दोलन के कुछ लेखक दूसरे-दूसरे आन्दोलन चलाने लगे। यहीं से इन लेखकों के मोहभंग का आभास मिल जाता है।

मार्कण्डेय—बात तो आपने बहुत पते की कही कालियाजी, लेकिन नैं आपकी कुछ बातों से सहमत नहीं हूँ। समान्तर अथवा अकहानी, सचेतन कहानी, श्मशानी पीढ़ी जैसे आन्दोलन कहानी पर होने वाली चर्चा में अवान्तर प्रसंग हैं। वस्तुतः समकालीन यथार्थ और सन्दर्भों का जो विकास स्वतन्त्रता प्राप्ति के बाद की कहानी में हुआ, वह वस्तु और शिल्प दोनों दृष्टियों से पिछले कथा-साहित्य से एक सचेत प्रस्थान है। नये परिवर्तनों को रेखांकित करने के कारण इस काल का कहानी लेखन साहित्य-चर्चा के केन्द्र में आ गया। आन्दोलन चलाने से नया लेखन नहीं होता बल्कि नये और परिवर्तनकारी लेखन से आन्दोलन चलते हैं। आपका यह कहना कि बहुत से लेखक भयभीत हो गये, पथभ्रष्ट हो गये और दूसरा काम करने लगे, इससे मैं सहमत नहीं हूँ। बात सिर्फ इतनी है कि कहानी आन्दोलन के द्वारा मनगढ़न्त बातें लोगों के सामने लायी गयीं। अमरकान्तजी, जहाँ से नयी कहानी की शुरुआत हुई थी और दृष्टिकोण विकसित हुआ था, 60 के बाद की कहानी को क्या आप उस दृष्टिकोण से अलग करते हैं?

अमरकान्त—कहानी की मूल और स्वस्थ धारा के सम्बन्ध में मैं कुछ बातों की ओर ध्यान दिलाना चाहता हूँ। हिन्दी कहानी-लेखन का एक नया आन्दोलन प्रेमचन्द के लेखन से आरम्भ होता है। कहानी की यह धारा आगे बढ़ी और इसको यशपाल, जैनेन्द्र कुमार, अज्ञेय, अश्क आदि लेखकों ने विकसित किया। बाद में कहानी प्रगतिवादी एवं व्यक्तिवादी भावुकता से ग्रस्त हो गयी। सन् '50 के लेखकों ने यथार्थ को नयी जमीन पर उतारा, उसको प्रेमचन्द की परम्परा से जोड़ा और उसको वस्तुनिष्ठ बनाया। इस समय के लेखकों की रचनाओं का ही परिणाम है कि कहानी साहित्य के केन्द्र में आ गयी और अधिक शक्ति एवं सक्षमता के साथ जीवन की नयी वास्तविकता को अभिव्यक्ति प्रदान करने लगी। मैं यह नहीं मानता कि सन् '60 की पीढ़ी के लेखक उस धारा से अलग हो गये। यह जरूर है कि कुछ नया आन्दोलन उन्होंने चलाया। और उन्होंने नयी कहानी आन्दोलन में इज़ाफ़ा ही किया।

मार्कण्डेय—मेरा मतलब यह है कालियाजी कि आगे चलकर नयी कहानो

की धारा का विकास ही हुआ है। और जो नये लेखक—जैसे आप, ज्ञानरंजन, दूधनाथ या अन्य समर्थ कहानी-लेखक हैं, वे उसी धारा के लेखक हैं, इन लेखकों में शिल्पगत विशिष्टता या अलगाव अवश्य है।

रवीन्द्र कालिया—अमरकान्तजी और आप सन् '60 के बाद के लेखकों की शिल्पगत और भाषागत विशिष्टताओं पर अधिक बल दे रहे हैं। मैं इससे सहमत नहीं हो पा रहा। साठ के लेखकों ने शिल्पगत और भाषागत प्रयोग ही नहीं किये, भारत की युवा पीढ़ी की मानसिकता का जो चित्रण किया है, वह पहले की कहानियों में अनुपलब्ध है। भाषा और शिल्प की दृष्टि से ये लेखक भिन्न अवश्य थे, मगर इन्हें कलावादी लेखक नहीं कहा जा सकता। यह ठीक वैसी ही स्थिति है, अगर मैं कहूँ कि सन् '50 के लेखकों को केवल भाषा और शिल्प की दृष्टि से प्रेमचन्द की परम्परा से अलगाया जा सकता है।

मार्कण्डेय—मैं आपका ध्यान इस ओर आकर्षित करना चाहता हूँ कि अमरकान्त की 'दोपहर का भोजन', 'डिप्टी कलक्टरी', शेखर जोशी की 'कोसी का घटवार', राजेन्द्र यादव की 'जहाँ लक्ष्मी कैद है', राकेश की 'मवाली', कमलेश्वर की 'गर्मियों के दिन', भीष्म साहनी की 'चीफ की दावत', निर्मल की 'लन्दन की एक रात', मन्नू की 'यही सच है' आदि कहानियों के द्वारा समकालीन यथार्थ का विकास होता है। आप अगर यह सोचते हैं कि इस धारा के कुछ लेखकों ने 'टूटना', 'पिक्चर पोस्टकार्ड' जैसी कहानियाँ भी लिखीं तो इस तरह की व्यक्तिवादी कहानियों को कहानी की मुख्यधारा नहीं माना जा सकता।

अमरकान्त—मैंने अभी व्यक्तिवादी भावुकता और प्रगतिवादी भावुकता की चर्चा की थी। नयी कहानी इस भावुकता से मुक्त होने और अपने समाज से जुड़ने की प्रक्रिया थी। हम जानते हैं कि आजादी से मोहभंग हुआ, करोड़ों लोग भूखों मर रहे थे और बहुत तरह की विशृंखलताएँ थीं। अभाव और पीड़ा थी। हमें पीढ़ियों के सन्दर्भ में प्रश्न नहीं उठाने चाहिए।

मार्कण्डेय—अमरकान्तजी ठीक कह रहे हैं कि पीढ़ियों और आन्दोलनों के सन्दर्भ में कहानी की मूलधारा पर बातचीत करना बेमानी है। हर पाँच बरस बाद एक नया आन्दोलन शुरू हो जाता है, जबकि सही बात यह है कि पचास के लेखक साठ में और साठ के लेखक सत्तर में भी समर्थ लेखन करते रहे।

रवीन्द्र कालिया—आप पीढ़ियों में बाँटकर कहानी की चर्चा नहीं करना चाहते। मगर सन् '50 के लेखकों में यह प्रवृत्ति न रही हो, यह कहना गलत होगा। आपका परवर्ती लेखक होने के नाते मैं इतना अवश्य कह सकता हूँ कि सन् '50 के लेखकों के प्रति जिस प्रकार सन् '40 के लेखक आक्रामक हो गये थे, लगभग वैसी ही आक्रामकता हमने आपकी ओर से महसूस की थी। मैं मानता हूँ कि बहुत से

आन्दोलन व्यर्थ होते हैं, पीढ़ियों का विभाजन भ्रामक है, जब साठ की पीढ़ी लेखन क्षेत्र में उतरी तो मार्कण्डेयजी ने कहीं उसे दो फसलों के बीच उगी घास की संज्ञा दी थी।

अमरकान्त—नयी कहानी आन्दोलन की बात करते समय हम यह भूल जाते हैं कि नयी कहानी नाम बाद में दिया गया था। मैं प्रगतिशील लेखन की जो बात कहता हूँ, वह पहले शुरू हुआ था। ट्रेजेडी यह है कि नयी कहानी उन्हीं लेखकों के लेखन को समझा गया, जिन्होंने नयी कहानी का नारा उठाया। प्रगतिशील लेखक को और प्रेमचन्द की परम्परा के लेखन को, जो उसका भाषागत-शिल्पगत विकास भी था, नजरअन्दाज किया गया। दूसरी बात यह है कि यह कहने से कोई फायदा नहीं कि सन् '50 की पीढ़ी ने हमारे साथ अन्याय किया। सन् '60 की पीढ़ी की जिम्मेदारी थी कि वह अपने को परम्परा का विकास मानती और उसको और भी आगे ले जाती।

रवीन्द्र कालिया—'घंटा', 'स्वर्गवासी', 'सुधीर घोषाल', 'मन्त्री पद', 'कचकौंध', 'लाशें' कहानियाँ साठ की पीढ़ी की इसी समझ और जिम्मेदारी का परिचय देती हैं।

मार्कण्डेय—पूरी बातचीत का अर्थ यह निकलता है कि वही रचना सार्थक है, विकासशील है, जो सामाजिक परिवर्तन की प्रक्रिया को तेज करती है और सन् '60 और उसके बाद का समर्थ लेखन उसी प्रगतिशील परम्परा का विकास है।

['सारिका', 21 जुलाई, 1978]

सत्यदेव दुबे

उन दिनों सत्यदेव दुबे अपनी पन्द्रह-बीस मिनट की प्रथम प्रयोगवादी फिल्म के निर्माण कार्य में व्यस्त थे कि युद्ध के समाचार आने लगे। जिस दिन बम्बई में पहली बार 'ब्लैक आउट' का आदेश हुआ, रैमनार्ड लैबोरेटरी में उनकी फिल्म 'अपरिचय के बिन्ध्याचल' के 'रशेज' का प्रथम प्रदर्शन था। उनकी फिल्म का मूल विषय महानगर का अकेलापन है, जो दो लड़कों और एक लड़की (तीन पात्रों) के बीच धूप-छाँह की तरह झूलता है। उन्होंने इस अकेलेपन को पूरी शिद्दत के साथ फिल्म के माध्यम से पकड़ने का प्रयत्न किया है। परन्तु युद्ध के वातावरण में अकेलापन लोगों के लिए समस्या नहीं रह गया था। जो कुछ लोग 'रशेज' देखने आये भी, युद्ध पर ही चर्चा कर रहे थे, फिल्म देखकर निकले तो युद्ध ही विषय बना रहा, वे शायद किसी भी अन्य विषय पर चर्चा करने की मन:स्थिति में नहीं थे। स्वयं दुबे ने स्क्रीन पर 'रशेज' देखे, तो फिल्म के मूल विषय पर वे पुन: सोचने लगे। उन्होंने अपनी डायरी में लिखा, 'कितने बेमानी, बेमतलब, बेतुके और कभी-कभी बेहूदे लग रहे थे, उस कहानी के पात्र, उनका एकाकीपन। उस एकाकीपनं का एहसास पर्दे पर ऐसा लग रहा था, मानो कोई जिद्दी बच्चा अपनी नन्ही-सी फुन्सी को नासूर बनाने पर तुला हो और इस तथाकथित एकाकीपन की अनुभूति को सारी दुनिया पर थोपने का प्रयास अगर हिमाकत नहीं, तो हास्यास्पद जरूर लगा...'

'परन्तु राष्ट्रीय संकट के इस क्षण में भी विचारों की शृंखला कुछ उल्टी-सीधी ही चल रही थी। युद्ध और युद्ध के परिणामों के बारे में मैं कुछ भी नहीं सोच पा रहा था। मुझे याद आ रहा था, 'एज ऑफ रीजन', 'रिप्रीव' और 'आयरन इन दि सोल' का नायक मैथिव, अपनी निर्जीव अनुत्पादक स्वतन्त्रता और सार्त्र के दर्शन के भार से लदा हुआ। बढ़ते हुए जर्मन सिपाहियों पर गोली दागते हुए शायद मैथिव के जीवन को सार्थकता और पूर्णता मिली हो, मेरे लिए यह सम्भव नहीं था। दूसरे के ऊपर गोली दागने के खयाल से ही मुझे कँपकँपी छूट जाती है। मगर सार्त्र से छुटकारा आसानी से नहीं मिलता। 'नो एक्जिट' का गार्सा युद्ध में भाग लेने से इनकार करता है, उसे गोली से उड़ा दिया जाता है, मगर मरने के बाद भी वह नरक

में तड़पता रहता है। वह यह नहीं तय कर पाता कि उसने अपने सिद्धान्तों के कारण युद्ध में भाग लेने से इनकार किया था, या अपनी कायरता के कारण।

'दिन बीतते गये। विचारों के ऊहापोह में फँसा मैं दूसरे लोगों की युद्ध में दिलचस्पी, उसके उतार-चढ़ाव में उनका तादात्म्य यह सब चुपचाप देखा करता था, एक तटस्थ बुद्धिजीवी की भाँति, लेकिन एक दिन जब समाचारपत्र में एक वृद्ध सेना अधिकारी के तरुण पुत्री की मृत्यु का समाचार पढ़ा—उस दिन सहसा मेरे आँसू निकल पड़े। कुछ चोट-सी लगी और मुझे यह भान हुआ कि एकाकीपन की चोट कोई शाश्वत सत्ता हो या न हो, मुझ जैसे और मेरे चित्र के पात्रों जैसे लोगों के लिए अनुभूति के क्षेत्र इतने सीमित रहे हैं कि कम-से-कम उससे उपजा एकाकीपन थोथा है, स्वार्थपूर्ण है। एकाकीपन की यह इमारत क्षणों में ढह जाती है। उन खँडहरों पर फिर कभी नवनिर्माण होगा या नहीं, यह एक अलग प्रश्न है और इसका समाधान भी अलग से खोजना पड़ेगा।' जे. जे. स्कूल ऑव आर्ट्स की कैंटीन में चाय का अन्तिम घूँट लेते हुए उन्होंने कहा, 'युद्ध के दिनों में मैंने अपने राष्ट्र का सही प्रतिरूप देखा है।'

['धर्मयुग']

साधना शाह

साधना शाह—आधुनिकता बोध से आपका क्या तात्पर्य है ? आपकी दृष्टि में कहानी में आधुनिकता बोध की क्या पहचान है ?

रवीन्द्र कालिया—आधुनिकता बोध वही है जो मनुष्य को मनुष्य होने की पहचान कराता है। उसे रूपवाद और कलावाद की तरफ नहीं ले जाता। प्रकृतवाद, क्षणवाद, अस्तित्ववाद आधुनिकता से कटी पराजयवादी विचारधाराएँ हैं, जो मनुष्य के व्यक्तित्व को उसकी ऐतिहासिक निरन्तरता में न देखकर खंड रूप में देखती हैं। आर्थिक-सामाजिक सन्दर्भों के प्रति ये विचारधाराएँ हमें विरक्त करके मनुष्य की सारी यन्त्रणा के लिए उसकी नियति को दोषी ठहराती हैं। लूकाच ने इसे 'निगेशन ऑव आर्ट' कहा था, गोर्की आदि ने 'कब्रिस्तान का साहित्य'। क्षणवाद और कलावाद के अँधेरे गलियारों में बहुत से लेखक भटके हैं—उन्होंने मनुष्य की पीड़ा को शोषणमूलक व्यवस्था का परिणाम नहीं माना और उसे एक खास तरह का दार्शनिक जामा पहनाते है। मानव की पीड़ा, यन्त्रणा, सन्त्रास का कारण शोषणमूलक व्यवस्था है, न कि उसकी नियति या उसका भाग्य। और यहीं से आधुनिकता का सवाल मैं उठाता हूँ। मैं सोचता हूँ कि इन ह्रासशील प्रवृत्तियों का विरोध ही आधुनिकता है। और ह्रासशील नया हो या पुराना उसका विरोध होना चाहिए, लेखक में इतना विवेक होना चाहिए कि इसकी सही पहचान वह कर सके।

साधना—आधुनिकता को आप मूल्य मानते हैं या प्रक्रिया? कहानी में आधुनिक बोध की क्या पहचान हो सकती है ?

कालिया—आधुनिकता मूल्य नहीं एक प्रक्रिया ही है, एक निरन्तर विकासशील प्रक्रिया। कुछ रचनाएँ पीछे की तरफ ले जाती हैं और जीवन के ह्रासशील पक्ष का चित्रण करती हैं। मेरे लिहाज से वे आधुनिक कहानियाँ नहीं हैं। आधुनिक कहानी वही है, जो हमें जिन्दा रहने की ताकत देती है। मुझे अफसोस है कि सन् '60 के बहुत से कहानीकारों ने इन ह्रासशील प्रवृत्तियों पर ही ज्यादा कहानियाँ लिखी हैं, मगर उनकी दृष्टि व्यंग्यपरक थी। और इधर पिछले वर्षों से मैं देखता हूँ कि काशी, ज्ञान, दूधनाथ या हम सब लोगों ने ही नये सिरे से चीज़ों को समझने की कोशिश की

है। शुरू में बहुत कुछ फैशन में लिखा गया। जैसे अपने शुरू के दिनों में मैंने अकहानी की चर्चा की थी। आज सोचता हूँ उस समय एंटी नॉवेल, एंटी थियेटर आदि की चर्चाएँ हम लोग किया करते थे। पर अब सोचता हूँ कि वह बहुत ही जेन्युएन माहौल नहीं था। क्योंकि हम यह सब उन दिनों यू.एस.आई.एस. की लाइब्रेरी में जाकर पढ़ा करते थे। वह भी एक प्रभाव था। सच्ची बात यह है कि सन् '60 की कहानियों की सही पहचान इन लेखकों की इधर की कहानियों से होती है, ज्ञान की 'घंटा', काशीनाथ सिंह की 'सुबह का डर', इधर मेरी अपनी कहानी शायद आपने देखी होगी—'गरीबी हटाओ'। लगता है कि तमाम लेखक इस शोषणमूलक व्यवस्था के चरित्र को समझ रहे हैं, और शायद यह कि एक खास तरह का नियतिवाद जो सन् '50 के पहले व्याप्त था, साहित्य में उसका विरोध सन् '50 की पीढ़ी ने सबसे पहले किया और सन् '60 की पीढ़ी की इधर की कहानियाँ प्रेमचन्द की समाजोन्मुखी परम्परा को आगे बढ़ाती हैं।

साधना—देखिए हिन्दी में कुछ प्रवृत्तिवादी कहानियाँ हैं। उन्हें हम आधुनिक कहानियाँ कहेंगे—जैसे वेद राही की 'दरार' है, 'गुलकी बन्नो' है। दीप्ति की अभी मैंने कोई कहानी पढ़ी थी किसी पत्रिका में जो 'गुलकी बन्नो' से काफी समानता रखती है, पात्रों के नाम बदल गये हैं, परिवेश बदल गया है, परन्तु मूल भावना जो है वह 'गुलकी बन्नो' से काफी समानता रखती है।

कालिया—अकेलेपन को सामाजिक सन्दर्भों से काटकर अगर देखेंगे तो बड़ा फूहड़ हो जाता है। अकेलेपन के लिए भी जिम्मेदार हमारी समाज-व्यवस्था है, उसके आर्थिक सामाजिक सन्दर्भ हैं, अगर आप किसी कहानी में उसे आर्थिक और सामाजिक सन्दर्भों से कटा हुआ पाएँगे तो मैं उस कहानी को आधुनिक नहीं कहूँगा।

साधना—आपने मणि मधुकर की 'हवा में अकेले' कहानी पढ़ी है?

कालिया—नहीं।

साधना—उसमें युद्ध की विभीषिका का वर्णन है, सेना का कैम्प है—हर कोई जॉब के लिए आता है—रंगा और उसकी पत्नी भी यहाँ आते हैं—बेकारी बहुत बढ़ी हुई है—फिर भी ऐसी अवस्था में दोनों पति-पत्नी कैम्प के बहुत दूर चले जाते हैं—अपनी सैक्स की भूख को मिटाने के लिए। उसमें भी मुझे लगता है इसी शाश्वत प्रवृत्ति जो मनुष्य की मूलभूत प्रवृत्ति है, को चित्रित किया गया है। उस कहानी का नाम है, 'हवा में अकेले'। एक तरफ तो जिन्दगी की विभीषिका का वर्णन है, तो दूसरी तरफ इसी instinct की पूर्ति का चित्रण है। देखिए मैंने संक्षेप में बताया है...

कालिया—हाँ, मैं समझ रहा हूँ।

साधना—क्या—'गुलकी बन्नो', 'हवा में अकेले' वगैरह—आधुनिक, कहानियाँ

हैं? क्या श्रेष्ठ कहानी और आधुनिक कहानी में फर्क है?

कालिया—हाँ फर्क है! मैंने आधुनिकता के सन्दर्भ में कहा था कि जो कहानी मनुष्य को अकेला छोड़ जाती है, या कि उसे जिन्दा रहने की ताकत नहीं देती या उसके अकेलेपन को सामाजिक और आर्थिक सन्दर्भों से काटकर देखती है अथवा व्यक्ति के अकेलेपन को ऐतिहासिक निरन्तरता में न देखकर शिल्पगत चमत्कार में ही खो जाती है, तो मैं सोचता हूँ ऐसी कहानी आधुनिकता के किसी भी आयाम को छू नहीं पाती। अगर मनुष्य का अकेलापन आपको चित्रित करना है तो उसे उसके सम्पूर्ण सामाजिक परिवेश में देखना होगा। अकसर यह होता है कि रूपवादी और कलावादी लेखक उसे सामाजिक सन्दर्भों से काटकर चित्रित करते हैं और ऊपर से एक दर्शन का लबादा ओढ़ा देते हैं। और मैं सोचता हूँ यह तो एक साजिश है, मनुष्य के साथ। मनुष्य की गरिमा और मनुष्य की बेबसी का चित्रण जिन कहानियों में मिलेगा—जैसे कफन है—वह आज भी जिन्दगी से निरन्तर साक्षात्कार कराती हैं।

साधना—अपने अस्तित्व को बनाये रखने की लालसा...। आपने राजेन्द्र यादव का 'ढोल' संग्रह पढ़ा है।

कालिया—राजेन्द्र यादव कभी भी मेरे प्रिय लेखक नहीं रहे।

साधना—उसमें फैंटसी ही फैंटसी है। फैंटसी में भी सामाजिक सन्दर्भ है—इसलिए फैंटसी होते हुए भी वे कहानियाँ आधुनिक लगती हैं।

कालिया—देखिए फैंटसी का आग्रह प्रायः वस्तु पर नहीं रहता, शिल्प और कला पर अधिक रहता है। वही लेखक शिल्प का ज्यादा सहारा लेते हैं—जिनमें सामाजिक चेतना क्षींण होती जाती है। सामाजिकता की पकड़ जिनमें कम होती जाएगी, वे लोग ये चाहेंगे कि किसी तरह जिन्दा रहने के लिए रूपवाद और कलावाद की बैसाखी पकड़ लें। यह अकारण नहीं कि राजेन्द्र यादव भी 'झाड़ी' से जूझने लगे हैं।

साधना—देखिए मुझे लगता है कि लेखक के पास एक लिमिटेड पोटन्शीयलिटी होती है, पर मुझे लगता है कि एक क्षण आ जाता है, जब वह अपने आपको दोहराने लगता है न? यह कहाँ तक सच है?

कालिया—आप ठीक कह रही हैं। मुझे लगता है कि लेखक को रिटायर हो जाना चाहिए, जब वह महसूस करे कि वह रिपीट ही कर रहा है।

साधना—पूछना चाहती थी आपने कहानी विधा को ही अपने को व्यक्त करने के लिए क्यों चुना?

कालिया—शायद इस पर मैंने सोचा ही नहीं। मैंने हमेशा कहानी ही लिखी है। मैं कहानी को अभिव्यक्ति का सशक्त माध्यम मानता रहा हूँ, शायद यही कारण

है। कहानी का स्वरूप बहुत कुछ बदल गया है। आज कई बार कहानी लिखते समय लगता है कि रिपोर्ताज लिख रहे हैं—कहानी नाटक के नजदीक है और डायरी के नजदीक है—शायद यही कारण है कि कहानी अभी तक केन्द्रीय विधा बनी हुई है। कहानी ने दूसरी अनेक विधाओं को भी अपने में समो लिया है। इसलिए बहुत सारे लेखक कहानी की तरफ आकर्षित हुए हैं।

साधना—अनुभूत सत्य को साहित्यिक कृति में परिवर्तित होने की प्रतिक्रिया बतला सकेंगे?

कालिया—मेरी एक कहानी है 'काला रजिस्टर'। दफ्तर में एक डिस्पैच क्लर्क थे—शाहजी। वे बहुत ही पीड़ित और शोषित व्यक्ति थे। उस यन्त्रणा में भी वे काफी प्रसन्न रहते थे। मेरे ख्याल से स्टॉफ में सबसे खुश रहने वाले व्यक्ति वही थे। वे चार्जशीट हो चुके थे, नौकरी से उन्हें लगभग निकाला जाने वाला था या बहुत-सी ऐसी कार्रवाइयाँ की गयी थीं जिनसे उनकी नींद हराम हो जाती, लेकिन उस व्यक्ति के चेहरे पर मैंने कभी शिकन नहीं देखी। मैं उन पर कहानी लिखना चाहता था। और मेरे साथ जाने-अनजाने कई बार ऐसा हो जाता है कि मैं जिस पात्र पर लिखना चाहता हूँ, और कहानी लिखते-लिखते वह पात्र मेरी कहानी से विलुप्त हो जाता है, केवल संवेदना बनी रहती है। आपको ताज्जुब होगा, मैंने कहानी पूरी की तो मुझे बहुत आश्चर्य हुआ कि वह व्यक्ति जिसने मुझे कहानी लिखने की प्रेरणा दी थी, कहानी में आया ही नहीं। रचना में अनुभूत सत्य वैसे का वैसा नहीं आता। संवेदना और अनुभव आपकी रचना-प्रक्रिया में कुछ ऐसे घुलमिल जाता है कि एक नयी रचना जन्म लेती है।

साधना—मैं अपने प्रत्यक्ष भोगे हुए अनुभव की ही बात नहीं कर रही हूँ। मेरे विचार में अनुभूत सत्य का अर्थ केवल 'फैक्ट्स' और घटनाएँ ही नहीं होता।

कालिया—देखिए मैंने एक अनुभव प्राप्त किया—जैसे आप बैठी हैं। कल्पना कीजिए कि कोई ऐसी घटना होती है जिस पर मैं लिखना चाहता हूँ—पर मैं जरूरी नहीं मानता कि अगर कहानी में ठीक वैसा ही उतर आये तभी वह सफल हो सकती है। मैंने जिस पात्र को कहानी के लिए चुना था वह आया ही नहीं, लेकिन मैं नहीं कहता कि इससे रचना असफल रही। हो सकता है पूरी कहानी पर उसकी अदृश्य छाप महसूस होती हो। उसमें बहुत-सी चीज़ें आयी हैं, जो मैंने अनुभव की हैं। लेकिन यह काफी कठिन प्रक्रिया होती है और इसमें से गुजरते हुए मैंने यह अकसर देखा है कि कुछ न कुछ शेष रह जाता है, आप पूरी तरह से कह नहीं पाते। शायद इसीलिए दूसरी रचना का जन्म भी होता है कि आप जहाँ यह महसूस करते हैं—वहीं से आप फिर से शुरू करते हैं।

साधना—आपकी 'नौ साल छोटी पत्नी' काफी रोमांटिक लगती है।

कालिया—मैं सोचता हूँ कि वह रोमांटिक नहीं है। वह मेरी पहली कहानी थी। और उस पहली कहानी से थोड़ा-सा लगने लगा था कि मैं और लिख सकता हूँ—लोगों ने उसे बहुत अच्छी तरह लिया। जब 'नौ साल छोटी पत्नी' लिखी तो राकेशजी ने कहा था कि यह बहुत ही खराब कहानी तुमने लिखी है—तुम्हारी शादी नहीं हुई इसलिए तुम नहीं जान सकते कि पति-पत्नी के बीच में ऐसा एक पत्र भी पकड़ा जाए तीसरे व्यक्ति का तो पति-पत्नी की क्या दशा हो सकती है! जबकि मेरी सारी कहानी इसी को रिफ्यूट करते हुए लिखी गयी थी। पति पत्नी द्वारा दहेज में ले आयी चिट्ठी को पढ़ता है और उसका आनन्द लेता है। पत्नी एडॉलेसेंट और इनोसेंट है। पति, पत्नी की मासूम भावनाओं का शोषण नहीं करता बल्कि उन्हें अपने मनोरंजन का माध्यम बना लेता है। एक लेखक के नाते मैं यह महसूस करता हूँ कि हिन्दी में पति पत्नी के अलग-अलग भावनात्मक स्तरों को लेकर बहुत कुंठित कहानियाँ लिखी गयी थीं। इन कहानियों में प्राय: पत्नी की मासूमियत को नजरअन्दाज करके ही द्वन्द्व की स्थिति पैदा की गयी थी। 'नौ साल छोटी पत्नी' में पत्नी नवविवाहिता है, सेक्स और प्रेम के बारे में उसकी जानकारी सीमित है। उसकी मासूमियत का अनुमान इस बात से लगाया जा सकता है कि वह अपने बचपन के किसी प्रेमी के पत्र जलाने की बजाय सीने से चिपकाये है। ऐसी स्थिति में यदि पति को यह बात कचोटती है तो मैं उसे पत्नी से भी बड़ा नादान मानूँगा, नादान ही नहीं, मूर्ख भी। हिन्दी में इस थीम पर उपन्यास तक लिखे गये हैं जिसमें पति-पत्नी के बीच एक छोटी-सी गलतफहमी चीन की दीवार बन जाती है। अपनी कहानी में मैंने इस जड़ता को किसी आधार पर ही तोड़ा। आश्चर्य की बात तो यह लगी कि पत्नियों की बजाय पतियों ने कहानी की ज्यादा प्रशंसा की। मोहन राकेश आदि कुछ विवाहित मित्रों के गले यह बात नहीं उतरी कि अविवाहित होते हुए भी मैं विवाहित जीवन के बारे में इतने अधिकारपूर्वक लिखूँ।

साधना—मन्नू भंडारी की भी इसी तरह की एक कहानी है 'बन्द दराजों का साथ'।

कालिया—मन्नूजी की कहानी में ऐसी स्थिति में एक असहाय समझौता है जबकि 'नौ साल छोटी पत्नी' में एक कुंठाहीन सम्बन्ध। मैं ज्यादा क्या कहूँ, दोनों कहानियों को आमने-सामने रखकर आप पचास और साठ की संवेदना के अन्तर को रेखांकित कर सकती हैं।

साधना—संवेदना ही नहीं, एटीट्यूड में भी अन्तर है। इस दृष्टि से आपकी कहानी 'डरी हुई औरत' पर भी बातचीत की जा सकती है।

कालिया—उस कहानी से भी बहुत हल्ला हुआ था। लोगों को यह बात बहुत अटपटी लगी थी कि सुखी दाम्पत्य में यह कैसे सम्भव हो सकता है कि एक

आदमी अपनी पत्नी को किसी तीसरे आदमी के साथ घूम आने की सहज अनुमति दे दे। मैं सोचता हूँ कि सुखी दाम्पत्य में ही यह सम्भव है। यह दूसरी बात है कि 'डरी हुई औरत' इस छूट को स्वीकार कर और डर जाती है।

साधना—निर्मल की कहानियाँ आपको कैसी लगती हैं?

कालिया—एक जमाना था निर्मल वर्मा की कहानियाँ मुझे बेहद पसन्द थीं। 'पिक्चर पोस्टकार्ड' तो मुझे लगभग जुबानी याद थी। मगर आज मैं निर्मल वर्मा के गद्य का आनन्द नहीं ले पाता। मुझे पूरा वातावरण बहुत सिक, नॉस्टैल्जिक और रुग्ण मन:स्थितियों में छोड़ जाता है। मैं इसे श्रेष्ठ साहित्य के लक्षण नहीं मानता। पचास की पीढ़ी के साथ यह ट्रेजेडी रही है कि जो लेखक अपने समय के अत्यन्त महत्त्वपूर्ण रचनाकार माने जाते थे, कालान्तर में वे उतने प्रासंगिक नहीं रहे। अमरकान्त, भीष्म साहनी, राकेश, रेणु यही तीन-चार नाम हैं जो आज भी प्रासंगिक हैं।

साधना—अमरकान्त की 'जिन्दगी और जोंक' कहानी है न, उसे आप किस प्रकार की कहानी कहेंगे? आधुनिक या श्रेष्ठ या फिर वही शाश्वत प्रवृत्ति वाली बात आ जाती है? किस कहानी को आप आधुनिक कहानी मानेंगे?

कालिया—मैं उसी कहानी को आधुनिक मानूँगा जो मनुय को जीने की शक्ति देती है, संघर्ष में आस्था जगाती है, अन्याय और शोषण के विरुद्ध वातावरण निर्मित करती है। जो रचनाएँ हमें जीवन से विरक्त करती हैं, केवल कलात्मकता के सहारे यथार्थ का झूठा संसार रचती हैं, वे श्रेष्ठ हो सकती हैं न आधुनिक। अमरकान्त की 'जिन्दगी और जोंक' मुझे उनकी प्रतिनिधि कहानी नहीं लगती। इस कहानी को मैं अमरकान्त पर निकाले जा रहे वर्ष-1 में भी सम्मिलित नहीं करूँगा, उसमें मैं उनकी 'डिंप्टी कलक्टरी', 'मूस', 'हत्यारे' और 'दोपहर का भोजन' को ही सम्मिलित करना चाहूँगा।

साधना—आप कैसे वातावरण में लिखना पसन्द करते हैं?

कालिया—मैं ऐसे अनेक लेखकों को जानता हूँ जो इस सम्बन्ध में बहुत नखरालू होते हैं। ऐसे नखरे मैं भी करता हूँ, केवल लिखना स्थगित करते रहने के लिए। और जब अपने ही नखरों की कलई खुलने लगती है तो किसी भी वातावरण और स्थिति में लिख लेता हूँ। मुझे याद है दिल्ली में सन् साठ के आसपास मैं सुबह आठ बजे घर से निकलता था और रात को लगभग दस बजे टी-हाउस से थका हुआ घर पहुँचता था। टी-हाउस से मुझे इश्क था। आँधी हो या तूफान, या मेरा बॉस, कोई भी मुझे वहाँ जाने से रोक नहीं पाता था। उन दिनों टी-हाउस हिन्दी कहानी का तीर्थ-स्थल था। राकेश, कमलेश्वर, यादव, सब टी-हाउस आते थे। मेरी तो कोई खाने की भी व्यवस्था नहीं थी, कुछ मिला तो खा लिया, न मिला तो इसका गम नहीं किया, मगर घर पहुँचकर कुछ न कुछ जरूर लिखता। मगर अब मेरी

आदत बिगड़ चुकी है। मुझे ममता से सीखना चाहिए। वह कहीं भी, किसी भी कागज पर, कभी भी लिख लेती है, बीच-बीच में धोबी का हिसाब भी। उसकी पांडुलिपियों के बीच धोबी का हिसाब और पकवानों की पाकविधियाँ भी मिलेंगी जिन्हें टाइपिस्ट अपने आप सम्पादित कर देता है।

साधना—बहुत बढ़िया कागज हो तो उस पर लिखना कैसा लगता है?

कालिया—बहुत बढ़िया और चिकने कागज से मुझे कोफ्त होती है।

साधना—जी घबराता है क्या?

कालिया—ऐसा है कि कलम फिसलने लगती है।

साधना—रचना के बाद कोई खुशी या लगाव महसूस होता है?

कालिया—बचपन में दोनों होते थे, अब खुशी तो उतनी नहीं होती पर लगाव जरूर बना रहता है।

साधना—लिखते समय कोई तनाव महसूस करते हैं?

कालिया—लिखने से पहले एक तनाव जरूर महसूस होता है।

साधना—लिखने के बाद रिलीफ?

कालिया—मैं बहुत स्लो राइटर हूँ। इसलिए अन्त तक तनाव ही बना रहता है, जब तक कहानी पूरी नहीं हो जाती।

साधना—हिन्दी कहानी का भविष्य क्या है? वह किस दिशा की तरफ जा रही है?

कालिया—कहानी हिन्दी में बाढ़ की तरह आयी है। उसने अन्य अनेक विधाओं के तट काटकर अपने में समो लिये हैं। आज कहानी रिपोर्ताज, डायरी, संस्मरण, यात्रा विवरण आदि अनेक विधाओं को अपनी लपेट में ले चुकी है। शायद यही कारण है कि कहानी साहित्य की केन्द्रीय विधा हो गयी है। टेलीविज़न, सिनेमा, नाटक भी उसके बगैर पंगु हैं। मगर इतनी विधाओं को समेटने के बाद कहानी को भी अपच हो गया है। शायद यही कारण है कि उसका कलेवर बढ़ रहा है। वह अब उपन्यास से टकरा रही है। मेरी पीढ़ी के तमाम लेखक—दूधनाथ, ज्ञान, काशी, गिरिराज उपन्यास की तरफ झुक रहे हैं या लम्बी कहानियाँ प्लान कर रहे हैं। कहानी, लगता है, अब लघु उपन्यास को तो लील ही लेगी या उसके पेट में चली जाएगी।

[दिसम्बर, 1974]

आमने-सामने

3-6-67

प्रिय रवीन्द्र जी,

आशा है आप दोनों मजे में होंगे। नीचे दो प्रश्न लिख रहा हूँ जिनके उत्तर जल्दी-से-जल्दी लिख भेजने की कृपा करें। एक पाठक ने ये प्रश्न आपसे पूछे हैं, और इनके उत्तर हम 'नयी कहानियाँ' के 'आमने-सामने' स्तम्भ में देंगे।

आपका

भीष्म साहनी

(1) **प्रश्न**—नयी कहानी एवं कहानी के अभिव्यक्त यथार्थ में क्या कोई मूलभूत अन्तर है? यदि है तो वह क्या है?

(2) **प्रश्न**—अकहानी मात्र अस्वीकारबोधक संज्ञा है या और कुछ? कहानीकार किसी प्रकार की सामाजिकता से प्रतिबद्ध होना नहीं चाहते। उन्होंनें कहानी को शिल्पहीनता और मूल्यहीनता की कहानी कहा है। क्या सचमुच अ-कहानी में किन्हीं मूल्यों और शिल्प का आश्रय नहीं लिया गया है?

उत्तर—आपका यह पूछना अधिक सार्थक हो सकता था कि यथार्थ को सही रूप से नयी कहानी ने आत्मसात् किया है या नयी कहानी के बाद की कहानी ने, क्योंकि युग का यथार्थ तो एक ही रहता है, उसकी आत्मा से साक्षात्कार करने की क्षमता हर पीढ़ी में एक-सी नहीं होती। यदि आप मुझे नयी कहानी के बारे में अपने विचार व्यक्त करने की इजाजत दें तो मुझे यह कहने में संकोच नहीं होगा कि सन् साठ तक पहुँचते-पहुँचते कहानी एक रचनात्मक आन्दोलन न रहकर एक प्रतिष्ठान में बदल गयी है। नयी कहानी व्यवस्था के दोषों से मुक्त नहीं है। व्यवस्था का विरोध करने की शक्ति प्रायः प्रार्थी, कैरियरिस्ट और एम्बीशस किस्म के लोगों में नहीं होती। यही कारण है कि आपके इस प्रश्न जैसे प्रश्नों से सन् साठ के बाद के बहुत से कथाकार कतराते रहे हैं। आपने यह भी देखा होगा कि सन् साठ के बाद के

बहुत से कथाकार परिचित और अवसर के अनुकूल कभी अपने को नयी कहानी से जोड़ते रहे और आरा कथा गोष्ठी में मैं इसका साक्षी भी रहा हूँ। यह देखकर आश्चर्य होता है कि बहुत से युवा कथाकार यथार्थ के बदलते हुए स्वरूप को पहचानने की बजाय सुअवसरों को पहचानने में कभी नहीं चूके। इन कथाकारों के लिए अपनी धारणाएँ भी महत्त्वपूर्ण नहीं रहीं, महत्त्वपूर्ण यह रहा है कि किस वर्ग के लोग किन पत्रिकाओं के सम्पादक हैं, किस पत्रिका में उनका वक्तव्य वामपंथी कथाकार के रूप में प्रकाशित हो और किस पत्रिका में फोटो परिचय। दोनों ओर से एजिटेटेड महसूस करने वाले लेखकों की सन् साठ के बाद के कथाकारों में भी भरमार है। नये कहानीकार सदैव ऐसे ही अवसरप्रिय लेखकों को संरक्षण देते रहे हैं। उनकी नज़र में यही कुछ लोग नयी कहानी का सन् साठ के बाद का विस्तार (एक्सेटेंशन) हैं और शेष कथाकार एय्याश प्रेत हैं।

नयी कहानी और अकहानी में अभिव्यक्त यथार्थ के अन्तर को हमें सन् साठ के बाद के फैशनपरस्त, नक्काल और यश:प्रार्थी लेखकों की कहानियों में न खोजकर कुछ प्रतिभाशाली सृजनशील लेखकों की कहानियों में खोजना होगा, जो यथार्थ के बदलते हुए स्वरूप को समझ रहे हैं या जो वय में नये कहानीकारों के हमउमर होते हुए भी बोध के स्तर पर सन् साठ के बाद की पीढ़ी में हैं। ऐसे कहानीकारों की कहानियों में परिलक्षित हो रहे परिवर्तन को कुछ नये कहानीकार भी स्वीकार करते हैं। यह दूसरी बात है कि उन्हें यह अलगाव सिर्फ भाषा के स्तर पर महसूस होता है। वास्तव में यह भी एक तरह से इतिहास की पुनरावृत्ति ही है। नये कहानीकारों के पहले की पीढ़ी भी नये कहानींकारों को मात्र शैलीकार मानती थी। इस सन्दर्भ में यह भुला दिया जाता है कि भाषा के स्तर पर परिवर्तन तभी आता है, जब भाव और बोध के स्तर पर कोई हलचल होती है। बोध के स्तर पर हो रहे इस परिवर्तन को स्पष्ट करने के लिए मैं नये कहानीकार कमलेश्वर द्वारा प्रस्तुत एक रोचक विश्लेषण प्रस्तुत करना चाहूँगा। 'डरी हुई औरत' शीर्षक मेरी एक कहानी में प्रोफेसर गौतम की पत्नी खुशवन्त के साथ घूमने चली जाती है और कमलेश्वर का बोध है कि वे इसे 'मित्रों से अपनी पत्नी के यौन सम्बन्ध स्थापित कराना' कहते हैं। उनके द्वारा किये गये सन् साठ के बाद की बहुत-सी अन्य कहानियों के ऐसे ही विश्लेषण परोक्ष रूप से नयी कहानी और सन् साठ के बाद की कहानी में अभिव्यक्त यथार्थ के अन्तर को स्पष्ट कर देते हैं। लगता है भाव, बोध और संवेदना के स्तर पर अवश्य कोई अन्तर आया है कि दो पीढ़ियाँ एक-दूसरे को समझने में अपने को असमर्थ पा रही हैं।

सन् साठ के बाद की पीढ़ी के बोध को ऐतिहासिक पृष्ठभूमि में प्रस्तुत करते हुए मैंने कहीं पहले भी कहा था कि सन् साठ के बाद की पीढ़ी स्वतन्त्रता के सही अर्थ का मूल्य को पहचान पाती इससे पहले ही उसने अपने चारों ओर भ्रष्टाचार, जातिवाद, भाई-भतीजावाद, प्रान्तीय संकीर्णताओं, गुटबन्दी, बेरोजगारी, नौकरशाही के घृणित परिणाम देखे। उसे यह सुनकर हैरानी हुई कि इससे पूर्व एक पुनर्जागरण भी हो चुका है। उसने पाया कि विवेक और व्यवहार, कार्य और कारण, अपराध और सजा, शब्द और अर्थ का पारस्परिक सम्बन्ध निरन्तर भ्रष्ट होता जा रहा है। यथार्थ अयथार्थ का भ्रम देने लगा है। सन् साठ के बाद की कहानी यथार्थ के इन्हीं बदले हुए सन्दर्भों की कहानी है। वह इस वर्तमान राजनैतिक-आर्थिक-सामाजिक व्यवस्था को अस्वीकार करती है, इसलिए कभी-कभी उसे अकहानी कहा जाता है। अस्वीकार के स्वरों को असमाजिक कहने की बात कोई नयी बात नहीं है। विचारों के समाजशास्त्र के विद्यार्थी जानते हैं कि अस्वीकार के स्वर ही नयी सामाजिक क्रान्तियों को जन्म देते हैं। भले ही स्थापित व्यवस्था के पहरेदार उन्हें असामाजिक और विध्वंसप्रिय ठहराते रहें। कुछ चतुर लोग चन्द फैशनपरस्त और नक्काल लेखकों का हवाला देकर सन् साठ के बाद की कहानी को असामाजिक या जीवन से दूर सिद्ध करने पर जुटे हुए हैं, ताकि वे अपनी झूठी प्रगतिशीलता को बढ़ावा देते रहें।

सन् साठ के बाद का कथाकार जिन्दगी से जुड़ा हुआ है, सामाजिक रूप से प्रतिबद्ध है। वह देवदूत की तरह साहित्य में अवतरित नहीं होता, अपनी कमजोरियों, खामियों और नपुंसकताओं को छिपाने या उन्हें ग्लोरीफाई करने की कोशिश भी नहीं करता (जैसा कि नये कहानीकार करते रहे हैं)। वह अगर कमजोर है तो अपने आपको बहादुर या शहीद के रूप में भी प्रस्तुत नहीं करता। वह अगर समझौता करता है तो इसमें ग्लानि की भावना भी है। वर्तमान मनुष्य के असन्तोष मोहभंग, निराशा, त्रासपूर्ण और हास्यास्पद स्थिति की स्वतन्त्र, कुंठाहीन और कॉमिक अभिव्यक्ति श्रीकान्त वर्मा, महेन्द्र भल्ला, दूधनाथ सिंह, ज्ञानरंजन, अवधनारायण सिंह, प्रयाग शुक्ल, विजयमोहन सिंह, ममता, प्रबोधकुमार, सुरेश सेठ, सुरेन्द्र वर्मा, काशीनाथ सिंह, गिरिराज किशोर, विनोदकुमार शुक्ल तथा अन्य दसियों कथाकारों की कहानियों में बराबर हुई है।

[नई कहानियाँ, जुलाई, 1967]

रपट

कई कथापीढ़ियाँ : एक मंच

परिमल परिकथा : कहानी से परहेज़

नयी कविता पर क्षण भर

कई कथापीढ़ियाँ : एक मंच

गोष्ठियों और कथा समारोहों के इतिहास में ऐसे अवसर बहुत कम आये होंगे, जब लगभग समस्त पीढ़ियों के साहित्यकार परस्पर विचार-विनिमय (नोकझोंक) के लिए एक ही मंच पर एकत्र हुए हों। हिन्दी कथाकारों और समीक्षकों के लिए 24, 25, 26 दिसम्बर (1965) को ऐसा एक मंच प्रस्तुत किया कलकत्ता की सम्पन्न संस्था, भारतीय संस्कृति संसद ने। समस्त कथापीढ़ियों के प्रतिनिधि उपस्थित थे। मगर कठिनाइयों की शुरुआत भी यही थी। लगा, तमाम पीढ़ियाँ एक-दूसरे को समझ पाने में असमर्थ हैं, शायद एक को दूसरी की भाषा भी अजनबी लगती है। अपरिचय और आक्रोश के बीच ऐसा माहौल भी बना कि भगवतीचरण वर्मा के शब्दों में वह तीतरों की लड़ाई का आयोजन था। जैनेन्द्र के शब्दों में वह नाटक मात्र था और नये कहानीकारों के लिए ऐसे आयोजन मनोरंजन का साधन और 'रूटीन' बन चुके हैं। नितान्त नये लेखक अपेक्षाकृत अधिक उत्साह में थे। कथा-समारोह का कैनवास बहुत बड़ा था, मगर चर्चा का केन्द्र कहानी ही रही। कथा-समारोह के छह अधिवेशन हुए, उपन्यास तथा अन्य कथा विधाओं की चर्चा नाममात्र को रही। बहुत-से लोग चर्चा मात्र से त्रस्त रहे। जैनेन्द्रजी ने कहा, 'कहानी लिखी जाने और पढ़ी जाने की अपेक्षा चर्चित अधिक होने लगी तो अवरोध आयेगा ही।' मगर दिलचस्प बात यह है कि जहाँ भी, जिस भी कोण से अवरोध टूटने का संकेत मिला, चर्चा का विरोध करने वालों या चर्चा को अगम्भीर रूप देने वालों में घोर प्रतिक्रिया हुई। इस प्रतिक्रिया ने कहीं बौखलाहट का रूप लिया और कहीं सहज स्वीकृति का, सहअस्तित्व का। जैसे भगवती बाबू ने कहा, 'नयी धारणाएँ आएँगी ही, पर उनके पीछे दूसरों से मतभेद करना मेरी समझ में नहीं आता।'

वस्तुतः यह मतभेद वहीं उत्पन्न होता है, जहाँ एक पीढ़ी के लेखक दूसरी पीढ़ी की भाषा को समझने में अपने को असमर्थ पाते हैं। डॉ. शिवप्रसाद सिंह के शब्दों में कहा जाए, अब स्थापित पीढ़ी से नयी पीढ़ी का बढ़ते हुए नहीं देखा जाता।

कथा-समारोह के छह अधिवेशनों में लगभग पचास वक्ताओं ने भाग लिया। सबसे अधिक चर्चा डॉ. देवीशंकर अवस्थी और राजेन्द्र यादव के निबन्धों की रही।

राजेन्द्र यादव का निबन्ध चूँकि पंचम अधिवेशन में पढ़ा गया था, इसलिए समयाभाव के कारण अधिक चर्चा नहीं हो पायी। डॉ. अवस्थी के निबन्ध का विषय था— हिन्दी कथा-साहित्य : उपलब्धियाँ, उभरती दिशाएँ और आधुनिकता के सन्दर्भ में अपेक्षाएँ।

डॉ. अवस्थी ने यथार्थ के धरातल पर चर्चा आरम्भ करते हुए कहा, 'यदि तीस और चालीस के लेखक यथार्थ का सृजन करते थे, तो 50 के लेखक यथार्थ के चित्रण में व्यस्त रहे। आज का लेखक, सन् साठ के बाद का लेखक, यथार्थ को खोजता है। यही कारण है कि नयी कहानी के लेखकों की कहानियों में पुराने मूल्यों के प्रति ममत्व मिलता है, चाहे 'बिन्दा महाराज' हो, चाहे 'आर्द्रा' या 'चीफ की दावत'। ये तमाम कहानियाँ पुरानी पीढ़ी के पात्रों की कहानियाँ हैं। यद्यपि इन कहानियों में बड़ी ईमानदारी से घटनाओं व पात्रों को चुना जाता है, परन्तु घूम-फिरकर कहानी आधुनिकता का बोझ नहीं सहन कर पाती। बीच की पीढ़ी का कथाकार कहानी संसार को, पात्रों, घटनाओं, स्थितियों को पूरी तरह जानता है, पर नयी पीढ़ी का कथाकार अपनी कहानी में सृजन के दौरान कुछ खोजता है, पाता है। पढ़ने के बाद कहानी की घटना भी याद नहीं रहती, वह पात्र याद रह जाता है, जो अनुपस्थित है।' डॉ. अवस्थी ने कहा कि भाषा और संवेदना के धरातल पर हम सन् साठ के बाद के कथाकारों को पिछली पीढ़ी से अलग पाते हैं।

डॉ. शिवप्रसाद सिंह ने कहा कि वे डॉ. अवस्थी द्वारा किये गये यथार्थ के वर्गीकरण से सहमत नहीं। यथार्थ भी एक साँचा बन गया है और उसका सही बोध नहीं हो रहा है। सन् साठ के बाद की नयी पीढ़ी की संवेदना पहले वाली पीढ़ी से पृथक् है। उन्होंने इस पीढ़ी के वक्ताओं से अनुरोध किया कि वे स्पष्ट करें कि वे अपने को पिछली पीढ़ी से कहाँ अलग पाते हैं? इस पीढ़ी की रचनाओं में छटपटाहट भी हार में बदलती जा रही है, क्या मृत्यु, सन्त्रास, हार, अनास्था की स्थिति अपरिवर्तनीय है? देशकाल और परिवेश का उनकी रचनाओं में क्या महत्त्व है? उन्हें कौन-सा रास्ता दिखायी पड़ रहा है? उन्होंने कहा कि आधुनिक साहित्य में बदलती हुई दृष्टि दिशाहीन हो चुकी है, सही दिशा न दी गयी तो स्थैर्य निश्चित है।

नये लेखकों की ओर से दूधनाथ सिंह और रवीन्द्र कालिया ने अपने विचारों को स्पष्ट किया। दूधनाथ सिंह ने कहा कि प्राचीन लेखकों के सामने एक लक्ष्य था। स्वतन्त्रता के बाद ऐसा कोई लक्ष्य नहीं रह गया, सारा संघर्ष आन्तरिक हो गया। हम नये ढंग की विश्वासहीनता की ओर बढ़े। इसमें परिवर्तनीय या अपरिवर्तनीय स्थिति

का कोई प्रश्न नहीं। जैनेन्द्रजी कहानी बनाते थे, हम कहानी बना नहीं सकते, पर हम अपने वातावरण की उपेक्षा नहीं कर सकते। हमारे ऊपर शताब्दियों का बोझ लदा हुआ है। यह दबाव हमें तोड़ता नहीं, और भी संघर्ष करने की प्रेरणा देता है। जब हम जीवन की धूर्तताओं से लड़ रहे हैं तो ऐसा कौन-सा दर्द है जो हमें दिखायी नहीं देता? उन्होंने कहा कि इन साठ के बाद की पीढ़ी संवेदना के धरातल पर पिछली पीढ़ी का ही विस्तार है।

रवीन्द्र कालिया ने कहा कि मृत्यु, त्रास, भय, अनास्था, विश्वासहीनता को गलत रूप में नयी पीढ़ी के साथ नत्थी किया जा रहा है। नया कथाकार मृत्यु आदि को अस्तित्व का सिद्धान्त मानकर सहज रूप से स्वीकार कर लेता है। वह कहीं भी कुंठाओं को 'ग्लोरीफाई' करके प्रस्तुत नहीं करता। उसके निकट देश-काल का वह महत्त्व नहीं रहा, जहाँ देश-काल महत्त्वपूर्ण रहता है और उसमें प्रवाहित होने वाली संवेदनाएँ गौण। उसके लिए कहानी अकहानी हो सकती है, दीपक नहीं, वह जीवन को कोई नयी दिशा दे पायेगा, यह भी सन्दिग्ध है। उसकी कहानियाँ प्रमाण हैं कि उसकी जीवन में गहरी दिलचस्पी है। यद्यपि 'जख्म', 'मातम' सरीखी कहानियाँ कथा-रूढ़ियों को भंग करती हैं, परन्तु इसके बावजूद यह सच है कि संवेदना के धरातल पर कहानी पहले की कहानी से अलग हो रही है। उसने नयी भाषा की खोज की है और सांकेतिकता आदि स्त्रैण तत्त्वों का बहिष्कार कर सीधी स्पष्ट भाषा का आविष्कार किया है जो अकहानी के रूप में विकसित हो रहा है।

इससे पहले की गोष्ठी में गंगाप्रसाद विमल और श्रीकान्त वर्मा ने भी सन् साठ के बाद आने वाले परिवर्तनों की ओर संकेत किया था। गंगाप्रसाद विमल ने कहा कि समकालीन जीवन दृष्टि आधुनिक चेतना को वहन करती है। नयी पीढ़ी ने प्रेम के घिसे-पिटे रूप को स्वीकार नहीं किया, बल्कि जीवन के साक्षात् बोध को स्वीकार किया। आंचलिकता का शिल्प समाप्त हो गया है और अकहानी के रूप में एक नयी विधा विकसित हो रही है।

श्रीकान्त वर्मा ने नितान्त नयी पीढ़ी के कुछ लेखकों का हवाला देकर कहा (स्मरण रहे श्रीकान्त की सूची 'अप टु डेट' हो गयी है) कि कहानी के पुराने मानदंड टूट चुके हैं। भूखी पीढ़ी ने भी व्यवस्था को तोड़ा है। टूटना ही इमारत बनने की प्रक्रिया है। यह आकस्मिक नहीं कि इधर अकथा की बातें होने लगी हैं। यह कहना गलत होगा कि अकहानी पश्चिम की देन है। भारतीय समाज इतना असंस्कृत और असभ्य हो चुका है कि अभिव्यक्ति के इस रूप को स्वीकार किया जाए। व्यक्ति और समाज की टकराहट को पहचानने वाला व्यक्ति ही लेखक है। जिसके मन में सदा संकट उठता रहता है, वही वास्तव में लेखक है। लेखक का संकट यह है कि वह वास्तविक संकट को नहीं पहचान पा रहा है। नयी पीढ़ी की यही खोज

है, प्रतिबद्धता का सवाल आज के युग की कसौटी नहीं हो सकता। महत्त्वपूर्ण यह है कि उसके पास कोई जीवन दृष्टि नहीं।

अकहानी की चर्चा से कुछ बुजुर्ग साहित्यकारों को लगा जैसे कहानी की मृत्यु हो रही है। वृन्दावनलाल वर्मा ने कहा, इतिहास को वर्गों में नहीं बाँटा जा सकता। इतिहास की धारा कभी रुकती नहीं। कहानी हजारों वर्षों से कही जाती रही है और हजारों वर्षों तक कही जाती रहेगी।

इसी बीच धनंजय वर्मा ने भी अपना निबन्ध पढ़ा, जिसमें प्रेमचन्द से आज तक की कहानी का अध्यापकीय विश्लेषण किया गया था। श्रीकान्त वर्मा के अनुसार निबन्ध में ऐसी बातें कही गयी हैं, जिन्हें किसी भी लेखक के सन्दर्भ में कहा जा सकता है। वस्तुतः निबन्ध की भाषा बहुत शास्त्रीय किस्म की थी, जिसका गोष्ठी से तालमेल नहीं बैठ रहा था। कुछ लेखकों की कहानियों का सूक्ष्म विश्लेषण और जस्टीफिकेशन कुछ इस ढंग से किया गया था कि बाद के वक्ताओं ने कहा कि कुछ कहानीकार इस शर्त पर गोष्ठियों में भाग लेने की स्वीकृति देते हैं कि उन्हें अपने समीक्षक साथ लाने की अनुमति दी जाए।

धनंजय वर्मा के निबन्ध में भी कुछ विचारणीय स्थल थे। परन्तु उन पर विचार नहीं हो पाया। उन्होंने कहा था, 'जब नवलेखन का सम्बन्ध ऐतिहासिक निकष से नहीं बैठ पाता, तब उसका विरोध होता है।...नयी पीढ़ी केवल समय की अवधि के अनुसार पुरानी पीढ़ी से पृथक् नहीं होती, रचना की दृष्टि से भी होती है। प्रश्न जीवन-पद्धति व संवेदना का भी है। यही परिवर्तन नयी पीढ़ी में है। यहाँ न उम्र का बन्धन है, न काल का, न पीढ़ी का। 'नया' शब्द काल सापेक्ष नहीं, दृष्टि सापेक्ष है।'

चतुर्थ अधिवेशन का विषय था—समकालीन बोध और दायित्व। मोहन राकेश ने चर्चा आरम्भ करते हुए कहा कि पीढ़ियों के सम्बन्ध में बात करने की मेरी रुचि नहीं हे। इससे शायद उनका अभिप्राय यह था कि वह नयी पीढ़ी के सम्बन्ध में बात नहीं करना चाहते थे, क्योंकि जैनेन्द्र की पीढ़ी पर उन्होंने काफी विस्तार से विचार किया था। कारण जो हों।

विषय प्रवर्तन करते हुए मोहन राकेश ने कहा, 'साहित्यकार के रूप में हमारा जीवन के साथ यथार्थ का सम्बन्ध है। इंसान की संवेदनाएँ परिवर्तनशील हैं, इस बदले इंसान की बदलती मनःस्थितियों के साथ हमारे साहित्य का रूप भी बदलता चलता है। लेखक समाज के साथ जुड़ा रहता है। समाज में कुछ विसंगतियाँ तब उत्पन्न होती हैं, जब हम समाज की बातों से घबराते हैं। अनास्था की बातें वे लोग कर रहे हैं, जो शायद अनास्था शब्द का अर्थ भी नहीं समझते। साहित्यकार

आत्महत्या की बातें करता है, आत्महत्या नहीं करता। दोनों में उतना ही अन्तर है जितना दुख झेलने और दुख की बातें करने में। बहुत-से लेखक व्यावसायिक ढंग से कुंठा, हत्या और आत्महत्या की बातें कर रहे हैं। बहुत-से लोग राजनीति के दबाव में पड़कर सामाजिकता का विरोध करते हैं। सामाजिकता का अर्थ समाज की पूजा नहीं, उससे एक प्रकार का लगाव है। जीवन के प्रति वितृष्णा का भाव मात्र एक दिखावट है, वे भाव आत्मानुभूत नहीं, प्रोफेशनल हैं। समकालीन बोध में साहित्यकार के दायित्व को लेकर समस्या उठानी चाहिए थी। विषय को केवल बौद्धिक धरातल पर न रखकर अन्वेषण के धरातल पर लाना चाहिए।

शरद जोशी ने ओढ़ी हुई आधुनिकता और ओढ़े हुए दुख का अपने विशेष अन्दाज में विरोध किया और हिन्दी कहानी की दो 'अतियों' की ओर संकेत किया। एक वह जो विदेशों की उपलब्धि को अपनी उपलब्धि मान रही है और एक वह जो गाँव को सर पर लादे घूम रही है।

रमेश बक्षी ने कहा कि काल विभाजन से केवल भ्रम उत्पन्न होते हैं। नयी पीढ़ी का विभाजन एक स्पर्धा को जन्म देता है। पीछे की ओर देखने की मेरी कभी इच्छा नहीं होती। जो लेखक 'मैच्योर' नहीं हो पाते एक बिन्दु पर आकर रुक जाते हैं। उन्होंने कहा कि इससे पूर्व सायास कहानियाँ ही लिखी जाती रही हैं, परन्तु जीवन को अनायास रूप में ही देखना महत्त्वपूर्ण है, जो अनायासपूर्वक रहना चाहता है। उसके लिए तन्त्र शिल्प की बातें व्यर्थ हैं।

राजेन्द्र अवस्थी ने आलोचकों द्वारा फैलायी अराजकता की ओर संकेत करते हुए स्वतन्त्रता के बाद आने वाले परिवर्तनों को रेखांकित किया।

प्रस्तुत गोष्ठी में भीष्म साहनी नें भी भाग लिया था, मगर समयाभाव के कारण वे केवल कहानी के कलापक्ष पर बहुत संक्षेप में विचार कर पाये। बहुत-से वक्ताओं को तीन-तीन, चार-चार बार मंच पर बुलाया गया, भीष्मजी को दुबारा क्यों नहीं बुलाया गया, यह नेता लोग ही जानें।

कमलेश्वर ने समकालीनता के सन्दर्भ में कहा कि वह पीढ़ियों का नहीं, जीवन दृष्टि का संघर्ष है। जिन लेखकों के लिए आस्था का कोई मूल्य नहीं, वे मंच पर खड़े होकर आलोचक की गाड़ी में सवार होने को तत्पर रहते हैं। आलोचक यथार्थ के उस रूप को खंडित करते हैं, जिसके प्रति लेखक अपने को प्रतिबद्ध पाता है। हम केवल दिमागी विलास के लिए नहीं लिखते। सृजनशील लेखक किसी विषय के बारे में लिखते हुए उसकी उपयोगिता को अवश्य दृष्टिगत रखता है। नये साहित्य में मूल्यों का संक्रमण हुआ है, उसने पहले भाषा के स्तर पर, फिर कथा के स्तर पर पुराने साँचों को तोड़ा। बहुत-से कथाकारों ने ग्राम्यांचलों से इसलिए कहानियाँ नहीं लीं कि वे चरित्र अच्छे थे, वरन् इसलिए कि उन चरित्रों के बारे में

उनका दृष्किोण नवीन था। आधुनिकता एक बदलती हुई प्रक्रिया है, जिसमें से गुजरकर लेखक नये जीवन-मूल्यों को पकड़ने की चेष्टा करता है।

इससे पूर्व उद्घाटन समारोह में कमलेश्वर ने कहा था, 'हमारे लेखकों का रास्ता साहित्य से जीवन की ओर था। नयी पीढ़ी ने यह रास्ता बदला। यह रास्ता जीवन से साहित्य की ओर शुरू हुआ। भावनात्मक आदान-प्रदान के बदले नये साहित्य ने संवेदनात्मक सम्प्रेषण की बात कही है। उस पिछली परम्परा में बहुत कुछ सार्थक वर्तमान भी है, जिसे भारतेन्दु, प्रेमचन्द और यशपाल के साहित्य में देखा जा सकता है।'

'सिगरेट जलायी, तो देखा कि जल नहीं रही। पाया कि तीली मुँह में थी और सिगरेट घिस रहा था...।' यह राजेन्द्र यादव के लिखित निबन्ध की शुरुआत थी, कथात्मक शुरुआत। बहुत-से श्रोताओं को भ्रम हुआ कि यादव कहानी सुनाने जा रहे हैं, मगर जल्दी ही कहानी के तटों को तोड़ता हुआ निबन्ध उभरने लगा, '...नयी कहानी के विकसित प्रभाव को विभाजित करके नेता बनने की लालसा में अकथा लिखी जाने लगी। जब कोई अकथा कहता है तो मुझे लगता है उसने कोई डायरी या मानोलॉग लिखा है। केवल विदेशी दृष्टिकोण को ही न अपनाया जाए, इसके लिए सावधानी की आवश्यकता है।' सावधानी की आवश्यकता पर बल देने के बाद उन्होंने अन्य खतरों की ओर संकेत करते हुए कहा, 'यह भी सच है कि दो निकटतम विधाएँ एक-दूसरे के लिए खतरा भी हो सकती हैं।' कविता को संगीत से खतरा है, नाटक को सिनेमा से और चित्रकारी को फोटोग्राफी से। हमारे भक्त कवि संगीतज्ञ भी थे। यह मिलावट शुरू में ताजगी का प्रतीक थी, पर बाद में इसका खतरा प्रकट हो गया। आज भी कविता व कहानी दोनों साथ लिखने वालों के लेखन में यह खतरा दिखायी पड़ता है। इसको न समझ पाने के कारण नामवर सिंह ने कहानी को कविता के उपकरण पर कसा है।

आन्तरिक अनुभूति की बात करते हुए राजेन्द्र यादव ने कहा, 'यह कलाकार की प्रतिभा है कि वह परम्परा का निर्वाह करे या उससे हटकर अपने को नवीन रूप में प्रस्तुत करे। अन्दाजे बयाँ जब आन्तरिक अनुभूति से उद्भूत नहीं होता, तब उसे दूसरों का मुँह देखना पड़ता है। 'सूरज का सातवाँ घोड़ा' कथ्य की अनुभूति से उत्पन्न है या नहीं, इसमें सन्देह है। पर 'चाँदनी के खँडहर' स्वाभाविक प्रवृत्ति से प्रेरित हैं, इसमें सन्देह नहीं।

'मेरी अनुभूति अपनी नहीं है, न जाने कितनी संवेदनाएँ, परम्पराएँ, हमें दूसरों ने दी हैं, पर हम 'पर्सनल टच' देकर ही उन्हें अपना बना सकते हैं। भाषा, शब्दों के अर्थ, संकेत, इन सबमें परिवर्तन इतनी देर से होता है कि अकसर खीझ होने लगती

है। मुझे लगता है, भाषा में स्थितियों का ज्यों-का-त्यों अनुवाद नहीं हो सकता। लगता है, जितना कहा गया है, उसकी अपेक्षा छूट अधिक गया है। जो कहा गया है, वह भी पर्याप्त नहीं है। जो छूट गया है, वह अधिक महत्त्वपूर्ण है। अत: उस पर कविता लिखी जा सकती है। पर कहानीकार यह नहीं कर सकता। कहानीकार के पास बहुत ही अस्पष्ट अनुभूति है...।'

श्रीकान्त वर्मा ने राजेन्द्र यादव के निबन्ध के सन्दर्भ में कथा-शिल्प प्रयोग की प्रक्रिया पर विचार करते हुए कहा, 'शिल्प की कोई परिभाषा नहीं, अगर हो तो, यह मकड़ी के जाल की तरह है। मकड़ी लेखक की अनुभूति है और जाल वह शिल्प है, जो लेखक के द्वारा बुना गया है। राजेन्द्र यादव में अनुभूति का अभाव है। उनकी कहानियों में अन्दाज ही अन्दाज है, कहानियों में वर्णन प्रमुख है।'

उन्होंने आगे कहा कि यह कहना गलत है कि साहित्य की एक विधा, दूसरी विधा में हस्तक्षेप करती है।

सुदर्शन चोपड़ा ने कहा कि हम व्याकरण के नियमों को तोड़कर, भाषा के बन्धन को नकारते हुए लिखते हैं। हम जीनियस होकर मरेंगे, इसलिए नहीं लिखते। लिखना मजबूरी है। हमारे सामने अपनी भाषा और अपनी 'आइडेंटिटी' का 'क्राइसिस' है। आज की पीढ़ी पाठक या आलोचक से कोई अपेक्षा नहीं रखती।

ममता कालिया ने कहा कि हिन्दी में दो तरह के कहानीकार हैं एक कहानीकार हैं तो दूसरे शिल्पकार। मात्र शिल्प का सहारा लेकर कोई कथाकार बहुत देर तक जीवित नहीं रह सकता। यही कारण है कि आज बहुत-से कथाकार निर्जीव हो गये हैं। आज का कथाकार कहानी को भाषा और शिल्प के बहुत पास ला रहा है। आज की कहानी में शिल्पहीनता अधिक है और यह शिल्पहीन शिल्प ही शिल्प की सबसे बड़ी विजय है।

रमेश बक्षी ने कहा कि शिल्पहीनता भी शिल्प हो जाए, यह सबसे बड़ा खतरा है। अपने को अभिव्यक्त करने का अनायास प्रयास ही महत्त्वपूर्ण है। अपनी अनुभूति को ठीक-ठाक व्यक्त करने में ही शिल्प या प्रयोग का प्रवेश हुआ है।

हरिशंकर परसाई ने कहा कि वे शिल्प की ओर से लापरवाह हैं। उन्होंने पिछली गोष्ठियों में उठाये प्रश्नों पर विचार करते हुए कहा, क्या कुंठा, निराशा, अनास्था की स्थितियाँ अपरिवर्तनीय हैं? मृत्युबोध केवल कुंठाजन्य नहीं है। कुंठा (फ्रस्ट्रेशन) का मुख्य कारण यह है कि 'सफरिंग' नहीं हुई है। मृत्यु, अनास्था का भाव मजदूर में भी है, फिर भी वह संघर्ष करता है। आज स्थिति यह है कि अगर जिन्दा आदमी अपने पर कफन डाल ले तो यह शक होता है कि वह चन्दा इकट्ठा करना चाहता है।

इससे पूर्व शैलेश मटियानी ने भी कहा था कि हम लेखक देश, राष्ट्र के प्रति

प्रतिबद्ध होने की बात करते हैं, जब हम अपने प्रति अपने लेखकों के साथ प्रतिबद्ध नहीं, तो हम देश के प्रति प्रतिबद्ध कैसे हो सकते हैं ? जहाँ तक परम्परा का प्रश्न है, राकेश की पीढ़ी के लोग भूल जाते हैं कि जिस तरह से जैनेन्द्र की पीढ़ी का तिरस्कार करते हैं, उसी प्रकार आने वाली पीढ़ी के लोग उनका तिरस्कार करेंगे। अकहानी पर विचार प्रकट करते हुए उन्होंने बहुत सादगी से पूछा, 'जब आप अकहानी लिख रहे हैं, तो आप अकहानी को कहानी विधा में कैसे रख सकते हैं ?'

चर्चा शिल्प पर ही केन्द्रित नहीं रही थी। राजेन्द्र यादव के निबन्ध के बहुत-से अंश अचर्चित रह गये थे। देवीशंकर अवस्थी तथा दूधनाथ सिंह आदि ने चर्चा में भाग लेने की इच्छा प्रकट की परन्तु समय शरद जोशी, धनंजय वर्मा आदि को ही मिला। मालूम नहीं ऐसा राजेन्द्र यादव की इच्छा से हुआ अथवा लक्ष्मीनरायण लाल की इच्छा से, जो मंच का संचालन कर रहे थे। उन्होंने लेनिन का हवाला देते हुए कहा, अज्ञेय व जैनेन्द्र की कहानियों में ही नयी कहानी की पीठिका ढूँढ़ी जा सकती हैं। अज्ञेय की 'कोठरी की बात' तथा जैनेन्द्र की 'एक रात' का पहले विरोध हुआ था, क्योंकि उसमें कोई वस्तु तलाशी जा रही थी।

इस गोष्ठी में डॉ. शिवप्रसाद सिंह ने कहा, 'लेखक को अभिव्यक्ति में कठिनाई होती है, पर उन लेखकों के सामने यह कठिनाई नहीं आती, जो पुरानी बातों को ही दोहराते हैं। शब्दों के प्राय: गलत अर्थ, अर्थों के गलत सन्दर्भ व सन्दर्भों के गलत अन्वेषणों के कारण ही रचनाकार के लिए कठिनाई उत्पन्न हो जाती है। नया कहानीकार पुरानी भाषा में परिवर्तन करता है। यह प्रक्रिया 1955 के आसपास चली। इस प्रयत्न में निर्मल वर्मा की उपलब्धि महत्त्वपूर्ण है। उनकी कहानियों में अर्थ के लिए प्रत्येक शब्द स्वयं प्रतीक है। चित्रकला के माध्यम से 'प्रतीक' का प्रवेश साहित्य में आता रहा है। प्रतीक चुनने वाला कथा की उलझन से प्रभावित होता है।'

षष्ठ अधिवेशन में डॉ. प्रतिभा अग्रवाल, श्रीमती कुन्था जैन, श्रीमती किरण जैन, श्रीकृष्णाचार्य, श्री चन्द्रदेवसिंह की जिज्ञासाओं का समाधान सम्बन्धित लेखकों ने प्रस्तुत किया। पाठकों ने भी बहुत से प्रश्न किये, जिनका उत्तर लेखकों ने दिया। पाठकों और लेखकों को आमने-सामने पाना भी एक सुखद अनुभव था।

['धर्मयुग', 16 जनवरी, 1966]

परिमल परिकथा : कहानी से परहेज़

यद्यपि परिमल का द्विदिवसीय कहानी मेला विचारों के आदान-प्रदान, सहचिन्तन अथवा स्वतन्त्र चिन्तन, सहयोगी प्रयास या पूर्वाग्रह रहित तटस्थ कहानी चर्चा के लिए दायित्वपूर्ण मंच प्रस्तुत करने में असमर्थ रहा, कहानी चर्चा के माध्यम से चुनाव, कबड्डी और काफी हाउस का मिला-जुला आनन्द अवश्य आया। गोष्ठियों के आयोजन के उद्देश्य तथा कहानी सम्बन्धी कुछ रोचक तथ्य भी सामने आये। दस घंटे की परिचर्चा सुनने के बाद लगा कि रणनीति पहले तैयार कर ली जाती है, गोष्ठियों का आयोजन बाद में किया जाता है। गोष्ठी से पूर्व गोष्ठीकुशल नामवर सिंह तथा कमलेश्वर ने बातचीत के दौरान पढ़े जाने वाले निबन्धों के सम्बन्ध में जो भविष्यवाणी की थी, वह इस हद तक सही निकली कि जब परिपत्र पढ़े जा रहे थे तो ऐसा लग रहा था जैसे प्रश्न-पत्रों का रहस्य परीक्षा से पहले ही प्रकट हो चुका है या कोई ऐसा नाटक देखा जा रहा है, जिसकी कथा पूर्वविदित हो या जिसकी रिहर्सल देखी जा चुकी हो। गोष्ठी के निहित प्रयोजन का इस बात से स्पष्टीकरण हो जाता है कि परिमल की ओर से जितने भी निबन्ध पढ़े गये, उन सबमें पूर्वप्रतिपादित धारणाओं को ही प्रकट किया गया था और उन सभी निबन्धों का अभिप्रेत भी एक-सा था। गोष्ठी से पूर्व या गोष्ठी के दौरान डॉ. रामस्वरूप चतुर्वेदी के जिस आधार निबन्ध की बहुत चर्चा थी, वह उनकी अपनी पुस्तक 'हिन्दी नवलेखन' में संकलित उनके अपरिपक्व निबन्ध 'असमय वृद्ध कथा साहित्य' का ही परिवर्तित, परिमलोपयोगी संस्करण था। श्री चतुर्वेदी तथा परिमल के अन्य लोगों ने अपनी स्थापनाओं की पुष्टि के लिए कथाकारों की जो नामावली प्रस्तुत की थी, वह भी उधार ली हुई थी, नयी नहीं थी। मेरा मतलब है कि वह नामावली वही थी जो अज्ञेय ने 'काटेम्परेरी इंडियन लिट्रेचर' में पेश की थी। निष्कर्ष-आरोपण के लिए गोष्ठी का संचालन दूरदर्शिता और निपुणता से कुछ ऐसा रखा गया था कि 'डिवाइड एंड रूल' के लिए भूमि तैयार हो जाए। गोष्ठी के प्रारम्भ में ही उपेन्द्रनाथ 'अश्क' का ऐसा उत्तेजनापूर्ण निबन्ध पढ़वाया गया कि लोगों में भारी मतभेद उत्पन्न हो गये। इससे संयोजकों को मनचाहा माहौल मिल गया। बाद का क्रम भी कम रोचक नहीं

था। जैसे गोष्ठी के प्रथम अधिवेशन में ही श्री विजयदेव नारायण साही ने सरसरी तौर पर (पिछले दस दिनों में पढ़ी कहानियों की चर्चा करते हुए) कहा कि कहानी साहित्य की एक पिछड़ी हुई विधा है, और अपनी बात को स्पष्ट करने के लिए उन्होंने साहित्य की एक अन्य पिछड़ी हुई विधा 'गीत' का हवाला देकर कहा कि नये कहानीकारों की कहानियों का केन्द्रीय भाव गीतों के समकक्ष रखा जा सकता है। उनकी इस बात को श्री लक्ष्मीकान्त वर्मा तथा परिमल के अन्य वक्ताओं ने आगे बढ़ाया। मौखिक रूप से आगे बढ़ाई जा रही इस चर्चा को जब डॉ. रामस्वरूप चतुर्वेदी ने अपने लिखित निबन्ध में शास्त्रीय आधार देने का प्रयास किया तो महसूस हुआ कि पहले के वक्ता डॉ. चतुर्वेदी के लिए पृष्ठभूमि हो तैयार कर रहे थे। ऐसी सुनियोजित गोष्ठियाँ कम ही देखने को मिलेंगी। डॉ. चतुर्वेदी ने न केवल गीत, निबन्ध और कहानी के रचनात्मक संगठन में ऐक्य भाव देखा, बल्कि उन सभी बातों पर शास्त्रीय रूप से विचार किया जो पहले के कुछ सहयोगी वक्ता मौखिक रूप से कह चुके थे।

परिमल के द्विदिवसीय कहानी मेले के आयोजन का उद्देश्य शायद यही सिद्ध करना था कि कहानी साहित्य की एक पिछड़ी हुई विधा है और इसका रचना संघटन जीवन की द्वन्द्वात्मक प्रक्रिया का अंकन नहीं कर पाता। कहानी का रूप गठन आधुनिक संवेदना का विरोधी है, यही कारण है कि यह आधुनिक सन्दर्भों और संवेदनाओं की सही-सही अभिव्यक्ति नहीं कर पाता और उसे नयी नहीं कहा जा सकता। मजे की बात यह है कि अपनी इस धारणा को स्पष्ट करने के लिए आधी दर्जन से अधिक कहानियों की चर्चा नहीं की गयी, और कथा-परम्परा का उपयोग कुछ इस प्रकार से किया गया कि कैथरीन, ओ. हेनरी तथा साकी की कहानियों के माध्यम से ही विश्व-कहानी का मूल्यांकन होते देख इन पंक्तियों के लेखक को कहना पड़ा था कि सुविधानुसार गोर्की व चेख़व की अवहेलना कर ये नाम कुछ इस प्रकार लिये जा रहे हैं जैसे हिन्दी कहानी के सन्दर्भ से श्रीकान्त, लक्ष्मीकान्त और कुशवाहाकान्त की कहानियों को लेकर किसी आशय तक पहुँचने की कोशिश की जाए। दिलचस्प बात यह भी है कि परिमल के एक से अधिक वक्ताओं ने कहा था कि वे पिछले दस दिनों से कहानियाँ पढ़ रहे हैं। इस सन्दर्भ में श्री मोहन राकेश की यह बात काफी युक्तिसंगत लगी कि कहानी चर्चा उन लोगों द्वारा की जा रही है जिनका कहानी से कभी कोई सम्बन्ध नहीं रहा है। कहानी के जीवन्त तथा गतिशील कथा-दशक के इतिहास को दस दिन में जीकर कहानी के सम्बन्ध में अधिकारपूर्ण ढंग से बात करना पर्याप्त हास्यास्पद है। शायद कमलेश्वर ने भी ऐसे ही लोगों के बारे में कहा था कि कहानीकार और पाठक के बीच किसी आलोचक की आवश्यकता नहीं। आलोचक की आवश्यकता का प्रश्न यहाँ अप्रासंगिक होगा

परन्तु यह बात तय है कि ऐसे लोग न केवल कहानी चर्चा को अगम्भीर बनाते हैं बल्कि कहानी में जीवन का वास्तविक अंकन देखकर उसे दूसरे दर्जे की विधा करार दे देते हैं। नयी कविता की आत्मपरक बौद्धिकता को नयी कहानी की समाजोन्मुख प्रवृत्तियों से श्रेष्ठ मानते हैं। कलागत साज-सम्भार पर ही उनका पूरा आग्रह रहता है। कहानी क्षेत्र में भी उन्हें कुछ कवि कहानीकार ही 'नये' कहानीकार नज़र आते हैं, जो काव्य की संवेदना कहानी पर थोप रहे हैं। इधर की गोष्ठियों में स्थिति यह रही है कि कहानी से सम्बन्धित आलोचक तो चुप हैं, ऐसे लोग कहानी चर्चा में अधिक रुचि ले रहे हैं, जो या तो कहानी को गम्भीरता से नहीं लेते और या उखाड़-पछाड़ में अपनी असाधारण मेधा का चमत्कार दिखाने के लिए ही कहानी की ओर उन्मुख हैं। ऐसे लोग भी हैं जो कहानी लेखक के रूप में असफल होकर गोष्ठियों द्वारा शान्ति का मार्ग खोज रहे हैं। अन्त में यही होता है कि गोष्ठियाँ राजनीति का अखाड़ा बनकर रह जाती हैं।

यदि परिमल कहानी को साहित्य का सशक्त तथा महत्त्वपूर्ण माध्यम स्वीकार नहीं करता तो कहानी क्षेत्र में अपने घोड़े दौड़ाने के पीछे उसका क्या मन्तव्य था? यदि परिमल केवल लोकप्रियता के नाम पर कहानी को गम्भीर साहित्य से खारिज करने के पक्ष में है तो कहानी गोष्ठी आयोजित ही क्यों की गयी? इससे क्या यह नहीं अच्छा था कि परिमल पहले की तरह हास्य गोष्ठियाँ ही आयोजित करता रहता?

[1964]

नयी कविता पर क्षण भर

अज्ञेय अमरीका से क्या लौट आये, लगता है नयी कविता राजधानी में लौट आयी है। गत दिनों अज्ञेय की उपस्थिति से राजधानी में नयी कविता पर दो परिसंवाद हुए। प्रथम परिसंवाद 'साहित्यिकी' द्वारा संयोजित किया गया और दूसरा दिल्ली विश्वविद्यालय की अनुसन्धान परिषद् द्वारा।

अपने भाषण में अज्ञेय ने डॉ. विजयेन्द्र स्नातक की इस बात को स्वीकार नहीं किया कि नयी कविता की ईजाद अज्ञेय ने की है। उन्होंने बताया कि तात्कालिक वस्तु-स्थिति को देखते हुए एक ही विशेषण हो सकता था और उसे हमने अपना लिया। यह एक ऐतिहासिक निष्पत्ति थी। उस समय यह महसूस किया जाने लगा था कि संवेदना के प्रकार में सामाजिक दृष्टि में कोई परिवर्तन आ गया है और इस आवश्यकता को समझते हुए उन दिनों जो लिखा गया, नया वही था, ऐसा कहने की स्थिति में भी हम थे।

अपनी स्थिति को स्पष्ट करते हुए उन्होंने विनोद में कहा कि नयी कविता पर जितने भी आरोप लगाये जाते हैं, उन सबका उत्तर देने की आशा मुझसे ही की जाती है और अगर देखा जाए तो मेरी स्थिति (whipping horse) यानी नकली घोड़े की सी रही है, लोग इस नकली घोड़े पर चाबुक चलाने का कौशल दिखाते रहे हैं। आज स्थिति कुछ ऐसी हो गयी है कि सम्पादक नयी कविता के नाम पर बहुत कुछ कचरा-अधकचरा प्रकाशित करने लगे हैं। इन रचनाओं से बहुत-सी भ्रान्तियाँ भी उत्पन्न होती हैं। छायावाद के साथ भी ऐसा हुआ था। छायावाद के नाम पर भी बहुत कुछ नकली लिखा गया था। प्रयोगवाद या नयी कविता के लिए आंशिक रूप से मैं भी अपराधी हूँ।

साहित्य में यह जो परितर्वन लक्षित होता है, आकस्मिक या अप्रत्याशित नहीं था। इसके लक्षण पहले से ही विद्यमान थे और यह परिवर्तन केवल कविता के क्षेत्र में ही नहीं आया, बल्कि समूचे नये साहित्य के काव्य में परिलक्षित होता है। इतना जरूर है कि यह परिवर्तन कविता के क्षेत्र में अज्ञेय ने किया और अन्य साहित्य रूपों या गद्य में अन्य लोगों ने किया। कविता क्षेत्र में यह उग्र रूप धारण कर गया। कविता में कविता की व्याख्या की गयी। गद्य में कविता की व्याख्या की गयी। यह बात कोई नयी भी नहीं थी, समूचा भारतीय काव्यशास्त्र इस बात का प्रमाण है।

नये कवि वर्तमान के सन्दर्भ में ही कुछ पा सकते थे। हम वर्तमान को पकड़ना चाहते हैं, क्षण को भी पकड़ने से अधिक वर्तमान की अनुभूति को पकड़ना चाहते हैं। होता यह है कि, क्षण को वर्तमान में जीते हैं और अतीत में पहचानते हैं। नया का आग्रह तो यही है कि हम वर्तमान और अतीत के इस अन्तर को कम से कम कर दें। क्षण को उसी रूप में पाएँ, जिस रूप में झेल रहे हैं। कविता में वर्तमान की अनुभूति और क्षण की पकड़ जितनी दृढ़ होगी, उतनी ही वह नयी होगी। हमारे प्राचीन भारतीय इतिहास में यह आग्रह नहीं था।

नयी कविता और रस

प्राचीन साहित्य में रस सिद्धान्त इसलिए मान्य था क्योंकि काव्य सीमित था। आज स्थिति प्रतिकूल है, साहित्य जनमानस के बहुत निकट है। इसके बावजूद हर व्यक्ति कविता से रस ग्रहण भी नहीं कर सकता। जो व्यक्ति ब्रह्मानन्द सहोदर का अर्थ ही नहीं जानता, वह रस क्या लेगा? आज साहित्य या कविता मात्र मनोरंजन का साधन भी नहीं रह गये हैं। मनोरंजन के और बहुत-से साधन हैं, जैसे सिनेमा, नाटक, नौटंकी इत्यादि। कविता मात्र मनोरंजन का साधन नहीं रह गयी है।

वस्तुतः रस-सिद्धान्त आधुनिक युग के अनुकूल नहीं। रस सिद्धान्त के लिए दो बातें आवश्यक हैं— आस्तिकता और अद्वैत भावना। जहाँ आस्तिकता का आग्रह नहीं, वहाँ रस का महत्त्व नहीं; जहाँ द्वन्द्व है, वहाँ रस नहीं।

हिन्दी साहित्य के इतिहास के सन्दर्भ में इस बात को समझा जा सकता है। समूचे भक्ति काव्य में आस्तिकता का दृढ़ विश्वास है और निर्द्वन्द्व की कल्पना है। भक्ति-साहित्य रस निष्पत्ति के सर्वथा अनुकूल था। यह स्थिति भारतेन्दुयुग तक वर्तमान रही। भारतेन्दुजी ने अपने साहित्य में दोनों स्थितियों का पालन किया। परन्तु जहाँ-जहाँ वह समाज की आलोचना करते हैं, वहाँ रस को महत्त्व नहीं देते। छायावाद तक पहुँचते-पहुँचते दोनों प्रवृत्तियाँ स्पष्ट हो जाती हैं। आस्तिकता छायावाद की उपलब्धि है। द्वन्द्व को भी छायावादी कवियों ने महत्त्व नहीं दिया। छायावाद के ऐतिहासिक सन्दर्भ में यह बात स्पष्ट होती है कि एक निरन्तर प्रबलतर होती गयी और दूसरी दबती गयी। यदि निराला काव्य का अध्ययन किया जाए तो लगता है निराला तक पहुँचते-पहुँचते एक प्रवृत्ति दूसरी प्रवृत्ति पर हावी है। निराला की प्रारम्भिक रचनाओं से तो रस निष्पत्ति होती है, परन्तु तदनन्तर जब वह समाज की तीव्र आलोचना करते हैं, द्वन्द्व से पीड़ित होते हैं तो रस भंग हो जाता है। आज की परिस्थिति में इसका प्रश्न ही नहीं उठता। आधुनिक युग में द्वन्द्व प्रखर रूप से सामने आया है। वस्तुतः नयी कविता की बुनियाद ही यहाँ से उठती है। प्रगतिवादी साहित्य अतीत की ओर देखना छोड़ भविष्य की ओर उन्मुख था। यह भी एक

प्रकार की आस्तिकता थी। परन्तु प्रगतिवाद ने द्वन्द्व को उग्र रूप से व्यक्त किया। वर्तमान साहित्य में न तो आस्तिकता का मोह रहा है और न ही निर्द्वन्द्व की स्थिति है। इसलिए नयी कविता के सन्दर्भ में रस सिद्धान्त या रस निष्पत्ति की बात करना सर्वथा अनुचित है।

यह प्रश्न भी विचारणीय है कि रस के अभाव में नयी कविता की कसौटी क्या हो सकती है? मेरे विचारानुसार नयी कविता खरी अनुभूति की सीधी, तात्कालिक और सघनतम अभिव्यक्ति करने का प्रयत्न करना चाहती है और यही सब नया है। यही इसकी कसौटी है।

परम्परा का प्रश्न

चाहे हम परम्परा को नकारने की कितनी ही चेष्टा क्यों न करें, हम परम्परा से मुक्त नहीं। जो लोग अपरम्परा की बातें करते हैं, वे शायद इस तथ्य को भूल जाते हैं कि अपरम्परा भी एक प्रकार की परम्परा है। हमारे हर क्षण पर परम्परा का महत्त्व बना रहता है। हम जितनी बार परम्परा को अमान्य करते हैं, उतनी ही बार उसे नया करते हैं, उसे खो नहीं देते। ऐसे कहा जा सकता है कि हम नित्य परम्परा से नया सम्पर्क स्थापित करते हैं। कालिदास वही हैं परन्तु छायावाद ने बदल दिया। उसे नयी दृष्टि से देखा। हम श्रीधर पाठक को बदल रहे हैं, निराला को बदल रहे हैं।

फिर अज्ञेयजी ने नयी कविता की भाषा, नये कवि का धर्म आदि पर विचार प्रकट करते हुए एक चित्र दिखाया। चित्र एक पेड़ का था, कोने में एक आँख उस पेड़ को देख रही थी। अज्ञेय ने बताया कि पुराना कवि पेड़ को न देखकर, पेड़ के परे देखता था, पश्चिम में पेड़ के फार्म को देखा जाता है, परन्तु नया कवि न केवल पेड़ के फार्म को देखता है और न ही पेड़ के पार, वह पेड़ को ही देखता है।

सभा में अज्ञेयजी की इस बात का भी समर्थन किया गया कि इस स्थिति में विश्वविद्यालयों में नयी कविता का प्रवेश नयी कविता के लिए हितकर नहीं जबकि विद्वान लोग या प्राध्यापक वर्ग अपना अध्ययन नामकरण, उद्‌भव और विकास, प्रवृत्तियों इत्यादि से आगे नहीं ले जाते।

आरम्भ में डॉ. विजेन्द्र स्नातक ने कहा था कि उन्होंने बहुत-सी पुस्तकें पढ़ीं और अभी तक पता नहीं चल सका कि नयी कविता नाम किसने दिया था। इस पर एक नवयुवक ने बताया कि नवलेखन में डॉ. रामस्वरूप चतुर्वेदी ने लिखा है कि नयी कविता की सर्वप्रथम अनुभूति उन्हें ही हुई थी और बाद में लक्ष्मीकान्त वर्मा को। 'पुस्तक पढ़कर मुझे लगा था कि रामस्वरूप चतुर्वेदी को शायद इतिहास पर भरोसा नहीं रहा।' नवयुवक ने कहा, 'लेकिन अब लगता है इतिहास पर भरोसा करना खतरे से खाली नहीं।'

भारतभूषण अग्रवाल बीच में बोले, 'यह गलत है, नयी कविता की सर्वप्रथम

चर्चा अज्ञेय ने ही की थी—1953 में नये पत्ते के किसी अंक में।'

थोड़ी-सी औपचारिकता के बाद फिर सभा स्थगित हो गयी, जिसमें सर्वश्री अज्ञेय, डॉ. रणवीर रांग्रा, डॉ. प्रभाकर माचवे, नेमिचन्द्र जैन, रघुवीर सहाय, भारतभूषण अग्रवाल, डॉ. सावित्री सिन्हा, रायकृष्ण दास, कमलेश्वर, डॉ. सुरेश अवस्थी, कैलाश वाजपेयी, जगदीश चतुर्वेदी, श्याममोहन श्रीवास्तव, नरेन्द्र धीर, डॉ. विजयेन्द्र स्नातक, मुद्राराक्षस, शेरजंग गर्ग, रमेश गौड़ आदि उपस्थित थे।

इस सभा के तीन दिन बाद दिल्ली विश्वविद्यालय के अनुसन्धान परिषद् में भी ये सभी लोग दिखाई दिये, समयाभाव में जो बातें 'साहित्यिकी' में न हो सकी थीं, उन सबको कह देने के इरादे से।

लोगों का ख्याल है कि दिल्ली विश्वविद्यालय की परिसंवाद दंगल का रूप ले गया। वस्तुतः परिसंवाद को पेश ही कुछ इस ढंग से किया गया था। सर्वप्रथम श्रीकान्त वर्मा ने अपना पेपर पढ़ा और कैलाश वाजपेयी ने कविता, फिर बालस्वरूप राही ने नयी कविता के विरोध में पेपर पढ़ा और रामअवतार त्यागी ने कविता, फिर पक्ष और विपक्ष पर रोचक छींटाकशी।

श्रीकान्त वर्मा ने नयी कविता की पृष्ठभूमि पर विचार करते हुए कहा कि छायावाद आत्मवंचना की कविता है। वह कविता भाषा का चमत्कार बनकर रह गयी। वह भारतीय संस्कृति की उखड़ती हुई जड़ों को रोकने का प्रयत्न था। प्रगतिवाद को श्रीकान्त ने एक राजनीतिक आन्दोलन का अस्त्र और नारेबाजी बताया और कहा कि सही कविता की परख 'तार-सप्तक' से ही आरम्भ होती है। इसके बाद की कविता जीने की प्रक्रिया की एक खोज है। कविता के लिए छन्द सबसे बड़ी बाधा है। नयी कविता ने यही सिद्ध किया है कि छन्द के बिना भी कविता होती है। फिर भी नयी कविता का अपना एक व्याकरण है और उसमें छन्द का स्थान लय ने ले लिया। यों हम कह सकते हैं कि नयी कविता ने छन्द को भंग करने के साथ रस को भी भंग किया। गीतों को उन्होंने केवल मनोरंजन का साधन बताया और उसकी तुलना सिनेमा के गीतों से की।

बालस्वरूप राही ने कहा कि नयी कविता ने न केवल छन्द भंग किया, बल्कि अर्थ के साथ भी अन्याय किया। जिस अर्थ की, लय की चर्चा लोग करते हैं, वह कहीं उपलब्ध नहीं होती। उन्होंने कहा कि हिन्दी में नयी कविता का उदय 1943 से हुआ क्योंकि इसी वर्ष पहला सप्तक छपा था। उन्होंने बताया कि पहले सप्तक की प्रतियाँ मित्रों में बाँट दी गयी थीं और दूसरा संस्करण इसलिए प्रकाशित नहीं हुआ क्योंकि महत्त्वपूर्ण घटनाओं की पुनरावृत्ति नहीं होती। श्री राही के मतानुसार नयी कविता न तो आधुनिक कविता है, न समसामयिक कविता और न तरुण कवियों की कविता। उन्होंने इसे एक खास तरह सोचने और लिखने वालों के

एक विशिष्ट वर्ग की सृष्टि बताया और कहा कि ये वे लोग हैं जो बुद्धिजीवी कहलाने के आकांक्षी हैं और पाठकों, जनता तथा स्वयं तक से घृणा करते हैं।

फिर उन्होंने श्रीकान्त वर्मा की कविता 'महिलाएँ क्षमा करें' सुनाकर अपनी बात स्पष्ट की।

नरेन्द्र शर्मा ने कहा कि नये कवि में जो विकृति और आक्रोश है, वह समाज की किसी विकृति की देन है। हमें समाज से उस विकृति को हटाना है। हो सकता है कि यह कवि के रुग्ण मन के कारण हो। जो कविता अस्थायी भाव की उपज हो, वह टिकाऊ नहीं हो सकती।

डॉ. हजारीप्रसाद द्विवेदी ने कहा कि वह बिना छन्द के कविता के रूप को स्वीकार नहीं कर सकते। छन्द बाह्य चीज नहीं है बल्कि वे हमारे शरीर में हैं। उन्हीं के कारण कवि नृत्य करता है, और गाता है। छन्द न होता तो कविता पागलों का प्रलाप होती। छन्द, अलंकार और लय भाषा को पंख देते हैं।

द्विवेदीजी ने कहा कि यह कहना गलत होगा कि नयी कविता ने छन्द का परित्याग किया है। उन्होंने कहा कि कई नये कवि उन्हें बहुत प्रिय हैं, जैसे गिरिजाकुमार माथुर। श्रीकान्त के लेख की चर्चा करते हुए उन्होंने कहा कि उनका वक्तव्य नयी कविता को समझने में बाधक होगा।

मुद्राराक्षस ने उत्तर में कहा कि आज के जीवन में लय, संगीत और छन्द का महत्त्व नहीं। इसका उत्तर फाइलों में दबा-थका क्लर्क या जी.बी. रोड की नर्तकी दे सकती है। यह नृत्य, यह संगीत आन्तरिक नहीं, कृत्रिम है, स्वाभाविक नहीं, आरोपित है।

डॉ. हरिवंशराय बच्चन ने कहा कि इस नयी कविता के बाद जो कविता आएगी जाने उसका क्या नाम होगा, हालाँकि यह बीस वर्ष पुरानी हो चुकी है। इन कवियों में अज्ञेय ने लिखा है, 'हम नदी के द्वीप हैं' तो भारतभूषण ने लिखा है, 'हम सरोवर हैं।' पर इनमें कोई भी इतना ईमानदार नहीं है जो कहे कि हम इंसान हैं।

अज्ञेयजी ने अपने वक्तव्य में कहा कि परिसंवाद ठीक ढंग से आयोजित नहीं किया गया। दो विपरीत दिशाओं से दो गाड़ियाँ छोड़ी गयीं। उनकी टक्कर तो नहीं हुई, वे पास से गुजर गयीं। उन्होंने ऐसी स्थिति में या ऐसे वातावरण में कोई विचार रखना उचित न समझा।

और भी बहुत से लोग पेपर पढ़ना चाहते थे, परन्तु समयाभाव के कारण नहीं पढ़ पाये।

गोष्ठी के अध्यक्ष डॉ. नगेन्द्र ने कहा कि यह गोष्ठी अभी अपूर्ण है। अतः जो अनेक वक्ता अपना विचार प्रकट करना चाहते हैं, उनके लिए गोष्ठी का फिर आयोजन करने की चेष्टा की जाएगी।

['लहर', 1963]

समझी नासमझी

समकालीन समय और लेखन की चुनौतियाँ

नयी कहानी : सम्भावनाओं की खोज

नयी प्रेम कहानियाँ

यथार्थ का बदलता हुआ स्वरूप

नये कथा शिखरों की तलाश

समकालीन समय और लेखन की चुनौतियाँ

आज से सौ बरस पहले 'टाइम्स ऑव इंडिया' में एक पाठक का पत्र प्रकाशित हुआ था कि बढ़ती हुई महँगाई ने जनता की कमर तोड़ दी है। मैंने इसके बहुत बरस बाद लिखना शुरू किया था, उस समय लोग साहित्य में गतिरोध की चर्चा किया करते थे। आज भी लोग जीवन में महँगाई और साहित्य में गतिरोध की चर्चा करते रहते हैं। लगता है, महँगाई की तरह गतिरोध भी साहित्य का एक सनानत सत्य बनता जा रहा है। आश्चर्य तो तब होता है, जब कुछ समीक्षक नयी दिल्ली में न लिखने के कारणों का विश्लेषण करते हैं और भोपाल अथवा इलाहाबाद जाकर रचनाशीलता पर धुआँधार भाषण दे आते हैं। जहाँ तक साहित्यिक गतिरोध का प्रश्न है, वह कभी-कभी आलोचकों की काहिली का परिणाम भी होता है। आरामपरस्त जिन्दगी का इन्तजाम होते ही उनका रचना से दामन छूट जाता है। जैसे मवेशी जुगाली करते हैं, वे पन्द्रह-बीस बरस पूर्व पढ़ी कहानियों का विश्लेषण करते रहते हैं। अभी हाल में एक गोष्ठी के अवसर पर मैंने यह शिकायत की थी। इसमें सन्देह नहीं, हमारे समीक्षक यथार्थ की सैद्धान्तिक व्याख्या में अत्यन्त निष्णात हो चुके हैं पर रचना पर उनकी पकड़ अत्यन्त ढीली हो चुकी है। शायद यही कारण है कि रचना और समीक्षा का अलग-अलग दिशा में विकास हो रहा है। आज के समकालीन लेखन में समकालीन समय की चुनौतियों से साक्षात्कार करने का जो आग्रह है, वह रचनाकार समीक्षकों में नदारद है। समीक्षक इस दृष्टि से अधिक सार्थक लेखन कर रहे हैं। हाल में प्रकाशित टिप्पणियाँ इस दृष्टि से महत्त्वपूर्ण हैं।

आज का कथाकार अपने परिवेश के प्रति अधिक जागरूक है। आरक्षण का प्रश्न हो, साम्प्रदायिकता अथवा क्षेत्रीयता की चुनौती हो, आतंकवाद अथवा देश में बहुराष्ट्रीय कम्पनियों के प्रवेश का मामला हो, नारी दाह अथवा बँधुआ मजदूरों की दुर्दशा का मसला हो, कहानीकार अपनी कहानियों में ऐसे तमाम विषय उठा रहे हैं। अगर हाल में ही लिखी गयी कहानियों की समीक्षा की जाए तो मालूम होगा कि केवल आरक्षण जैसे नाजुक प्रश्न पर ही आठ-दस अच्छी कहानियाँ देखने को मिलेंगी। हिन्दी के वरिष्ठ लेखकों—मार्कण्डेय और हृदयेश के अतिरिक्त रमेश

उपाध्याय, राजेन्द्र दानी, नीलकान्त आदि ने अपने-अपने ढंग से वर्णगत और जातिगत शोषण, अत्याचार और अन्तर्विरोधों को उजागर करने की चेष्टा की है। यहाँ मैं विशेष रूप से तीन रचनाओं का फिर से उल्लेख करना चाहूँगा। मार्कण्डेय की कहानी 'हलयोग' प्रकाशित होते ही आरोप लग गया कि यह चालीस बरस पहले के यथार्थ की कहानी है। यह एक बेबुनियादी आरोप है। यशपालजी ने तो आज से पचास बरस पूर्व के भारत की तस्वीर पेश की है, अनेक बांग्ला कथाकारों ने सत्रहवीं सदी के भारत पर उपन्यास लिखे हैं और वह आज भी प्रासंगिक हैं। यह जरूर है कि मार्कण्डेय की कथाभूमि वर्तमान स्थितियों से हटकर है, मगर यह भी सच है 'हलयोग' सवर्णों की साजिशों, उनके वर्ग चरित्र, उनके अन्तर्विरोधों का उद्घाटन करती है। सवर्णों ने असवर्णों पर इतने कहर न ढाये होते, आतंक का ऐसा भयावह वातावरण न खड़ा किया होता तो आज मंडल कमीशन की वह अनिवार्यता न होती। यह कहना गलत होता कि 'हलयोग' मंडल कमीशन से एक फार्मूले के तहत निकली है, सचाई तो यह है, मंडल कमीशन 'हलयोग' में वर्णित स्थितियों से निकला है, जहाँ सवर्णों का घोर अत्याचार चौथी चमार को काठ के कुन्दे पर दम तोड़ने को मजबूर करता है। लगभग इन्हीं स्थितियों का एक दूसरा पक्ष रमेश उपाध्याय की कहानी 'फाँसी फन्तासी' में देखने को मिलता है, जिसमें वन्दना आरक्षण विरोधियों का कोपभाजन और सामूहिक बलात्कार का शिकार बनती है। इस कहानी में यथार्थ और फन्तासी की अद्भुत बुनावट है। यथार्थ इतना अविश्वसनीय लगता है कि फन्तासी का बोध होता है और जहाँ-जहाँ लेखक ने फन्तासी का प्रयोग किया है, लगता है विशुद्ध यथार्थ से साक्षात्कार हो रहा है। यह कहानी आरक्षण के संमर्थन में ही नहीं लिखी गयी, नारी उत्पीड़न के भी विरुद्ध है। इंस दृष्टि से यह एक बहुआयामी कहानी है।

यद्यपि हृदयेश ने अपनी कहानी 'मनु' की समाप्ति इन शब्दों से की है कि 'उस नगर में आरक्षण विरोध की लहर में भी दो आत्महत्याएँ हुई थीं, परन्तु पं. सत्यनारायण वाली यह घटना उससे पहले की है।' 'मनु' भी आरक्षण विरोधी आन्दोलन से प्रेरित रचना है। दूधनाथ सिंह ने ठीक ही चिन्ता प्रकट की है कि इस कहानी में भंगी चमार ब्राह्मणों पर अत्याचार ढा कर उन्हें आत्मदाह के लिए मजबूर कर रहे हैं। अब प्रश्न यह उठता है कि सवर्णों के अत्याचारों पर कहानी लिखना प्रासंगिक है अथवा जातिगत पराजय बोध से पीड़ित ब्राह्मणों के आत्मदाह पर? वास्तव में विषय के चुनाव मात्र से ही लेखक की पक्षधरता और सहानुभूति स्पष्ट हो जाती है। रमेश उपाध्याय ने अपनी 25 कहानियों की 'मैरिट लिस्ट' में 'मनु' को भी स्थान दिया है। यह बात गले के नीचे नहीं उतरती। 'हलयोग' और 'मनु' कथ्य की दृष्टि से एक दूसरे के विरुद्ध हैं, और ये दोनों कहानियाँ एक साथ किसी समीक्षक

को कैसे पसन्द आ सकती हैं। एक में सवर्णों के अत्याचार को उजागर किया गया है, दूसरी में भंगी चमारों के अत्याचारों को। ऐतिहासिक दृष्टि से देखा जाए तो सैकड़ों वर्षों से सवर्णों द्वारा उत्पीड़ित वर्ग को 'अत्याचारी' के रूप में अंकित करना एक सामाजिक अपराध ही कहा जाएगा। इस दृष्टि से अमरकान्त की दृष्टि साफ है। उन्होंने अत्यन्त बारीकी से जातिगत शोषण और जातीय विद्वेष की भीतरी परतों को अपनी कहानी 'कलाप्रेमी' में खोला है। यहाँ 'कलाप्रेमी' का एक उद्धरण देना अप्रासंगिक न होगा—

'जानते हो, सदियों से समाज पर यहाँ कौन शासन कर रहा है? बड़ी-बड़ी जातियों के सामन्तवादी और सामन्तवादी प्रवृत्तियों वाले लोग। आज भी इन्हीं जातियों का शासन है। क्या कारण है कि इन्हीं जातियों से ईश्वर के अवतार धार्मिक सन्त, विद्वान, राजनीतिक नेता, लेखक कलाकार आदि पैदा हुए। हर जगह इन्हीं जातियों का बोलबाला है। इन्हें सभी सुख-सुविधाएँ प्राप्त हैं, ये परिवर्तन क्यों चाहेंगे? हाँ, इनमें आपस में नेतृत्व और स्वार्थों के लिए टकराहट जरूर होती रहती है। आप जहाँ जाइए, ये लोग अपने-अपने स्वार्थों के लिए फट से दो दल बनाकर आपस में लड़ना शुरू कर देते हैं। लड़ाई जितनी तेज होती है, उतनी ही ऊँची-ऊँची बातें की जाती हैं। इनमें से प्रत्येक शोषणहीन समाज का दावा करता है। गुरु, जब से मैंने होश सँभाला है, इन्हीं दोनों दलों को शासन करते हुए देखा है। इन दोनों दलों ने देश की सम्पत्ति, कला, संस्कृति, विभिन्न संस्थाओं आदि को दो टुकड़े करके आपस में बाँट लिया है...'

बहरहाल, इन कहानियों से एक बात स्पष्ट होती है कि आज का कथाकार अपने परिवेश औरं उसके अन्तर्विरोध के प्रति अत्यन्त जागरूक है। यहाँ इस बात का उल्लेख करना भी गलत न होगा कि हिन्दी में अब तक कहानियों का मूल्यांकन शिल्प की दृष्टि से अधिक हुआ है, कथ्य की दृष्टि से कम। मूल्यांकन के केन्द्र में भाषा, सांकेतिकता आदि रूप तत्त्व रहे, सामाजिक सचाइयाँ कम। ऐसी बीसियों कहानियों का उदाहरण दिया जा सकता है जिनमें अलगाव, हिंसा, आतंक, बर्बरता, उत्पीड़न, साम्प्रदायिकता, शोषण और अन्याय का चित्रण था, मगर वे अचर्चित रह गयीं। प्रगतिशीलता का लबादा ओढ़कर छद्म रूपवादियों ने हिन्दी कहानी के साथ घोर अन्याय किया है। यही कारण है कि इतिहास की विसंगतियों और असफलताओं पर लिखी अनेक कहानियाँ चर्चा से बाहर हाशिये पर डाल दी गयीं। सुरेन्द्र चौधरी ने ठीक ही लिखा है—कला की भूमिका को एक व्यापक विश्व व्यवस्था की अपसंस्कृति ने प्रायः सारहीन बना दिया है। जो कला सामुदायिक थी, वह कब की ध्वस्त हुई, महज शैली के रूप में आज हम उसको जीवित रखने का स्वाँग कर रहे हैं और पूँजीवादी उपसंस्कृति में कला इस स्वाँग को सिद्धान्त में बदलने का निरन्तर

प्रयत्न करती है।

यथार्थ कोई जड़ वस्तु नहीं है, निरन्तर परिवर्तनशील है, उसका कोई स्थिर रूप नहीं होता। किसी भी विकासशील देश की भाँति भारत का यथार्थ भी अत्यन्त जटिल है। एक सुहानी सुबह हम पाते हैं, भारत के कपाट बहुराष्ट्रीय कम्पनियों के लिए अचानक खोल दिए गये हैं। कई दशकों तक रंग भेद के खिलाफ मोर्चा खोलने के बावजूद हम पाते हैं कि दक्षिण अफ्रीका की श्वेत क्रिकेट टीम भारत की धरती पर मैच खेल रही है और हम हैं कि टी.वी. के सामने बैठे ताली पीट रहे हैं। दूरदर्शन ज्ञान और मनोरंजन का साधन न बन कर अचानक उपभोक्तावाद की अपसंस्कृति के प्रचार प्रसार में अधिक सक्रिय हो जाता है। इतिहास की ऐसी ही अनेक असफलताओं पर कहानीकारों ने अत्यन्त जीवन्त रचनाएँ प्रस्तुत की हैं। ज्ञानरंजन की 'बहिर्गमन' और 'घंटा' से जो सिलसिला शुरू हुआ था, वह अब तक जारी है। काशीनाथ सिंह की 'कविता की नयी तारीख', इन्द्रमणि उपाध्याय की 'मौत दर मौत', ममता की 'जाँच अभी जारी है', नवीन सागर की 'मोर', उदयप्रकाश की 'तिरिछ', मृदुला गर्ग की 'एक नाम मीशा', शंकर की 'प्रस्थान' अपसंस्कृति के अन्तर्विरोधों का सही विश्लेषण करती हैं।

आज देश बुरी तरह से साम्प्रदायिकता की गिरफ्त में आता जा रहा है। हिन्दी कहानी की मुख्य धारा साम्प्रदायिकता के खिलाफ रही है, जिसका सूत्रपात प्रेमचन्द के समय में ही हो गया था। साम्प्रदायिकता के प्रति प्रेमचन्द का नजरिया एकदम साफ था। 1934 में उन्होंने साम्प्रदायिकता पर जो विचार व्यक्त किये थे, वे आज भी सार्थक हैं। प्रेमचन्द ने लिखा था : ''साम्प्रदायिकता हमेशा संस्कृति की दुहाई दिया करती है, उसे अपने असली रूप में निकलते हुए शायद लज्जा आती है, हालाँकि संस्कृति का धर्म से कोई सम्बन्ध नहीं। हमारी समझ में नहीं आता कि वह कौन-सी संस्कृति है, जिसकी रक्षा के लिए साम्प्रदायिकता इतना जोर बाँध रही है। वास्तव में संस्कृति की पुकार एक ढोंग है, निरा पाखंड और इसके जन्मदाता भी वही लोग हैं, जो साम्प्रदायिकता की छाया में बैठे विहार करते हैं। ...संस्कृति अमीरों का, पेटभरों का, बेफिक्रों का व्यसन है। दरिद्रों के लिए प्राण रक्षा ही सबसे बड़ी समस्या है। उस संस्कृति में था ही क्या, जिसकी वे रक्षा करें? जब जनता मूर्च्छित थी, तब उस पर धर्म और संस्कृति का मोह बना हुआ था, वह देखने लगी है कि वह संस्कृति केवल लुटेरों की संस्कृति थी, जो राजा बनकर, जगत सेठ बनकर जनता को लूटती थी।... साम्प्रदायिकता जनता की आर्थिक समस्याओं की तरफ से आँखें बन्द किये हुए ऐसे कार्यक्रम पर चल रही है, जिससे उसकी पराधीनता चिरस्थायी बनी रहे।'

प्रेमचन्द का उक्त वक्तव्य देश की साम्प्रदायिक स्थिति पर 60 वर्ष बाद भी

सटीक बैठता है। साम्प्रदायिक उन्माद की कुछ ऐसी आँधी चल रही है कि लोकतन्त्र की चूलें हिलने लगी हैं। इस बीच देश के कई संवेदनशील नगरों में भयंकर साम्प्रदायिक दंगे हुए। पिछले कुछ वर्षों में दंगों के स्वरूप में भी अन्तर आया है। एक जमाना था, दंगे बहुसंख्यक और अल्पसंख्यक वर्ग के बीच होते थे, अब प्रशासन भी इसकी जद में आ गया है। दंगों की परिणति अल्पसंख्यक वर्ग और पुलिस प्रशासन के बीच होती है। प्रत्येक दंगे के बाद पी.ए.सी. की भूमिका पर प्रश्नचिह्न लगाये जाते हैं, लोगों का आरोप है कि पुलिस दंगे पर काबू पाने के नाम पर अल्पसंख्यक वर्ग पर जुल्म ढाती है। अमन-चैन के रखवालों की भूमिका ही सन्देहास्पद हो गयी है। आज हिन्दू फासिज्म और मुस्लिम कट्टरपन्थ आमने-सामने खड़े हैं। बहुसंख्यक वर्ग को यह आभास हो चुका है कि उनका आक्रामक तेवर उनके लिए सत्ता के दरवाजे खोल सकता है। हिन्दी का कथाकार इन तमाम स्थितियों के प्रति जागरूक है। भीष्म साहनी, मोहन राकेश, अमरकान्त आदि ने साम्प्रदायिक जनून के खिलाफ कई कहानियाँ लिखी हैं, जो मौजूदा भारतीय परिदृश्य में अत्यन्त मानीखेज है। ये कहानियाँ साम्प्रदायिकता के घिनौने चेहरे को बेनकाब करती हैं। इधर लिखी कहानियों में कामता नाथ की 'जयश्री भगवान' और असगर वजाहत की 'मुश्किल काम' पर अतिरंजना के आरोप लगाये गये हैं। देखा जाए तो दोनों कहानियों में एक प्रकार की फन्तासी का प्रयोग किया गया है। अब्दुल बिस्मिल्लाह की कहानी 'नदी किनारे शाप' अधिक सहज है और उसमें लोकशैली का अत्यन्त कलात्मक प्रयोग हुआ है। आज के कथाकार की यही 'विराट नियति' है। तरसेम गुजराल की 'दरबार', नासिरा शर्मा की 'सबीना के चालीस चोर', विनोद मिश्र की 'जुमराती मियाँ', हरि भटनागर की 'तलवार' और दिनेश पालीवाल की 'बची हुई जिन्दगी' भी साम्प्रदायिक शक्तियों के अन्तर्विरोधों और इतिहास की असफलता पर लिखी गयी श्रेष्ठ कहानियाँ हैं। मदनमोहन की 'कोई झूठ नहीं' भी इसी कोटि की रचना है। ये कथाकार जानते हैं, आज का विविध और विस्तृत यथार्थ साम्प्रदायिकता है, भूख, अन्याय, शोषण है, गरीबी, उत्पीड़न और भ्रष्टाचार है, अशिक्षा है। साम्प्रदायिक शक्तियों को वे लोग बढ़ावा दे रहे हैं, जो सामाजिक परिवर्तन की प्रक्रिया को रोककर यथास्थिति बनाये रखना चाहते हैं। नेहरूजी ने बहुत पहले इन तत्त्वों की शिनाख्त कर ली थी। उन्होंने लिखा था, 'बड़े-बड़े उद्योगपति व आमतौर पर ऊँचे मध्यवर्गीय लोग, मजदूरों व समाजवाद के खिलाफ अपनी लड़ाई में इन फासिस्ट गिरोहों को आसरा व धन का सहारा देते हैं।'

आज का कथाकार इतिहास की इन तमाम पेचीदगियों और विसंगतियों से बार-बार दो-चार होता है। राजनीतिक अवसरवादिता प्रशासन की असंगतियाँ और व्यवस्था के दलालों की कारगुजारियाँ उसकी कहानियों में बार-बार उभरती हैं। वह

व्यवस्था के सामाजिक, राजनीतिक और आर्थिक अन्तर्विरोधों से साक्षात्कार कर रहा है। वह अपने पूर्ववर्तियों की तरह राजनीति को वर्जित क्षेत्र नहीं मान रहा है। शायद यही कारण है कि कहानी का भी बहुत तीव्र गति से राजनीतिकरण हो रहा है। साहित्य और राजनीति के पारस्परिक सम्बन्धों की व्याख्या करते हुए अमरकान्त लिखते हैं—जो राजनीतिज्ञ अपने देश, समाज और जनता से जुड़ा होता है, वह कला, संस्कृति, साहित्य के प्रगतिशील विकास का समर्थक भी होता है। साहित्यकार को भी सही राजनीति के विरोध का ढोंग नहीं पालना चाहिए, क्योंकि राजनीति भी मानव विकास की एक सचाई को व्यक्त करने का माध्यम है और प्रत्येक साहित्यकार को उसकी सही जानकारी होनी चाहिए। लेकिन गलत और झूठी राजनीति के टकराव में साहित्यकार अवश्य आ जाएगा क्योंकि साहित्यकार मानवीय जिजीविषा, प्रगतिशीलता और जीवन की सचाइयों का समर्थक होता है।

अमरकान्त ने रचनात्मक स्तर पर भी जीवन की सचाइयों और राजनीतिक विसंगतियों का चित्रण किया है। 'श्वान गाथा' और 'बोंरैया कोदो' प्रकारान्तर से राजनीतिक सचाई और उसके अन्तर्विरोधों को ही व्यक्त करती हैं। आरक्षण सम्बन्धी कहानियाँ भी मूल रूप से राजनीतिक रचनाएँ ही हैं। इन कहानियों पर अखबार नवीसी, सपाट बयानी, तात्कालिकता, स्थूलता आदि के आरोप लगाये जा सकते हैं, मगर यह भी सच है कि बारीक कातने का काम कहानीकारों ने रूपवादियों को सौंप दिया है। जिन्दगी से भागे हुए कथाकार अन्धेरी गुफाओं की ओर चल पड़े हैं। वे उस सनातन सत्य की तलाश में हैं जिसे तमाम वैज्ञानिक उपलब्धियों और समृद्ध दर्शनशास्त्र भी खोजने में असफल रहा है। विडम्बना यह है कि कथाकार तो महानगरों के वातानुकूलित कमरों में बन्द हैं और उनके पात्र ग्लेशियर में ठिठुर रहे हैं। राजनीतिक विसंगतियों पर गिरिराज किशोर ने भी उल्लेखनीय कहानियाँ लिखी हैं। मधुकर सिंह की 'नेताजी', महेश्वर की 'नगर जो देखन मैं चला', अखिलेश की 'असर', महेश कटारे की 'द ग्रेट इंडियन सर्कस', दूधनाथ सिंह की 'गुप्तदान', स्वयं प्रकाश की 'बे मकान', काशीनाथ सिंह की 'माननीय होम मिनिस्टर के नाम' एवं 'सुधीर घोषाल' आज की राजनीतिक जमीन की कहानियाँ हैं। समीक्षकों की दृष्टि में ये कहानियाँ उच्चकोटि की रचनाएँ न हों, अपने समय के यथार्थ को पकड़ने की कोशिश जरूर करती हैं। आज का कथाकार कालजयी रचना लिखने के मोह से मुक्त हो चुका है, समीक्षकों के प्रभामंडल का परित्याग कर चुका है, उसने समीक्षकों की मानव नियति के सुनहरे द्वीप पर ले चलने की पेशकश ठुकरा दी है। उसे आभास हो चुका है कि समीक्षक जिस कथालोक की परिकल्पना करते हैं, कहानी का लोक उससे सर्वथा भिन्न है। इन तथाकथित सपाट और स्थूल दिखने वाली रचनाओं से ही भविष्य की किसी कालजयी रचना का उदय होगा।

इसी दिल्ली शहर में औसतन एक-दो महिलाएँ प्रतिदिन जिन्दा जला दी जाती हैं। देश की राजधानी में दहेज के लालच में ऐसे जघन्य कर्म रोज होते हैं, जो समाज में स्त्री की दयनीय स्थिति का जीता जागता सुबूत हैं। हम कितने बर्बर और आदिम समाज के बीच रह रहे हैं, इसका आभास सुबह का अखबार देखते ही लग जाता है। इन लोमहर्षक सामाजिक स्थितियों पर कहानियाँ नहीं लिखी जा रही हैं। कथाकारों ने आलोचकों के भय से अनेक विषय पत्रकारों को सौंप दिये हैं। बर्बर समाज में आँख मूँद कर जीते जाने के कई खतरे भी हैं। सबसे बुरा परिणाम तो यह सामने आ रहा है, हमारे जीवन में प्रेम की रस की धारा सूखती जा रही है। बर्बर समाज में प्रेम के लिए स्थान ही कहाँ होता है! शायद यही कारण है कि कोई अच्छी भाव प्रवण प्रेम कथा पढ़े अर्सा हो जाता है। बहुत दिनों के बाद सुरभि पांडेय की एक अत्यन्त भाव प्रवण कहानी 'डगलस का जमाना नहीं...' पढ़ने को मिली। प्रेम की ऐसी ऊष्मा और 'इंटेन्स क्षणों' का ऐसा भावपूर्ण चित्रण एक लम्बे अन्तराल के बाद पढ़ने को मिला। मनोज रूपड़ा की कहानी जबह भी चर्चा में रही। प्रेम के स्थान पर दूसरी-दूसरी स्थितियाँ अस्तित्व में आ रही हैं। विश्वनाथ त्रिपाठी ने नेहरूजी के हवाले से लिखा था कि देश में जिस गति से काला बाजार बढ़ा है, उसी गति से कीर्तन मंडलियाँ बढ़ी हैं। आप देखेंगे कि जिस गति से तस्करी और ड्रग्स का प्रचार हुआ है, उसी गति से महर्षियों, योगियों, बाबाओं का उदय हुआ है।

महिला कथाकारों की उपलब्धियों का हाशिए पर उल्लेख करने का प्रचलन पुरुष प्रधान समाज की मानसिकता का द्योतक है, जबकि सचाई यह है कि इस समय महिलाएँ पुरुषों से बेहतर लिख रही हैं। उनके अनुभव क्षेत्र का विस्तार हुआ है। उदाहरण के लिए दो-तीन नाम लिये जा सकते हैं। कृष्णा सोबती की 'ऐ लड़की' ने अच्छा-खासा हंगामा खड़ा कर रखा है। दूसरा सक्षम नाम है मंजुल भगत का। मंजुल भगत और ममता कालिया ने साठोत्तरी पीढ़ी के अनेक चर्चित लेखकों से बेहतर कहानियाँ लिखी हैं। चित्रा मुद्गल रोजमर्रा के संघर्षों और सामाजिक सचाइयों पर निरन्तर लिख रही हैं। राजी सेठ, मृदुला गर्ग, मृणाल पांडेय आदि अनेक लेखिकाएँ भद्र समाज के अन्तर्विरोधों को ही प्रकट नहीं करतीं, अभिजात्य पर चोट भी करती हैं।

कहा जा सकता है कि आज का कथाकार अपने समय की चुनौतियों को समझ रहा है, अपने भीतर इतिहास की सही समझ पैदा कर रहा है, इतिहास की सफलताओं और असफलताओं को रेखांकित कर रहा है, अपनी रचनाओं में व्यापक संवेदना और समझ का परिचय दे रहा है। कहानी विकास के राजपथ पर चल पड़ी है।

नयी कहानी : सम्भावनाओं की खोज

यह सच है कि किसी प्रामाणिक समीक्षा-पद्धति तथा किसी स्पष्ट विचार-रेखा का अभाव ही कथा-समीक्षा की दरिद्रता का सबसे बड़ा कारण है, परन्तु यह उससे भी बहुत बड़ा तथ्य है कि कहानी क्या, जीवन की किसी भी जीवन्त प्रक्रिया को किसी भी परिधि के संकोच में रखना मुश्किल हो जाता है। यही कारण है कि कहानी की मुक्ति, समीक्षा के लिए बन्धन बन जाती है। इस मुक्ति-बन्धन का एहसास नयी कहानी और उसकी समीक्षा के सन्दर्भ में सहज ही हो जाता है। समीक्षा के किसी अनुकूल आधार को विकसित कर पाना तो दर-किनार, विश्व में कहानी का स्वतन्त्र विधा के रूप में अध्ययन ही नहीं किया गया था। इधर फ्रेंक ओ' कूनर नैंसी हेल, एडविन मोचे, लुम्बाक, ऑस्टिन राइट, स्याँ ओ' फाउलेन, थर्स्टन आदि ने इस दिशा में महत्त्वपूर्ण कार्य किया है।

सम्भ्रान्ति की इस स्थिति में कहानी का मूल्यांकन आलोचकों की निजी रुचि-अरुचि के आधार पर होता रहा है। कहानी का मूल्यांकन कभी नैतिक-अनैतिक, श्लील-अश्लील, स्वस्थ-अस्वस्थ, अच्छी-बुरी, व्यक्तिपरक-समाजपरक आदि विभाजन-खंडों में रखकर किया गया, जो काहनी के बाह्य एवं सतही धरातल का ही स्पर्श कर पाता है, कहानी की अन्तरात्मा और उसके वास्तविक अर्थ का सम्प्रेषण करने में असमर्थ रहता है, और कभी कहानी के मूल्यांकन के लिए रीतियुगीन निर्जीव फार्मूले पुनः आविष्कृत किये गये। कहानी को 'नख से शिख तक दुरुस्त' कहना भी एक ऐसा ही फार्मूला है, जो कथा-समीक्षा के सन्दर्भ में कोई अर्थ नहीं रखता। सुगठित, मँजी हुई, सुनियोजित दारियाँ हो सकती हैं, कहानियाँ नहीं। नख-शिख से दुरुस्त नायिकाएँ होती हैं, कहानियाँ नहीं।

यदि कहानी के इतिहास पर दृष्टिपात किया जाए, तो लगता है कि कहानी अपनी सफलता के चरम बिन्दु का स्पर्श करके कई बार निःशेश हुई है। यदि ओ' हेनरी एक शिखर था तो मोपासाँ दूसरा, चेख़व तीसरा, फिर मॉम, हेमिंग्वे, फॉकनर, टॉमस मान, काफ्का इत्यादि कई अपनी-अपनी जगह महत्त्वपूर्ण हैं। ये शिखर कहानी के प्रति आस्था तो उत्पन्न करते हैं, पथ-प्रदर्शन नहीं। आज का नया

कहानीकार जमीन का अन्वेषण कर रहा है, जो कविता ने गीत से अपहृत की है, या अमूर्त कला ने यथार्थवादी कला से या सधे हाथों ने पेंसिल के 'रफ स्केच' से। कला और विज्ञान नयी कहानी में रूपायित हो रहे हैं। निर्मल वर्मा ने यदि कहानी के लिए संगीत की जमीन तोड़ी, तो मोहन राकेश ने नाटक की, रमेश बक्षी ने चित्रकला की। रेणु, मार्कण्डेय, शैलेश की कहानियों में यदि लोककलाएँ मूर्त्त हो जाती हैं तो रामकुमार, विमल, प्रयाग की कहानियों में यान्त्रिक और प्राविधिक सभ्यता का अभिशाप देखा जा सकता है। अमरकान्त और शेखर जोशी की कहानियाँ यथार्थ के मानवीय और जटिलतर रूप की गवाह हैं।

इस विरोधाभास का कारण ढूँढ़ने में मैं प्राय: अमसर्थ रहा हूँ कि जिन कथाकारों में कहानी को कहानीपन से, किस्सागोई से, तात्त्विक सीमाओं से मुक्त करने का आभास मिलता है, वे अपनी पहुँच में छायावादी होते चले गये हैं, तथ उन्होंने उस उर्वरा भूमि का भी परित्याग किया है, जिससे कहानी ने अब तक खुराक ग्रहण की थी, जिसकी वजह से प्रतिष्ठा अर्जित की थी। ऐसे कथाकार या तो घोंघों में मुनमुनाते रहे हैं या अपने अत्यन्त निजी दुखों, कष्टों, क्लेशों, सनकों और कभी-कभी अपनी बीमारियों को 'ग्लोरीफाई' करके एक मायावी अथवा हीरोइक या रोमांटिक जगत की रचना में व्यस्त। इस वर्ग के कथाकार पाठकों को करुणार्द्र करने या उनकी सहानुभूति अर्जित करने में अपनी कुशलता का परिचय भी देते रहे हैं।

अपनी धारणा भी व्यक्त करूँ, तो कहूँगा कि झूठ, फरेब, धोखादेही, प्रवंचना, हिपोक्रेसी, डिप्लोमेसी, दुहरे व्यक्तित्व भी मुझे परेशान नहीं करते और न ही इन पर व्यंग्य करना मुझे अभीष्ट है, क्योंकि मैं समझता हूँ कि ये यान्त्रिक और प्राविधिक सभ्यता की समस्त यन्त्रणा और विसंगतियों का शव अपने कन्धे पर ढो रहे हैं। इनका अत्यन्त आत्मीयता से उद्घाटन करना मुझे अधिक प्रिय है। पाठकों का विश्वासभाजन बनने की अपेक्षा उनमें शामिल हो जाने में अधिक आकर्षण है। फीडलर की यह बात मुझे पसन्द है कि,

'द कंटेम्पुरेरी ऑडियेंस फारगिब्स द लायर इन आर्ट; ईविन एड्मूलेटस हिम! इट नोज ही इज़ लायंग, बट इट नीड्स हिज़ लाइज़! इफ हैपीनेस इज़ द फैकल्टी ऑव बीइंग वैल डिसीव्ड, मोस्ट मेन कैन नो लांगर एचीव इट ऑन दियेर ओन। दे मस्ट बी लाइड टु एवेरी डे, एंड दे आर विलिंग टु पे वैल फॉर द सर्विस!'

जब तक किसी बात को विचार और चिन्तन, ज्ञान और विज्ञान की ठोस भूमि नहीं मिलेगी, वह मनोरंजन और क्षणिक प्रभाव से ऊपर नहीं उठ पायेगी। गुरु-गम्भीर आत्मान्वेषण और सत्यान्वेषण के स्वप्न इस ठोस आधार से वंचित होकर निस्तेज हो जाते हैं और छोटी-छोटी खुशियों और छोटे-छोटे गमों की काल-परिधि से ऊपर नहीं उठ पाते। व्यापक मानवीय संवेदना का भार वहन करने की हमारे

दैनन्दिन जीवन के बीसियों प्रसंग कहानी के लिए निरन्तर अनुपयोगी होते जा रहे हैं। बसें वक्त पर नहीं मिलतीं, तो इसका सीधा ताल्लुक शिकायत की किताब से है, जो कंडक्टर के पास हर वक्त रहती है। पड़ोस के बच्चे शरीर हैं या मुझे किसी लड़की से प्रेम हो गया है, तो इसका आज की कहानी से क्या ताल्लुक? बाजार में चीनी की किल्लत है या कॉलेज में एडमिशन की, तो इसका महत्त्व सम्पादक के नाम या मन्त्री के नाम पत्र से अधिक नहीं है, क्योंकि इन कठिनाइयों के निवारण का कार्य पत्राकरिता अधिक कुशलता से सम्पन्न कर सकती है। पारिवारिक झगड़ों, गली-मुहल्ले तथा म्युनिसिपैलिटी की समस्याओं, भाभी-ननद के झगड़ों, काली-कुँआरी लड़कियों के हृदयविदारक चित्रण, या समाज या जीवन की ऐसी समस्याएँ आज स्थानीय राजनीति, ईवनिंग न्यूज से अधिक महत्त्व नहीं रखतीं। महत्त्व है उस मानवीय संवेदना का, उस बृहत्तर काल-प्रवाह का जो इनके स्पर्श से जब-जब और जहाँ-जहाँ खंडित, आन्दोलित और विचलित होता है। कहानी जब तक पत्रकारिता से ऊपर उठकर किसी बृहत्तर मानवीय संवेदना को वहन करने का सामर्थ्य नहीं रखती तब तक वह 'मात्र कहानी' है, नानी द्वारा सुनी कहानी के समान्तर! ऐसी ही छटपटाहट का आभास रिल्के की कुछ आरम्भिक कविताओं में मिलता है, जैसे एक बार उसने कहा था :

ओह, दैट आई एम बैनिश्ड
फ्राम ऑल ट्रुथ
मियर फूल! मियर पोइट!

रिल्के का सारा संघर्ष कविता को विचार या चिन्तन की भूमि प्रदान करना था। इस प्रक्रिया में वह कवि से चिन्तक नहीं हो गया बल्कि आज भी कवि-रूप में उसकी प्रतिष्ठा है। यह उसकी सफलता थी। उसका संकल्प आज के कथाकार का भी संकल्प है, जो रियाज़ मारकर निर्धारित परिभाषाओं और रेखाओं में रंग भरकर अपने कर्त्तव्य की इतिश्री समझने में असमर्थ पाता है।

आई बिलीव इन एवरीथिंग दैट हैज़ वेवर बीन सेड बिफोर
माई मोस्ट डेडीकेटेड फीलिंग्स आई डिज़ायर टू सैट फ्री,
एंड वन डे देयर शैल कम टु मी स्पोन्टेनियसली
दैट व्हिच नोबडी हैज़ एवर डेयर्ड टु विल!

रिल्के की सफलता के नीचे ऐसे बीसियों प्रश्न दब जाते हैं, जो हिन्दी कहानी के सन्दर्भ में बार-बार उठाये जाते हैं।

जैसे कमिटमेंट का प्रश्न। मेरा कहने का अभिप्राय है कि कमिटमेंट का सीधा सम्बन्ध लेखक के चिन्तन पक्ष से है। चिन्तन और लेखन में विरोध की स्थिति केवल 'मात्र कहानीकारों' के यहाँ मिल सकती है।

अकसर यह भी सुनने में आ रहा है कि साहित्य जीवन से दूर हटता जा रहा है। वस्तुतः यह स्थिति वहाँ उत्पन्न होती है जहाँ जीवन का प्रवाह इतिहास की दायित्वपूर्ण और विद्युतगामी प्रक्रिया से तालमेल नहीं बिठा पाता, जहाँ वह मानव की उस व्यापक उपलब्धि के समानान्तर नहीं आ पाता, जो उसने जीवन के अन्य अनेक क्षेत्रों में अर्जित की होती है। यही कारण है कि प्रकटतः साहित्य जनसाधारण के जीवन के चित्रण से दूर हटता हुआ दिखाई देता है, परन्तु मूलतः वह एक नवधरातल से संवेदना का स्पर्श करता है, जिसकी छायामात्र का आभास जनसाधारण को हो सकता है। आधुनिक साहित्य उस वर्ग का उपजीव्य हो रहा है जो एक ही लीक पर पिटने वाले जनसाधारण का संचालन करता है। जो समय का पूर्व ज्ञान रखने में सक्षम है। जो जीवन की मूढ़ आवृत्तियों से पंगु नहीं हो जाता, बल्कि जीवन की स्थूल वस्तु-चेतना तथा संवेदनाधारा में एक नया अध्याय जोड़ता है। जो मानसिक रूप से ज्ञान, विज्ञान तथा दर्शन द्वारा उत्पन्न 'क्राइसिस' से सम्बद्ध है, जो वैज्ञानिक प्रगति तथा प्राविधिक विशिष्टीकरण से समााजिक संरचना में निरन्तर अकेला होता जा रहा है। कहानी की स्थूल वस्तु चेतना तथा आन्तरिक प्रौढ़ता एवं विन्यास का सृजन करने वाले ये अनुभवजन्य परिवर्तन कहानी के शिल्प तथा शैली-पक्ष को भी आन्दोलित कर रहे हैं। कला-सृजन के पुराने अभ्यास निस्तेज हो रहे हैं। वह युग समाप्तप्राय है जब कोई 'ओल्ड मास्टर' दसियों वर्ष एक ही कलाकृति में व्यस्त रहता था। पहले उसकी विचक्षणता या कार्य-क्षमता अभ्यास-सिद्ध होती थी, अब अनुभवसिद्ध। जो कलाकार पहले 'पैंसिल स्केच' फिर 'वाटरकलर' और अन्त में 'ऑयल कलर' का उपयोग करता था, आज अपने सधे हाथों की कुछ ही रेखाओं द्वारा अभिप्रेत सिद्धि में समर्थ है। यही कारण है कि आज कला के सभी क्षेत्रों में विस्तारप्रियता के स्थान पर मित-कथन के सार्थक प्रयोगों की प्रवृत्ति अधिक लक्षित होती है। उसकी यह मित-कथन-प्रणाली अल्प-कथन-मात्र अथवा उसकी कार्य-भीरुता का प्रमाण नहीं है, बल्कि समय तथा 'स्पेस' पर अधिकार प्राप्त करने की वैज्ञानिक पहुँच की परिचय-बोधक है।

मेरी दृष्टि में कहानी का जो सहज रूप कभी-कभी प्रतिभासित होता है, वह मलबे के अव्यवस्थित ढेर की तरह है, जिस पर घास उग आयी है; डिब्बे में क्रमहीन बिखरे आलपिनों की तरह या लॉन पर बेतरतीब उगी घास की तरह (मेरा कदापि यह कहने का अभिप्राय नहीं कि पहले के कथाकार घास छीलते रहे हैं)। मैं अव्यवस्था या विशृंखलता का समर्थक नहीं हूँ, परन्तु कहानी के बाह्य अनुशासन की अपेक्षा उस आन्तरिक 'हारमनी' का अधिक प्रशंसक हूँ, जो कहानी के हर रेशे में गन्ध की तरह मिली रहती है और जो बिखराव में भी भावस्थितियों में संघटनात्मक एकता स्थापित करती है।

अपनी बात कहूँ तो लिखने से भी अधिक रुचि पढ़ने में है, परन्तु मेरा पढ़ने का तरीका बहुत गलत है, हर रचना पूर्वाग्रह से पढ़ता हूँ। सड़ी-से-सड़ी, निकृष्टतम रचनाएँ भी पढ़ जाता हूँ। इसलिए नहीं कि ऐसी रचनाएँ मुझे अधिक प्रिय हैं बल्कि इसलिए कि निरन्तर मालूम होता रहता है कि मुझे क्या नहीं लिखना है। उच्च और महान रचनाओं ने जहाँ भरपूर जीने की इंटेसिटी दी है, वहाँ मेरी दृष्टि की घटिया रचनाएँ मेरा मार्ग-प्रदर्शन करती रही हैं। बड़े-बड़े लेखकों की घटिया-से-घटिया कहानियाँ पढ़ना, उनके फार्मूले ढूँढ़ना और उनका 'मैनरिज़्म' तलाशना मेरी 'हॉबी' है।

आधुनिक मनुष्य का जो स्वरूप मेरे मस्तिष्क में उभरता है, वह लघुमानव, माहामानव, बोहीमियन्स, न्यू बोहीमियन्स यानी बीटनिक्स, आउटसाइडर, अस्तित्ववादी आदि का मिला-जुला और कहीं-कहीं परस्पर-विरोधी संस्करण है। परन्तु अकसर यह भी महसूस होता है कि मन में कुछ ऐसा है, जो कई बार इस रूप से सामंजस्य नहीं बिठा पाता, बल्कि कई बार इस रूप के प्रति जुगुप्सा का गहरा भाव भी उत्पन्न कर देता है। शायद ये इतिहास-सम्मत संस्कार हैं, जिनका एहसास तब-तब हुआ है जब-जब मैंने अपने को जिन्दगी की मजबूत गिरफ्त में पाया है। शायद जिन्दगी के ये दबाव ही हमें अधिक सतर्क, अधिक सिनसियर और अधिक संवेदनशील कर जमीन पर फेंक देते हैं। मैं जिन्दगी के इन दबावों और तद्जनित विसंगतियों एवं यन्त्रणाओं से सदैव कतराता हूँ। लेकिन यह उतना ही सच है कि इन दबावों के तहत ही अच्छा लिखा जा सकता है, या यों कहूँ कि लिखने की पहली शर्त ये दबाव ही हैं। ये दबाव भौतिक भी हैं और ज्ञान-विज्ञान तथा दर्शनादि के विस्तार से उत्पन्न भी, जो पूर्व और पश्चिम की व्यापक कला-चेतना और अस्तित्वदर्शन की सार्वभौमिक बौद्धिक दृष्टि के प्रति जागरूक करते हैं।

['नयी कहानियाँ', अक्टूबर, 1964]

नयी प्रेम कहानियाँ

परिसंवाद पढ़ा गया। खुशी हुई, आपने कहानी की चर्चा को नयी कहानी, पुरानी कहानी, चार पीढ़ियाँ, भाषा-टैक्सचर, आयाम, उपलब्धि, ग्राम, कस्बा, नगर, महानगर के स्तर से ऊपर उठाकर कहानी के पाठकों को एक नये, रचनात्मक, वैचारिक और अपेक्षित स्तर पर ले जाने का प्रयत्न किया है। आज नयी कहानी की चर्चा ये लोग कर रहे हैं जो अचानक गहरी नींद से उठे हैं और सम्पूर्ण नये साहित्य को अजनबी निगाहों से देखते हुए दुत्कार रहे हैं। जिन गलियों से पाठक गुजर आये हैं वे दुबारा उन्हें उस तरफ हाँक रहे हैं। पिछले तीन-चार वर्षों से हिन्दी कहानी के आलोचकों ने पाठकों की जो दुर्गति की है, जिस हद तक बोर किया है, उसका एकमात्र उपचार ऐसी ही विचारोत्तेजक चर्चाएँ हैं। गाली-गलौज और नये-पुराने से पाठक को कुछ नहीं लेना देना।

परिसंवाद में डॉ. अवस्थी का लेख सबसे अधिक पसन्द आया। 'नयी कहानी' और 'नयी कविता' कहाँ तक सामानान्तर भावभूमियों से उपजी हैं—इसकी चर्चा बकलमखुद में राकेशजी ने भी की थी, नयी कहानियाँ के सम्पादकीय में आपने भी और अब डॉ. अवस्थी ने भी। मेरा ख्याल है इस पर अधिक चर्चा अपेक्षित है। परिसंवाद के सन्दर्भ में अप्रासंगिक न होता तो मैं अवश्य इस समय इसी बिन्दु पर लिखता।

परिसंवाद पढ़कर मैंने महसूस किया प्रेम के सन्दर्भ कुछ कहानियों का तटस्थ विश्लेषण डॉ. अवस्थी और हृषीकेश ने ही किया है। श्रीकान्त ने प्रेम के बदले हुए स्वरूप की व्याख्या तो बहुत सुन्दर ढंग से प्रस्तुत की है परन्तु कहानियों की चर्चा में डगमगा गये हैं। लगा, या तो उन्होंने बहुत कम कहानियाँ पढ़ी हैं और या उनका मत पक्षपात युक्त रहा है। कहीं-कहीं उन्होंने अपने सिद्धान्तों को गलत चौखटे में फिट करके अपनी बात को पुष्ट करना चाहा है। उनके अपने वक्तव्य के सन्दर्भ में यदि 'रसप्रिया' को देखा जाए तो रेणु की रसप्रिया को महान प्रेम कथा नहीं कहा जा सकता, जैसा कि उन्होंने अपने लेख के अन्त में सहसा निष्कर्ष स्वरूप लिख दिया है। प्रबोध की 'आखेट' कहानी को प्रेम कथाओं के सन्दर्भ में महत्त्वपूर्ण कहानी

नहीं कहा जा सकता (कहानी अन्य कारणों से महत्त्वपूर्ण है और न ही वह प्रेम कहानी है)। प्रेम के सन्दर्भ में उसे केवल लड़की फँसाने की प्रक्रिया की सफल कहानी ही कहा जा सकता है। उदाहरणार्थ उनका एक और वक्तव्य दृष्टव्य है : 'निर्मल वर्मा की कहानियों को पढ़ते हुए दहशत होती है और पहली बार यह अनुभव होता है कि प्रेम एक दहशत से भरा हुआ अनुभव है। सारे पात्र निष्क्रिय हैं...इसलिए निष्क्रिय हैं कि हर कुछ करने की अन्तिम परिणति निरर्थकता है। इन कहानियों के तमाम स्त्री पुरुष निरर्थकता के अनुभव और पूर्वानुभव में जी रहे हैं।'

मैं निर्मल वर्मा का बहुत पुराना पाठक रहा हूँ। एक जमाना था, निर्मल वर्मा की कहानियों का अवसाद दिनों छाया रहता था लेकिन यूनिवर्सिटी से निकलते ही महसूस किया कि इस अवसाद, इस चिपचिपाहट और इस लिजलिजी अनुभूति का सीधा और स्पष्ट सम्बन्ध शरत से है। निर्मल वर्मा की कहानियाँ दहशत नहीं देतीं बल्कि लिजलिजी अनुभूति देती हैं। लतिका जिस तरह अतीत से चिपकी रहती है, बुरॉस के फूलों की याद से दबी रहती है, ठीक उसी मन:स्थिति में पार्वती है। निर्मल वर्मा के अधिकांश पात्र निष्क्रिय भी इसलिए नहीं हैं कि कुछ करने की अन्तिम परिणति निरर्थकता है, बल्कि इसलिए निष्क्रिय हैं कि वह प्रेम की या जीवन की अप्रत्याशा (Unpredictability) को सहज रूप से स्वीकार नहीं करते, बल्कि छायावादोचित कैशोरीय घोर भावुकता से आक्रान्त हैं। भावुकता की जग ने उन्हें निष्क्रिय कर दिया है, उनकी क्रिया को डस लिया है। उनकी कहानियों के तमाम स्त्री-पुरुष निरर्थकता के अनुभव और पूर्वानुभव में भी नहीं जीते, बल्कि प्रेम और भावुकता के नन्हे सुहावने और सीमित दायरे के अनुभव खंडों में रिरियाते और कुलबुलाते हैं।

इसके बावजूद इस बात को भी नहीं भूला जा सकता कि इन दायरों से निकलने की कसमसाहट भी उनकी कहानियों में दिखाई देती है। मैं यह भी सोचता हूँ कि निर्मल वर्मा की कहानियों की खूबी यह नहीं है कि उन्हें पढ़ते हुए दहशत होती है (खूबी इसलिए नहीं मानता कि मैं समझता हूँ पाठक को दहशतग्रस्त करने का अधिकार लेखक को नहीं है)। बल्कि खूबी यह है कि भावुकता के गहरे कुहरे से निकलने का एक प्रयास भी उनकी कहानियों में लक्षित होता है, जिसकी ओर बहुत कम लोगों ने ध्यान दिया है। उदाहरणार्थ डॉ. मुकर्जी (परिन्दे) को प्रस्तुत किया जा सकता है। डॉक्टर कहीं भी जीवन से प्रेम का उन्मूलन करने के पक्ष में नहीं है लेकिन चिपचिपाहट का भी विरोधी है। वह लतिका से कहता है : 'किसी चीज को न जानना यदि गलत है तो जानबूझकर न भूल पाना, हमेशा जोंक की तरह उससे चिपके रहना—यह भी गलत है। बर्मा से आते हुए जब मेरी पत्नी की मृत्यु हुई थी, मुझे अपनी जिन्दगी बेकार-सी लगी थी। आज इस बात को अर्सा गुजर

गया और जैसा आप देखती हैं, मैं जी रहा हूँ, उम्मीद है कि काफी अर्सा जिऊँगा। जिन्दगी काफी दिलचस्प लगती है और यदि उम्र की मजबूरी न होती तो शायद मैं दूसरी शादी करने में भी न हिचकता। इसके बावजूद कौन कह सकता है कि मैं अपनी पत्नी से प्रेम नहीं करता था—आज भी करता हूँ।'

डॉक्टर की उदासीनता या असम्पृक्तता (indifference) को न तो निष्क्रियता ही कहा जा सकता है और न ही नादानी (stuipidity) वह डॉक्टर के जीवन का प्रौढ़ अनुभव है। वह जीवन में विडम्बना (irony) और अप्रत्याशा (unpredictability) को अस्तित्व का धर्म (principle) मानकर चलता है, यही कारण है वह अतीत को लेकर परेशान नहीं होता और सहज रूप से वर्तमान को भी स्वीकार कर लेता है। वह कभी भी विनोद में कहा करता है, 'लगता है मिस वुड मुझसे मुहब्बत करती हैं। मेरी जिन्दगी के कुछ खूबसूरत प्रेम प्रसंग कमबख्त इस नींद के कारण अधूरे रह गये।'

मेरा ख्याल है निर्मल के सही रूप को डॉक्टर के माध्यम से ही जाना जा सकता है और उनके विकास की रेखा स्पष्ट है। देखा यह है कि निर्मल अपने लिए कौन-सा मार्ग चुनते हैं!

प्रेम कथाओं के सन्दर्भ में डॉ. अवस्थी ने श्रीकान्त वर्मा की भी कुछ कहानियों की चर्चा की है। वस्तुत: श्रीकान्त के पात्र प्रेम करना नहीं जानते, प्रेम की अनुभूति से अपरिचित हैं। वे प्रेम नहीं करते, प्रेम से पलायन करते हैं। उनकी कहानियों को प्रेम कहानियों की संज्ञा भी नहीं दी जा सकती। वह आधुनिक जीवन की जटिलताओं और ग्रन्थियों के सन्दर्भ में स्त्री-पुरुषों के विकृत सम्बन्धों (प्रेम नहीं) की व्याख्या करती हैं। श्रीकान्त ने परिसंवाद के अन्तर्गत एक स्थान पर लिखा है : 'प्रेम अनिश्चित है और प्रेम से पैदा होने वाले सम्बन्ध भी। सबसे बड़ा संकट यही है...इस संकट को भी मानव परिणति के रूप में झेलना ही नहीं होगा, स्वीकार करना होगा।'

इस संकट को अपनी कहानियों में श्रीकान्त स्वयं ही नहीं झेल पाये हैं, स्वीकार करना तो दरकिनार। उनके पात्र इस संकट को सहज रूप से स्वीकार नहीं करते, बल्कि हाहाकार मचाते हैं, आत्मयन्त्रणा, आत्म-पीड़न से गुजरकर घोंघे की तरह आत्मरति में लीन हो जाते हैं। वह चूँकि देवदास की तरह धनी नहीं, इसलिए गम गलत करने के लिए शराब एफोर्ड नहीं कर पाते (देवदास एय्याशी के लिए नहीं आत्मपीड़न के लिए ही शराब पीता था)। दफ्तर से छुट्टी लेकर दाढ़ी बढ़ा लेते हैं और स्वयं को कमरे में बन्द करके थप्पड़ मारते हैं और घोर यन्त्रणा के दर्दनाक मार्ग से गुजरते हुए पाठकों से सहानुभूति की भीख माँगते हैं। ये कुंठाएँ रूप बदल-बदलकर हमारे सामने आती रही हैं, कभी शराब में धुत्त देवदास के रूप में, कभी आत्मरति लीन नन्दकिशोर के रूप में, कभी गलियारे में खड़ी घोर अँधेरे मीडोज के

झरने के भुतैले स्वर सुन रही लतिका के रूप में। आज ये छोटे-छोटे ताजमहल, ये छोटी-छोटी यन्त्रणाएँ बहुत हल्की लगती हैं और आधुनिक युग में इनकी अपेक्षा नहीं की जाती और न ही इसे 'नये' विशेषण से युक्त किया जा सकता है। इस युग में छोटी-छोटी बातों से उद्विग्न और परेशान पात्रों के लिए सहानुभूति या संवेदना उत्पन्न नहीं हो सकती, केवल हँसी आ सकती है।

इससे आगे एक स्थान पर श्रीकान्त लिखते हैं : 'सारी कोशिश यन्त्रणा से पलायन कर एक आसान सुख प्राप्त करने की है।' श्रीकान्त के अपने पात्र और निर्मल के पात्र (डॉक्टर का चरित्र अपवादस्वरूप है) इस यन्त्रणा से निकलना नहीं चाहते बल्कि इसे ओढ़कर अपार सुख का अनुभव करते हैं। डॉ. अवस्थी के स्वर में वे सिमटे, कुचले और नपुंसक हैं।

इसका उत्तर भी श्रीकान्त ने दिया है : 'कहानी में सेक्स का अर्थ अनिवार्य नहीं कि सहवास ही हो। सहवास के बावजूद कहानी सेक्स विहीन हो सकती है।' और 'स्त्री की उपस्थिति में सारे वातावरण में उष्णता आ जाती है।' स्त्री की उपस्थिति से ही वातावरण की उष्णता लेने वाला व्यक्ति वाकई सेक्स को अनिवार्य नहीं समझ सकता। अवस्थीजी के शब्दों में (ऐसा व्यक्ति) पुंसत्व के क्षण में भागता है।

इसका एकमात्र कारण यही लगता है कि वह नारी को खुले स्पष्ट और सहज रूप में नहीं ले पाता।

एक स्थान पर जहाँ श्रीकान्त सेक्स के सन्दर्भ में किसी प्रकार की नैतिकता, अनैतिकता, श्लीलता, अश्लीलता की कोई परिणति नहीं स्वीकार करते, जैनेन्द्र कुमार की कहानियों में सेक्स के प्रति एक अस्वस्थ दृष्टिकोण देखते हैं।

अन्त में मैं यह कहना चाहूँगा कि कहानी कभी न्यूरौटिक पात्रों का अजायबघर नहीं रही है। आज से बीसियों वर्ष पूर्व यूरोप में ऐसे पात्रों की रचना हुई थी। नये अजायबघर सजाने के चक्कर में आज किसी भी समृद्ध भाषा के लेखक नहीं हैं। यह कहना सर्वथा गलत होगा कि प्रेम में एक न्यूरोसिस है। आधुनिक प्रेम-कथाओं के प्रमुख पात्रों के सम्बन्ध में डॉ. डेविड स्टीवन्सन का प्रस्तुत कथन विचारणीय है :

They do not linger with used up love or used up friendship. They do not hang on to their commitments. When circumstances become too uncomfortable, they clutch boldly at the next propitious moment in time in the hopes of new excitement in the endless stretch of a constantly recurring present.

['नयी कहानियाँ', 1964]

यथार्थ का बदलता हुआ स्वरूप

आज तक यह माना जाता रहा है कि अतीतता का बोध (सेन्स ऑव पास्टनेस) ही कहानी का मूल अर्थ है। जो हो चुका है, बीत चुका है, उसका कथन ही कहानी है। अतीत की इस चिलम में राख टटोलते-टटोलते हमारे कहानीकारों की पीढ़ियों-की-पीढ़ियाँ बूढ़ी हो गयी हैं। यह आकस्मिक नहीं है कि आज के कथाकारों की युवा पीढ़ी 'उसने कहा था' या 'पिछली गर्मियों में' जैसी अतीतबोध की कहानियाँ नहीं लिख रही। आज कहानी बयान करने के लिए नहीं लिखी जा रही, वर्तमान से भिड़ने के लिए लिखी जा रही है। किस्सागोई की कहानियों के साथ जुड़ा रहता है, पूरे-का-पूरा अदालती माहौल—यानी किसी तरह की अपराध-भावना, किसी झूठी-सच्ची शहादत की भावना—और हर हालत में निर्णय की प्रतीक्षा तो रहती ही है। वह निर्णय समाज का भी हो सकता है, न्यायाधीश अथवा समीक्षा का भी। मतलब यह है कि किस्सागोई की कहानी किसी निर्णय के क्षण की कहानी नहीं होती, किसी दूसरे के निर्णय की मुखापेक्षी रहती है, जबकि आज की कहानी निर्णय के क्षण की कहानी हैं, यह निर्णय चाहे अनिर्णय का ही क्यों न हो। यह जानते हुए भी वह वर्तमान से 'एनकाउंटर' करता है कि इसमें उसके घायल होने की सम्भावनाएँ अधिक हैं। वर्तमान की इस बात को गलत अर्थ में न ले लिया जाए, इसलिए यह कहना आवश्यक होगा कि जिस रूप में वर्तमान में अतीत और भविष्य की सत्ता रहती है, उसी रूप में आज की कहानी वर्तमान की कहानी है। उसका ताल्लुक सुनने-सुनाने से भी टूटता जा रहा है, जैसे हॉकी का मैच देखकर जो 'थ्रिल' उत्पन्न होता है, वह आँखों-देखा विवरण सुनकर नहीं होता। कहानीकार आपके देखते-देखते आपके सामने इसी क्षण उन तमाम क्रूरताओं, असंगतियों, विषमताओं, विरोधाभासों और हास्यास्पद स्थितियों में से गुजर रहा है कि आप मात्र मूक गवाह नहीं रह पाते, सहभोक्ता हो जाते हैं। ठीक इसी तरह जैसे आप 'बुल-फाइटिंग' देख रहे हों या 'बॉक्सिंग'। इस लिहाज से आज की कहानी जीवित कहानी है, सिनेमा की तरह मृत नहीं, जहाँ भावनाओं की दुहरी या तिहरी पुनरावृत्ति आप स्क्रीन पर देखते हैं। आज की कहानी क्षण-क्षण घटित होने वाले वर्तमान (नाउनेस) का सही और

सम्पूर्ण पर्यवेक्षण प्रस्तुत करती है। इस प्रक्रिया में कहानीकार सहसा दूसरों से विशिष्टि नहीं हो जाता, और न ही 'जीवन को झेलने' के किसी शहीदी भाव से ओतप्रोत हो जाता है। बीच की पीढ़ी के कथाकारों ने 'यथार्थ को झेलने' की जिन स्थितियों को लेकर कहानियाँ लिखी थीं, वे यथार्थ के प्रति कृत्रिम करुणा और सहानुभूति के गहरे भाव तो उत्पन्न करती थीं, परन्तु उसमें उपकार करने और अतिरिक्त जिम्मेदारी उठाने का जो रोमानी भाव था, वह पाठक को ठंडा छोड़ जाता था, जैसे आपकी सहायता करने वाला कोई व्यक्ति ढिंढोरा पीटता घूमे और आपके लिए 'उपकृत' बने रहने के अलावा कोई चारा न हो। समाज-धर्मा, मानवतावादी मूल्यों और यथार्थ युग-बोध को झेलने वाले लेखकों के लिए आयनेस्को ने एक बार गिड़गिड़ाते हुए कहा था—जो यह दावा करते हैं कि वे मानव के हितैषी हैं, वास्तव में वे मानव के प्रति उदासीन और असम्पृक्त हैं, वे मानवता के किसी अमूर्त रूप को ही प्यार कर रहे हैं। यदि आप सचमुच मानवता के हितचिन्तक हैं, तो मानव की दशा सुधारने का काम छोड़ दीजिए, आपकी बहुत कृपा होगी!

सन् साठ के बाद की कहानी के सन्दर्भ में प्राय: पूछा जाता है कि क्या कारण है कि कहानी पढ़कर यह प्रश्न मन में नहीं उठता कि 'आगे क्या हुआ?' क्या कारण है कि कहानी में घटनाओं और चरित्रों का ऐसा संयोजन नहीं, जो पहले की कहानी में था? यह कहानी याद क्यों नहीं रहती? इसका सारांश क्यों नहीं हो पाता...या स्वीकृत कथा-तत्त्वों की अवहेलना क्यों हो रही है? पात्रों का कोई नाम क्यों नहीं है?

वास्तव में सन् साठ के बाद की कहानी ने स्वीकृत कथा-तत्त्वों, चालू नुस्खों और फार्मूलों की सायास अवहेलना करके अपने अंनुभव की प्रामाणिकता पर ही अधिक बल दिया है। वह न बीते हुए कल की कहानी है, न सम्भावना के कल की, इसलिए उसमें कुतूहल भी नहीं है, जो सुनहरे जीवन का काल्पनिक भ्रम उत्पन्न करता है। इसलिए 'आगे क्या हुआ' जैसे प्रश्न आज की कहानी के सन्दर्भ में अर्थहीन हैं। सार्थक है वह अनुभूति, जो कथाकार ने आपके साथ-साथ इसी क्षण प्राप्त की है, बिना कार्य-कारण शृंखला में बँधी घटनाओं और रंग-बिरंगे चरित्रों के मायाजाल की सृष्टि किये, बिना पाठक पर कोई अहसान जताये, और बिना अपने कन्धों पर 'सारे जहाँ के दर्द' की झूठी लाश उठाये। अपने बिखराव और असम्बद्धताओं में भी वह इतनी संहृत है कि उसका सारांश नहीं किया जा सकता। किसी एक वाक्य, किसी एक घटना, किसी एक चरित्र अथवा किसी एक उपकरण से उसका रचनात्मक संगठन नहीं हुआ, इसलिए वह अपने समूचे रूप में ही सार्थक है, उसका एक-एक रेशा महत्त्वपूर्ण है। डॉ. नामवर सिंह, जो कहानी में कहानीपन के बहुत बड़े समर्थक थे, आज महसूस करने लगे हैं कि, 'आज की कहानियाँ रचना-विधान

की दृष्टि से एक अरसे से उपयोग में आने वाले कथागत साज-सम्भार को एकबारगी उतारकर हल्की हो गयी हैं—हल्की, लघु और ठोस।' वास्तव में आज की कहानी ने अपनी आवश्यकताओं के अनुरूप अपना एक अलग रास्ता बनाया है। कहानी अब विस्तारप्रियता, लोकप्रियता, सांकेतिकता और रोचकता आदि की सीमाओं को तोड़ती हुई एक नये कथा-शिल्प का शिलान्यास कर रही है। लोकप्रियता और सांकेतिकता आदि स्त्रैण-तत्त्वों का स्थान अनुभूति की प्रामाणिकता और तीव्रता ने ले लिया है। विस्तारप्रियता के स्थान पर मितकथन के सार्थक प्रयोग हो रहे हैं। वह किसी बाह्य अनुशासन की मुखापेक्षी भी नहीं रही। भाव-स्थितियों का बिखराव त्रासकारी अनुभव को एक नया आयाम देता है।

यहीं पर एक प्रश्न उठता है कि आज के मनुष्य का वह त्रासकारी अनुभव क्या है, जिनकी इधर जोरों से चर्चा हो रही है? वास्तव में, सन् साठ के बाद के कहानीकारों की पीढ़ी वह युवा पीढ़ी है, जिसने बहुत कम समय के लिए परतन्त्र भारत को देखा, जिसका पालन-पोषण और विकास स्वतन्त्र भारत में हुआ। इससे पूर्व कि यह पीढ़ी स्वतन्त्रता के सही अर्थ को या मूल्य को पहचान पाती, उसने अपने चारों ओर भ्रष्टाचार, जातिवाद, भाई-भतीजावाद, प्रान्तीय संकीर्णताओं, गुटबन्दी, बेरोजगारी, नौकरशाही के घृणित परिणाम ही देखे और अपने को बीस तरह के निषेधों से घिरा पाया। उसे यह सुनकर हैरानी हुई कि इससे पूर्व एक 'पुनर्जागरण' भी हो चुका है। उसने पाया कि विवेक और व्यवहार, कार्य और कारण, अपराध और सजा, शब्द और अर्थ का पारस्परिक सम्बन्ध निरन्तर टूटता जा रहा है; जीवन प्राणशक्ति से हीन हो रहा है, यथार्थ अयथार्थ का भ्रम देने लगा है, शब्द केवल ध्वनि बनकर रह गये हैं। नास्टेल्जिया, दुख-दर्द, गरीबी, भय, आशंका, घृणा, बोरडम, दहशत, बेरोजगारी और अपमान के बीच उसका जन्म और विकास हुआ है। और विरासत में मिले हैं, कहानी-लेखन तथा जीवन-दृष्टि के कुछ पुख्ता और टिकाऊ फार्मूले। इन विषमताओं में पला कथाकार या तो जीवन के प्रति रोमानी भावुकता लिये जीवित रह सकता था, या 'कॉमिकल' बनकर। एक तीसरा रास्ता था कृत्रिम जीवन, कृत्रिम विद्रोह और कृत्रिम आक्रोश का 'सन्तोष देने वाला' रास्ता। इस रास्ते पर भी नवलेखन की एक जमात-की-जमात खड़ी है। यह जानना काफ़ी मजेदार लगता है कि हिन्दी के बहुत-से तथाकथित 'वीर' और विद्रोही लेखक अपनी नौकरियों के प्रति सबसे अधिक सावधान है। एंग्री यंगमैन सास से डरकर पत्नी को तीर्थ-यात्राएँ करवाते हैं। जी-हुजूरी, चापलूसी, स्वार्थपरता, जो इन लेखकों के जीवन के निकट का यथार्थ था, वे उस पर नहीं लिखेंगे, क्योंकि वे अपना सही चेहरा नहीं पहचानना चाहते, और उनका मन गवाही नहीं देता कि वे अपनी हास्यास्पद स्थिति से साक्षात्कार करें। यही कारण है कि ऐसा बहुत-सा साहित्य

कृत्रिम व्यक्ति और अभिव्यक्ति का साहित्य है, कृत्रिम विद्रोह और कृत्रिम जीवन का साहित्य है। मुझे तो लगता है कि आज का कथाकार केवल 'कॉमिक' एप्रोच के द्वारा ही मानव की त्रासपूर्ण और हास्यास्पद स्थिति का स्वतन्त्र और स्पष्ट अनुभव प्राप्त करता है। वह अपने लेखन में अपना ही मजाक उड़ाता है और अपने तिरस्कार द्वारा ही छल-कपट से मुक्ति पाता है। कुछ ऐसी ही एप्रोच की ओर कलकत्ता कथा-समारोह में देवीशंकर अवस्थी ने भी संकेत किया था। उन्होंने कहा था—'कभी-कभी ये कहानियाँ एलिगैरी मालूम पड़ने लगती हैं और अकसर मात्र चुटकुले-बाजी।' ये कहानियाँ चाहे श्रीकान्त वर्मा की हों अथवा महेन्द्र भल्ला, काशीनाथ सिंह, ज्ञानरंजन, दूधनाथ सिंह, अवधनारायण सिंह, प्रबोधकुमार, सुधा अरोड़ा या विनोदकुमार शुक्ल की। जीवन के प्रति 'कॉमिक', कुंठाहीन और सहज एप्रोच आपको सर्वत्र मिलेगी, जो कथाकार को अपने से मुक्त होकर जीवन को देखने की क्षमता देती है। इन कथाकारों की रचनाओं में आपको भाषा का कलात्मक सौष्ठव भी नहीं मिलेगा, सीधी-सादी, रूखी और सपाट भाषा मिलेगी, जो साहित्य में कभी भी इतनी जानी-पहचानी भाषा नहीं थी।

[आरा कहानी गोष्ठी (25 सितम्बर, 1966) में पठित]

नये कथा शिखरों की तलाश

कथाकारों का यथार्थ-बोध विभिन्न मानसिक स्तरों तथा भूमियों पर प्रकट हुआ है। युग-यथार्थ को अभिव्यक्ति देने में आज की कहानी कहाँ तक सक्षम है और कथाकार यथार्थ के किस रूप को ग्रहण कर रहे हैं, कथा-दशक योजना के अन्तर्गत प्रकाशित कहानियों और वक्तव्यों के सन्दर्भ में यह जान लेना आवश्यक-सा जान पड़ता है। सर्वप्रथम वे कथाकर हैं जो समष्टि की व्यापक चेतना की अभिव्यक्ति तथा अपने परिवेश के यथार्थ के प्रति अधिक जागरूक हैं या उनके ही शब्दों में कहा जाए, वे युग-जीवन की सम्पूर्ण कटुताओं, विषमताओं, असंगतियों और विभीषिकाओं को झेल रहे हैं। झेलने की यह स्थिति युग-यथार्थ के प्रति करुणा और सहानुभूति के गहरे भाव उत्पन्न करने का सामर्थ्य तो अवश्य रखती है, परन्तु इसमें एक उपकार करने की ध्वनि, अतिरिक्त दायित्व वहन करने का बोध तथा उत्साहभरा भावावेश ध्वनित होता है, जो सम्प्रेषणीयता के स्तर पर कभी-कभी जाली लगता है। इस दृष्टि से उन कथाकारों की अभिव्यक्ति अधिक सशक्त, प्रामाणिक तथा तीव्र रही है, जिन्होंने युग-यथार्थ को भोग की स्थिति तक ग्रहण किया है और अपनी रचना-प्रक्रिया से मिथ्याडम्बरों और चमत्कारों का बहिष्कार कर यथार्थ के नितान्त सहज और आत्मीय रूप को स्वीकारा है। भोग की यह सहज स्वीकृति ही आधुनिक भाव-बोध को वहन कर सकती है तथा यथार्थ को अनुभव के स्तर पर सम्प्रेषण की अद्‌भुत नयी शक्ति देती है। इसका समग्र प्रभाव भी करुणा या सहानुभूति उत्पन्न करना नहीं होता, बल्कि संवेदन के माध्यम से यथार्थ की व्याख्या प्रस्तुत करना है। मेरा कहने का अभिप्राय यह है कि जटिल से जटिल संवेदनाओं, द्वन्द्वों को केवल भोग के स्तर पर ही व्याख्यायित किया जा सकता है, माध्यम चाहे कविता हो या कहानी अथवा साहित्य की कोई अन्य विधा। भोग तथा अनुभव अन्तर्ग्रंथित हैं और इनका सम्बन्ध-विच्छेद उन लेखकों के वक्तव्यों और उनकी कहानियों के सन्दर्भ में लक्षित किया जा सकता है, जिनका किसी भी रचनात्मक स्तर पर यथार्थ से साक्षात्कार नहीं हुआ, अर्थात् जिन्होंने यथार्थ को न तो 'झेला' है और न अनुभूत किया है; एक ऐसा यथार्थ ओढ़ा है, जो उनका अपना भी नहीं है, उनके देश-

परिवेश का भी नहीं है। यह सच है कि किसी भी जीवन्त कथाकार के लिए विश्व की वैज्ञानिक, साहित्यिक, सांस्कृतिक अथवा कला सम्बन्धी गतिविधियों तथा उपलब्धियों से असम्पृक्त रह सकना न तो सम्भव है और न श्रेयस्कर ही, परन्तु ओढ़ने मात्र से दूसरे का यथार्थ अपना यथार्थ नहीं हो जाता। किसी भी अविकसित राष्ट्र के लिए आशु प्रभाव-ग्रहण एक विवशता भी हो सकती है और नादानी भी। यह विवशता भी द्विपक्षीय है। कामू, काफ्का या सार्त्र को ओढ़ना भी उतनी ही बड़ी नादानी होगी, जितनी बड़ी नादानी प्रेमचन्द, शरतचन्द्र को ओढ़ना। दोनों ही स्थितियों में समसामयिकता आधुनिक भावबोध का अंग नहीं बन सकती। इसे यथार्थ से पलायन ही कहा जाएगा।

मैं यह भी महसूस करने लगा हूँ कि किसी लेखक को उसी के वक्तव्य की कसौटी पर परखने की कोशिश करना महज जल्दबाजी और अन्याय होगा। ऊपरी रूप से देखने पर यह बात गलत भी लग सकती है पर वस्तुतः स्थिति यह नहीं है। बहुत ईमानदारी से लिखे आत्म-कथ्यों से आशंका, अनिश्चय और सम्भ्रान्ति का होना बहुत अस्वाभाविक नहीं। यहाँ लेखक की आशंकाएँ और सम्भ्रान्तियाँ उसकी अपनी आशंकाएँ और सम्भ्रान्तियाँ हैं, उसे यदि दूसरे लोग चुनौती के रूप में ले लें तो दोष लेखक का नहीं। मेरे निकट ऐसे वक्तव्य कथा-चेतना के गतिशील तथा परिवर्ती रूप, आग्रह और सन्दर्भों को समझने में अधिक सहायक हुए हैं। स्वतन्त्रता के बाद हमारे मूल्यों, हमारी दृष्टि, हमारी चिन्तन-प्रक्रिया में इतनी तेजी से परिवर्तन आ रहे हैं कि आधिकारिक रूप से कहा हुआ कोई भी वाक्य कल जड़ जो जाए तो आश्चर्य नहीं होगा। कल के सच कल के सन्दर्भ में सच थे। यही कारण है कि आज का लेखक जीवन-प्रवाह तथा गतिशील आधुनिकता में निरन्तर अन्वेषणरत है। ऐसी स्थिति में उसका वक्तव्य उसकी कहानियों की व्याख्या मात्र प्रस्तुत नहीं करता, बल्कि एक ऐसी सम्भावना की ओर संकेत करता है, जिसकी ओर वह बढ़ रहा है। हो सकता है वह उन बिन्दु तक न भी पहुँच पाये। उसका पहुँचना नहीं, उसकी छटपटाहट अधिक महत्त्वपूर्ण है। इस छटपटाहट और संघर्ष का आभास उन लेखकों के वक्तव्यों के माध्यम से भी मिल सकता है, जो कथा-धारा के विकास में पूरी तरह अन्तर्ग्रस्त (इनवॉल्वड) हैं। मोहन राकेश, निर्मल वर्मा, कमलेश्वर के आत्म-कथन इसके उदाहरण हैं। इस संघर्ष का आभास कथाकारों का संस्कारगत परिचय प्राप्त करने पर भी होता है, जो अमरकान्त, मार्कण्डेय, रेणु, शिवप्रसाद सिंह, रमेश बक्षी, शैलेश मटियानी, राजेन्द्र यादव, लक्ष्मीनारायण लाल तथा राजकमल चौधरी के वक्तव्यों में प्राप्त होता है। यह दूसरी बात है कि कुछ लोगों की

अभिव्यक्ति सहज, सरल और कुंठाहीन रही है और कुछ की फैशनेबुल या बनावटी कृत्रिम।

यह कहना गलत होगा कि कहानी अभी चेख़व की कहानी से भी बहुत पीछे हैं, क्योंकि चेख़व के कथा-शिखर को छूना आज के कहानीकार को अभीष्ट नहीं है, आज का कहानीकार नये शिखरों की तलाश में है। यह तय है कि इस दशक में बहुत सशक्त कहानियाँ लिखी गयीं, परन्तु कथा-दशक का सही बोध इस महत्त्वपूर्ण योजना के अन्तर्गत प्रकाशत कहानियाँ कहाँ तक देती हैं, यह चिन्त्य है।

['धर्मयुग', 10 जनवरी, 1965]

शख्सियत

ताराशंकर बन्द्योपाध्याय

कृश्नचन्दर

डॉ. इन्द्रनाथ मदान

ताराशंकर बन्द्योपाध्याय

> 'सन् 1898 में पैदा हुआ था। ईश्वर-भक्ति तो मुझमें बचपन से ही थी। नास्तिकवाद की चर्चा में मुझे कभी शान्ति नहीं मिली। लिखना शुरू करने से पहले भगवान का नाम लेता हूँ। एक कॉपी और एक डायरी रोज दोनों में इष्टनाम लिखता हूँ। साल भर में एक लाख नाम लिखने का संकल्प किया है...।'

इसे संयोग ही कहा जाएगा कि साल भर में एक लाख बार इष्टनाम लिखने वाले बंगला के विख्यात उपन्यासकार ताराशंकर बन्द्योपाध्याय को भारतीय ज्ञानपीठ का 1966 का एक लाख का ही पुरस्कार प्राप्त हुआ।

तारा बाबू का प्रारम्भिक जीवन बड़ा संघर्षमय था। कर्ज, गरीबी और गरीबी से सतत संघर्ष। दस दिन में पूरे नाटक का लेखन और एक-एक दिन में चालीस-चालीस प्याले चाय। रोज बीस-पच्चीस पृष्ठों का नियमित लेखन। मगर रोजी-रोटी की समस्या इस कठोर परिश्रम से भी हल नहीं हो पा रही थी। तंगदस्ती के दिनों में भी उन्होंने वह सुविधामय रास्ता नहीं अपनाया, जो उन्हें भौतिक सुविधाएँ तो दिलवा सकता था, मगर उन्हें साहित्य रचना से विरत कर देता।

सन् 1928 के आसपास तारा बाबू ने साहित्यिक जीवन में प्रवेश किया था। उन दिनों वे कहानियाँ और 'जात्रा' लिखा करते थे और बंगाल की ग्रामीण नाट्य मंडलियाँ 'जात्रा' खेला करती थीं। शायद यही कारण है कि कालान्तर में जब वे उपन्यास लेखन की ओर प्रवृत्त हुए तो वे लोकमानस को अधिक गहराई और आत्मीयता के साथ चित्रित कर सके। 'हाँसुली बांकेर उपकथा', 'आरोग्य निकेतन', 'गणदेवता' आदि उपन्यासों में बंगाल की धरती, पोखरे, नदियों और बंगाल की मिट्टी से मिले हुए मनुष्य-समाज का उन्होंने अत्यन्त आत्मीयता से वर्णन किया, जनमानस का इतना आत्मीय वर्णन कादिचत् ही किसी अन्य उपन्यासकार के यहाँ उपलब्ध होगा। उनके इसी लोकप्रेम और पर्यवेक्षण-शक्ति से प्रभावित होकर एक बार रवीन्द्रनाथ टैगोर ने उनसे कहा था, 'तुमने गाँव की बात लिखी है, बहुत सही लिखी है। गाँव के लोगों के बारे में जैसा तुमने लिखा है, वैसा इससे पूर्व कम ही

पढ़ा है।'

वस्तुतः ताराशंकर के आविर्भाव के साथ-साथ बंगला साहित्य में व्यक्तिनिष्ठ, भावुकतापूर्ण और रोमांटिक धारा के साहित्य का एक युग दौर समाप्त होता है। ताराशंकर ने प्रथम बार अपनी रचनाओं के माध्यम से बंगला साहित्य में समष्टि भावना को प्रस्थापित किया। बंगला साहित्य में परिवर्तन की इस प्रक्रिया को 'गणदेवता' और 'आरोग्य निकेतन' में अनुभव किया जा सकता है। 1930 के राष्ट्रीय आन्दोलन में तारा बाबू ने सक्रिय भाग लिया था और जेलयात्रा भी की थी। यही कारण है कि उनके अधिकांश उपन्यास राष्ट्रीय आन्दोलन की इसी पृष्ठभूमि में लिखे गये हैं। भारतीय ज्ञानपीठ द्वारा विशेष रूप से प्रशंसित उपन्यास 'गणदेवता' एक ग्रामीण स्कूल अध्यापक के संघर्षमय जीवन की गाथा है, जिसमें उन्होंने प्राचीन ग्राम व्यवस्था के विघटन तथा संक्रमणकालीन बंगाल के ग्राम्य जीवन का सफल चित्रण किया है। ताराबाबू ने गाँधी, मार्क्स, फ्रायड आदि के सिद्धान्तों का सूक्ष्म अध्ययन किया है, परन्तु एक अन्धभक्त के रूप में नहीं, एक कर्मशील अध्येता के रूप में—'सोचता हूँ, क्या फ्रायड की व्याख्या सच है? नहीं। उसका भी एक बड़ा प्रमाण है—जिन्दगी में कभी किसी का आशिक नहीं हुआ और न होने की चेष्टा की।' तारा बाबू ने एक बार कहा था।

सफल उपन्यासकार के साथ-साथ तारा बाबू एक सफल गृहस्थ भी हैं। अड़तालीस व्यक्तियों के परिवार में उनके चौदह पोते-पोतियाँ हैं। पोते-पोतियों के बीच बैठने में उन्हें बड़ा आनन्द आता है। पुरस्कार का समाचार पाकर भी उन्हें सबसे पहले अपने परिवार का ही ध्यान आया।

पाठक-समाज और राष्ट्र ने उनकी साहित्य-साधना का इससे पूर्व भी प्रतिदान दिया है। 1947 में उन्हें शरत्-स्मृति पुरस्कार, 1955 में रवीन्द्र पुरस्कार और 1956 में साहित्य अकादमी पुरस्कार मिल चुका है। वे पश्चिम बंगाल विधान परिषद् और राज्यसभा के सदस्य भी रह चुके हैं।

['धर्मयुग', 28 मई, 1967]

कृश्नचन्दर

'23 नवम्बर, 1914 में पैदा हुआ, उम्र का अधिकांश हिस्सा कश्मीर में गुजार दिया, कश्मीर की खूबसूरती और गरीबी से बहुत प्रभावित हुआ हूँ और खूबसूरती को पा लेने और गरीबी को खो देने ही को मैं इंसानियत के बुनियादी मसायल समझता हूँ, अकसर इन्हीं के मुतआलिक लिखना पसन्द करता हूँ।' उर्दू के मुमताज अफसानानिगार कृश्नचन्दर अपना तआरुफ इसी तरह दिया करते थे।

बहुत कम लोग जानते होंगे कि कृश्नचन्दर भी यशपाल की तरह भगतसिंह के साथी थे और जब भगतसिंह और उनके साथी पकड़े गये तो कृश्नचन्दर को भी पुलिस पकड़कर ले गयी। कृश्नचन्दर लगभग एक माह तक लाहौर के किले में बन्द रहे। पूछताछ के बाद यद्यपि उन्हें रिहा कर दिया गया मगर एक राजनीतिक समझ वे अपने भीतर तब तक पैदा कर चुके थे। एम.ए., एल.एल.बी. की परीक्षाएँ पास करते-करते राजनीति में उनकी दिलचस्पी बढ़ने लगी। वे पंजाब में भंगियों की प्रथम यूनियन के अध्यक्ष चुने गये। अपनी मशहूर कहानियाँ 'यरकान', 'अंगूर', 'तिलस्म ख्याल', 'दो फर्लांग लम्बी सड़क' उन्होंने इन्हीं दिनों लिखीं। वे भंगियों की कॉलोनियों में जाते, भाषण देते, उनकी समस्याओं को सुलझाते। कृश्नचन्दर को अपनी कलम के जादू पर इतना भरोसा न होता तो वे राजनीति को सदा-सदा के लिए अपना चुके होते। उर्दू में जिन दिनों यौन मनोविज्ञान के नाम पर इस्मत चुगताई की 'लिहाफ', मंटो की 'काली शलवार', अश्क की 'उबाल' ऐसी यौन-सम्बन्धों पर आधारित कहानियाँ लिखी जा रही थीं, कृश्नचन्दर ने समाजपरक कहानियाँ लिखकर उर्दू कहानी की दिशा ही बदल दी। सामाजिक जीवन की छोटी-बड़ी समस्याएँ उनकी कहानियों में उजागर होने लगीं। कलकत्ता में राजनीतिक बन्दियों के समर्थन में औरतों के जुलूस पर गोलियाँ चलीं (1949) तो 'ब्रह्मपुत्र' लिखा, बम्बई में टेक्सटाइल मजदूरों की हड़ताल हुई (1954) तो 'फूल सुर्ख' लिखा, अप्रैल-जून 1948 में उन्होंने सेंसरशिप और नागरिक अधिकारों के हनन के खिलाफ 'बुत जागते हैं' लिखा। कृश्नचन्दर की इन कहानियों ने उर्दू कहानी की धारा ही बदल दी महालक्ष्मी के पुल में वे कहते हैं :

—आप इस पुल के दायें-बायें दोनों तरफ देखिये और फिर अपने आपसे पूछिए कि आप किस तरफ जाना चाहते हैं ? मैं सिर्फ यह पूछना चाहता हूँ कि आप महालक्ष्मी के पुल के दायीं तरफ हैं या बायीं तरफ ?

—महालक्ष्मी के पुल की दायीं तरफ बुर्जुआजी हैं। वे लोग हैं, जिनके कारखाने और जायंट स्टाक कम्पनियाँ हैं और सरमाया है और बायीं तरफ मेहनतकश इंसान हैं।

कृश्नचन्दर ने अपने एक नहीं अनेक अफ़सानों में यह जाहिर किया है कि वे पुल के बायीं तरफ के लेखक हैं।

पुल के बायीं तरफ के लेखकों के लिए प्रायः एक समस्या होती है कि वे अपने सिद्धान्तों के समक्ष हर दूसरी चीज़ को तुच्छ समझते हैं। सैद्धान्तिक विवेचन के अतिरिक्त आग्रह के कारण उनका लेखन प्रायः निहायत उबाऊ और जड़ होने लगता है। कृश्नचन्दर के यहाँ ऐसा नहीं हुआ। जेठ की नाकाबिले-बरदाश्त दुपहरी में नीम के पत्तों की ठंडी हवा की तरह उन्होंने शिल्प और भाव का सन्तुलन कायम रखा है। समाज के पीड़ित, दलित और शोषित वर्ग के प्रति उनकी सहानुभूति प्रकृति के सम्पर्क में आकर और अधिक प्रखर हो उठती है, उनके यहाँ प्रकृति कहीं भी इंसान से जुदा नहीं है। वह इंसान से जुड़ी हुई है। थामस हार्डी की तरह उन्होंने प्रकृति को इंसान से बड़ा नहीं माना और न ही उसका चित्रण इस तरह से किया कि उसके हाथ खून से सने हैं। वे प्रकृति को इन्सान के शत्रु के रूप में नहीं देखते। कृश्नचन्दर यह मानकर चलते हैं कि इंसान अपनी बदनसीबी के लिए खुद जिम्मेदार है। प्रकृति ने तो कश्मीर पर अपना अमूल्य सौन्दर्य निछावर कर दिया था, मगर वहाँ जो गरीबी है, जहालत है, शोषण है उसके लिए इंसान खुद जिम्मेदार है। कश्मीर की सुरम्य घाटी में गरीबी के घरौंदे इंसान ने खुद बनाये हैं। प्रकृति का चित्रण उन्होंने बहुत ही काव्यमयी भाषा में किया है, मगर कहीं-कहीं इस चित्रण में एकरूपता भी आ गयी है और लगता है कि उनकी एक कहानी दूसरी कहानियों का अक्स मात्र है। इसके बावजूद प्रकृति उनकी कहानियों में पृष्ठभूमि में ही रहती है और प्रकृति की गोद में खेलते हुए तरह-तरह के पात्रों से परिचय होता रहता है।

कृश्नचन्दर का रचना-संसार इतना व्यापक है कि उनकी कहानियों में आपको मजदूर और किसान मिलेंगे, नौजवान और बूढ़े मिलेंगे। यही नहीं, उनका गधा किसी भी इंसान से अधिक संवेदनशील है। उनका गधा न केवल ब्यूटी कम्पीटीशन में भाग लेता है, जवाहरलाल नेहरू व चाऊ एन लाई से भी भेंट करता है। जिन्दगी, राजनीति व अन्तर्राष्ट्रीय स्तर पर कुछ महत्त्वपूर्ण सवाल उठाता है। एक बार कन्हैयालाल नन्दन ने कृश्नचन्दर से पूछा कि आपने अपना हीरो गधे को क्यों चुना ? तो कृश्नचन्दर ने जवाब दिया—इसलिए कि तमाम जानवरों में मैंने गधे को ही सबसे

ज्यादा अक्लमन्द पाया है। कहने को इंसान ही सबसे ज्यादा अक्लमन्द माने जाते हैं, मगर इंसानों ने पिछली दो जंगों में जो गुल खिलाये हैं, उन्हें देखकर और उन पर गौर करके यही महसूस होता है कि दुनिया में सबसे अक्लमन्द जानवर गधा ही है।

उनके व्यंग्य बहुत ही पैने व तिलमिला देने वाले होते थे। 'ताई ईसरी' से लेकर 'एक गधे की आत्मकथा' तक इस क्रम को निरन्तर विकसित होते देखा जा सकता है, कृश्नचन्दर के पात्र उनसे भिन्न नहीं थे। एक बार किसी ने उनसे पूछा : 'शिकस्त' का श्याम कौन है?

—मैं! कृश्नचन्दर ने कहा।

—ताई ईसरी?

—मैं...

—और वह गधा?

—वह भी मैं ही हूँ।

गोर्की ने साहित्य और जीवन के पारस्परिक सम्बन्धों के बारे में लिखा था : मेरे लिए मनुष्य से बाहर कोई भी भाव या विचार अपना-अपना अस्तित्व नहीं रखते। मनुष्य ही प्रकृति की सम्पूर्ण शक्तियों का भावी स्वामी है। संसार में जो कुछ सुन्दर तथा श्रेष्ठ है, वह सब मानव-श्रम की उपज है। सौन्दर्य के प्रति मनुष्य के प्रेम एवं गन्दगी के प्रति उसकी घृणा को भी मैं सर्वाधिक पवित्र एवं सात्विक धारणा के रूप में ग्रहण करता हूँ।

गोर्की की इस कसौटी पर कृश्नचन्दर का अधिकांश साहित्य खरा उतरता है। टैगोर के बाद कृश्नचन्दर हिन्दुस्तान के दूसरे लेखक थे, जिनकी रचनाओं का विश्व की साठ से भी अधिक भाषाओं में अनुवाद हुआ। उन्होंने अपने जीवनकाल में सत्तर से भी अधिक पुस्तकें लिखीं। इनमें से 22 कहानी-संग्रह तथा लगभग 30 उपन्यास हैं।

कृश्नचन्दर एक समर्पित साहित्यकार थे। अपना प्रथम उपन्यास 'शिकस्त' उन्होंने कश्मीर के गुलमर्ग होटल में रहकर सिर्फ 21 दिनों में लिखा था। बाद में उसके बीसियों संस्करण प्रकाशित हुए, अपनी रचनाओं पर उन्हें सन् 1966 में सोवियत लैंड नेहरू एवार्ड भी प्राप्त हुआ था।

अपनी आदतों के बारे में बेबाकी से उन्होंने लिखा है—आदतें बहुत अच्छी नहीं, थूकता बहुत हूँ, बातें कम करता हूँ। हजार कोशिश करने पर भी बदन के कपड़े नासाफ रहते हैं। नशे से भी परहेज नहीं, इनमें भाँग और चरस शामिल नहीं। अकसर बीमार रहता हूँ और अफसोस इस बात का है कि अखबारों में मेरे बारे में बुलेटिन नहीं छपते!

['सारिका', 13 मई, 1977]

डॉ. इन्द्रनाथ मदान

डॉ. इन्द्रनाथ मदान का नाम मैंने सर्वप्रथम एक शास्त्री किस्म के आदमी से सुना था जिसकी बगल में डॉ. मदान की प्रसिद्ध पुस्तक 'हिन्दी काव्यकार' थी। सुना है वह पुस्तक अब भी उस व्यक्ति की बगल में होती है, शायद तब तक रहेगी जब तक वह रिटायर नहीं हो जाएगा। उन दिनों स्कूल में पढ़ा करता था और इम्तहान के दिनों में शास्त्रीजी से पुस्तक माँग लिया करता था। शास्त्रीजी दूसरे ही दिन पुस्तक वापिस ले जाते।

कॉलेज में आया तो एक दिन किसी ने एक अफसर किस्म के एक ठिगने कद के व्यक्ति की ओर संकेत करते हुए कहा, 'वह रहे डॉ. मदान।' मैं इन्तजार में खड़ा रहा कि डॉ. मदान उस व्यक्ति से बात कर लें तो नमस्ते कहूँ। मुझे याद है उस दिन मैंने नमस्ते करने के मोह में पीरियड मिस कर दिया था। फिर डॉ. मदान से नमस्ते की तो पाया, उनके लिए मेरी नमस्ते का उत्तर केवल थोड़ा-सा सिर हिलाकर पास से गुजर जाना था।

मैं सोच रहा था, डॉक्टर साहब मेरा पता पूछेंगे और कुछ देर बात करेंगे परन्तु ऐसा कुछ न हुआ। डॉक्टर साहब हिन्दी विभाग की ओर चले गये और मैं बाहर रेलवे फाटक के पास खड़ा मूँगफली खाता रहा।

फिर एक दिन सिविल लाइन्स में एक कवि-पत्रकार-कहानीकार-प्रेमी किस्म के आदमी ने डॉक्टर मदान का जिक्र आने पर एक रहस्यात्मक मुस्कराहट फेंकी थी। मैं उस मुस्कराहट का अर्थ नहीं समझ पाया।

कालान्तर में मैंने ऐसी बहुत-सी मुस्कराहटें देखीं, परन्तु पाया कि उन सबके पीछे हीनता की एक गहरी ग्रन्थि रहती है, जो लोगों को डॉक्टर मदान के बारे में अनाप-शनाप कहने को मजबूर करती है।

इसके बाद मैंने डॉ. साहब को एक गोष्ठी में देखा था, डॉक्टर साहब गोष्ठी की अध्यक्षता कर रहे थे और मैंने एक कहानी पढ़ी थी। अगले रोज मोहन राकेश मिले तो उन्होंने पूछा, 'कल तुमने कहीं कहानी पढ़ी थी?'

'जी, आपको कैसे पता चला?'

'डॉक्टर मदान बता रहे थे, गन्दमी रंग के एक लम्बे-से लड़के ने बहुत अच्छी कहानी पढ़ी थी। वह तुम्हारे बारे में पूछताछ कर रहे थे।' राकेशजी ने कहा।

बी.ए. का फाइनल ईयर था शायद। मैं लाइब्रेरी के बाहर फौव्वारे के नीचे बैठा बड़े आनन्द से सिगरेट पी रहा था कि डॉक्टर मदान पास से गुजरे। मैंने उन्हें देखा तो सिगरेट फेंक दिया। डॉक्टर मदान ने कहा, 'सिगरेट क्यों जाया करते हो, उठा लो।'

डॉक्टर मदान चले गये लेकिन मैं सिगरेट न उठा सका। आज भी नहीं उठा पाता, जबकि मुझे याद है इस दृष्टि से मैंने बहुत कम लोगों का लिहाज किया है।

एम.ए. तक पहुँचते-पहुँचते डॉक्टर मदान हमारे लिए एक 'हीरो' बन गये थे। उनकी नि:संगता, सरलता, फक्कड़पन तथा व्यंग्यप्रियता ने तो प्रभावित किया ही था परन्तु जिस बात ने हमें सर्वाधिक प्रभावित किया था वह था उनका वक्त के साथ-साथ चलने का संकल्प। प्राय: देखा यह गया है कि लोग चालीस पार करते या सुन्दर पत्नी (डॉ. मदान के लिए नहीं) या अच्छी नौकरी मिलते ही समय का पल्ला हाथ से छोड़ देते हैं परन्तु डॉक्टर मदान की गिरफ्त दिन-ब-दिन और मजबूत होती गयी। उनसे मार्क्सवाद या अस्तित्ववाद पर बात कर लीजिए, नयी कविता या नयी कहानी पर बात कर लीजिए, संगीत या नौटंकी पर बात कर लीजिए (मुरब्बा, पालिश, मछली या आरकिटैक्ट पर भी वह उतने ही अधिकार से बात करेंगे) डॉक्टर मदान की जिन्दगी में गहरी दिलचस्पी पता चलेगी। इनकी खाने की मेज पर तरह-तरह के आचार और मुरब्बों की भीड़ लगी रहती है।

जब भी डॉक्टर मदान के यहाँ जाने का अवसर मिला है, मैंने उन्हें या तो पुस्तकों के अम्बार से घिरे पाया है या बागवानी करते हुए। विस्मय होता था कि यह व्यक्ति कैसे अकेला रहता है? अकेला ही नहीं रहता, बल्कि अलग भी रहता है। मैंने कभी उन्हें किसी भी विषय पर पक्षपात करते हुए, किसी के प्रति दुराग्रह रखते या मनोरंजन के लिए ही किसी की टाँग घसीटते हुए नहीं पाया। मदान साहब का ख्याल आने पर मुझे प्राय: आल्बेयर कामू के प्रसिद्ध उपन्यास 'प्लेग' के नायक डॉ. रियो की याद आया करती है जो जीवन की कठोरतम और निकृष्टतम परिस्थितियों में भी अपने कर्म से विरत नहीं होता और जीवन की विसंगतियों को अस्तित्व का धर्म मानकर दिन भर ऑपरेशन थियेटर में जुटा रहता है। मुझे निर्मल वर्मा की प्रसिद्ध कहानी के 'परिन्दे' डॉ. मुखर्जी भी कई बार डॉक्टर मदान के भाई लगते हैं। डॉक्टर मदान कुशलता से व्यक्ति और समाज के पारस्परिक सम्बन्धों की व्याख्या करते हैं। यही कारण है कि उनके समीक्षक ने साहित्य में फैली हुई बहुत-सी विसंगतियों का

निराकरण किया है। डॉक्टर मदान के व्यंग्य की तीक्ष्णता भी अद्‌भुत है। वह चोट करेंगे परन्तु छुरे की नोंक नजर नहीं आएगी। जीवन के प्रति कथाकारों का दृष्टिकोण देखते हुए उन्होंने एक रूपक बाँधा था, जो आज भी लोग मजा लेकर याद करते हैं :

> यदि नयी कहानी को उस वाद्यवृन्द या आरकेस्ट्रा के समान समझा जाए जिसमें सम तथा विषम सब तरह के स्वर समाहित हैं। वाद्ययन्त्रों को दो मुख्य श्रेणियों में विभक्त किया जा सकता है—एकतार के यन्त्र, जिनमें सितार, सारंगी, वायलन, गिटार आदि की गणना हो सकती है और दूसरे चमड़े के, जिनमें ढोल, मृदंग, तबला आदि आते हैं। तार के वाद्ययन्त्र व्यक्ति चिन्तन के प्रतीक हैं। और चमड़े के समष्टि चिन्तन के। मोहन राकेश जैसे कहानीकार सारंगी तथा मृदंग दोनों बजा लेते हैं, उषा प्रियंवदा की कोटि के कहानीकार केवल सितार बजाना जानते हैं, राजेन्द्र यादव बजाते हैं सारंगी बात मृदंग की करते हैं। उनके अस्तित्व में ही नयी कहानी का सम्पूर्ण संगीत आँका जा सकता है।

'कल्पना' के एक स्तम्भ 'अनमोल बोल' में इस पर व्यंग्य किया गया। डॉक्टर मदान को मैंने लिखा तो उत्तर आया : कल्पना के 'अनमोल बोल' को पहले पहल समझा कि यह व्यंगात्मक है परन्तु यह जानकर अफसोस हुआ कि यह प्रशंसात्मक है।'

चंडीगढ़ गया, तो डॉक्टर मदान से एक पत्रिका भेजने का वादा कर आया जिसमें डॉक्टर मदान के बारे में कुछ छपा था। डॉक्टर मदान से एक पुस्तक भी ले गया कि पत्रिका के साथ ही भिजवा दूँगा। पत्रिका की बात मैं दिल्ली में भूल गया। किताबें लौटाने में कौन आलसी नहीं होता। कुछ महीनों बाद डॉक्टर साहब का पत्र आया, 'पत्रिका' का अंक मिला, धन्यवाद। आशा है पुस्तक भी जल्दी लौटा देंगे।'

अपनी बात को बहुत कम शब्दों में कहने की डॉक्टर मदान में अद्‌भुत क्षमता है। यशपाल की कहानी कला का विश्लेषण करते हुए एक पत्र में उन्होंने मुझे लिखा है। 'यशपाल का मुनि उनके ऋषि पर इतना हावी हो जाता है कि कहानी का अन्त ऋषि को धराशायी पाता है।'

डॉक्टर साहब मेरी कोई रचना पढ़ेंगे तो अवश्य राय देंगे। उनकी राय मेरे लिए बहुत मूल्यवान और प्रेरणादायक होती है। रचना उन्हें पसन्द आएगी तो न केवल लिखेंगे, बल्कि हर मिलने वाले से उसकी चर्चा करेंगे। नापसन्द होगी तो साफ-साफ लिख देंगे, स्तर के अनुकूल न होगी तो व्यंग से भरा खत देंगे। सख्त नापसन्द होगी तो डाँट भी देंगे।

मैंने एक जगह शरत् की भावुकता की बात उठायी थी। डॉक्टर साहब ने लिखा, 'शरत् इतना बुरा नहीं है, जितना बनाया जा रहा है। राजेन्द्र यादव ने भी शरत् का अवमूल्यन किया है। किसी लेखक के बोध से असहमत होकर भी उसकी रचना को पसन्द किया जा सकता है। यह शायद भावुकता के प्रति क्रोध का परिणाम है।'

डॉक्टर मदान के असंख्य छात्रों में मैं भी एक रहा हूँ, परन्तु यह कहते हुए हर्ष हो रहा है कि वह मेरे फ्रेंड फिलासफर और गाइड हैं (वैसे मैं डॉ. साहब के बहुत चाहने पर भी रिसर्च करने का दु:साहस नहीं कर सका।)।

[1959]

दुनिया फ़ानी है

श्रीलाल शुक्ल

'राग दरबारी' और श्रीलाल शुक्ल की पतंग

कमलेश्वर

इलाहाबाद को मेरा सलाम

मार्कण्डेय

चेतना में बसा एक आँसू

सुदर्शन फ़ाकिर

वो कागज की कश्ती, वो बारिश का पानी

जगजीत सिंह

चिट्ठी न सन्देश, जाने वो कौन सा देश

जहाँ तुम चले गये

□ श्रीलाल शुक्ल

'राग दरबारी' : श्रीलाल शुक्ल की पतंग

श्रीलालजी से इस क़लम का रिश्ता लगभग चालीस बरस पुराना था। यह तब की बात है जब इन पंक्तियों का लेखक मुम्बई से उखड़कर एक अनिश्चित भविष्य की तलाश में इलाहाबाद चला आया था। इलाहाबाद में इतनी आत्मीयता महसूस हुई कि बम्बई चेतना से पूरी तरह उतर चुका था। अश्कजी का बँगला शरणार्थी लेखकों की स्थायी शरणस्थली थी। बन्दे को भी वहीं शरण मिली। उन दिनों अश्कजी पर 'राग दरबारी' का नशा तारी था। इसका एक मनोवैज्ञानिक तर्क था। अश्कजी हमेशा धारा के विरुद्ध और इलाहाबाद उनके विरुद्ध तैरता था। उन दिनों 'राग दरबारी' प्रकाशित ही हुआ था और उस पर ज़बरदस्त हमले शुरू हो गये थे। नवम्बर '69 में श्रीपत राय ने मार्कण्डेय द्वारा सम्पादित 'कथा' के प्रथम अंक में 'राग दरबारी' को 'महाऊब का उपन्यास' जैसी शब्दावली में व्याख्यायित करने का प्रयत्न किया था। नेमिचन्द जैन ने अपनी समीक्षा 'असन्तोष का खटराग' में उपन्यास की धज्जियाँ उड़ा दी थीं, मुद्राराक्षस ने इसे व्यंग्य लेखों का संग्रह की संज्ञा दी थी। इसे विडम्बना ही कहा जाएगा कि ऐसी तमाम समीक्षाओं के बावजूद उन्हें इस उपन्यास पर उन्हीं दिनों कम उम्र में ही साहित्य अकादेमी का पुरस्कार मिल गया। उपन्यास कस्बाई जीवन में पनप रहे भ्रष्टाचार और कदाचार का अनूठा चित्रण करता था।

अश्कजी ने शाम को उपन्यास पढ़ने के लिए दिया और भोर तक मैंने पूरा पढ़ लिया। उपन्यास ने एक नयी दुनिया से मेरा परिचय करवा दिया था। इसे संयोग ही कहा जाएगा, अगले ही रोज़ स्टेशन के पास श्रीलालजी से भेंट हो गयी। तब वह उपन्यास की प्रशंसा सुनने की मन:स्थिति में नहीं थे। उपन्यास की समीक्षाएँ पढ़कर उन्होंने धारणा बना ली थी कि उनका उपन्यास पिट गया है। श्रीलालजी एक सरकारी अधिकारी थे और उन्होंने इस उपन्यास की पांडुलिपि प्रकाशन के लिए सरकार की अनुमति प्राप्त करने के लिए जमा कर रखी थी। लम्बे अरसे तक सरकार

की ओर से अनुमति प्राप्त नहीं हुई तो वह नौकरी से त्यागपत्र देने का मन बना रहे थे। आख़िर लम्बे संघर्ष के बाद उन्हें उपन्यास प्रकाशित कराने की अनुमति मिल ही गयी। और फिर उपन्यास के छपते ही नकारात्मक समीक्षाओं का दौर शुरू हो गया। इसके साथ ही श्रीलालजी के लिए संकट का एक और कारण था। मालूम नहीं वह 'परिमल' के सदस्य थे अथवा नहीं, परन्तु उनके तमाम मित्र केशवचन्द्र वर्मा, धर्मवीर भारती, जगदीश गुप्त, विजयदेव नारायण साही, लक्ष्मीकान्त वर्मा आदि सभी घोर परिमिलियन थे। 'परिमल' कविता को साहित्य की केन्द्रीय रचनात्मक विधा मान कर चलती थी और ये लोग गद्य विधाओं को द्वितीय कोटि की विधाएँ मानते थे। उनका मत था कि अगर उपन्यास लिखने की कोई मजबूरी हो तो जासूसी अथवा तिलिस्मी उपन्यास लिखे जा सकते हैं। श्रीलालजी ने 'परिमल' के प्रभाव में आकर एक जासूसी उपन्यास लिख भी डाला था। समय रहते उन्हें अपनी भूल का एहसास हो गया वरना वह आज देश के मूर्धन्य जासूसी उपन्यासकार होते।

जब इन पंक्तियों के लेखक ने 'राग दरबारी' पर सकारात्मक बात करनी शुरू की तो वह अत्यन्त अन्यमनस्क भाव से मेरी बातें सुनते रहे जैसे किसी नौसिखिया की प्रशंसा सुन रहे हों। बाद में पाठकों ने उपन्यास को हाथोंहाथ लिया और उसके संस्करण दर संस्करण प्रकाशित होने लगे। यह सिद्ध होने में कोई देर न लगी कि समीक्षकों की भूमिका केवल बुद्धिविलास होती है, किसी भी रचना का सही निर्णायक पाठक वर्ग ही होता है। नये रचनाकारों को इससे सबक लेना चाहिए। हिन्दी में जब भी कोई नयी सम्भावनाशील रचना सामने आती है तो आलोचकों का एक कच्छाधारी समूह उसे कुचलने को तत्पर हो जाता है। अन्तत: वही रचनाकार दीर्घजीवी होता है जो अपने निन्दकों के प्रति उदासीन हो जाता है, जैसा कि बाद के दिनों में श्रीलालजी हो गये थे। उन्होंने कभी भी समीक्षकों को प्रसन्न करने के लिए नहीं लिखा। पाठक ही उनकी प्रथम वरीयता पर रहते थे। इन पंक्तियों के लेखक ने श्रीलालजी पर दो संस्मरण लिखे हैं, उन्हीं में से पहला, जो श्रीलालजी ने पसन्द किया था, इस अंक में प्रकाशित किया जा रहा है। दूसरे संस्मरण का किस्सा फिर कभी।

☐ कमलेश्वर

इलाहाबाद को मेरा सलाम

28 जनवरी की सुबह मैं ट्रेन में था जब एक चैनल के संवाददाता ने जानना चाहा कि यह कैसे हुआ कि नया ज्ञानोदय का नया अंक (फरवरी, 2007) कमलेश्वर पर केन्द्रित है और ठीक उसी दिन प्रकाशित हुआ है जिस रात कमलेश्वर का निधन हुआ। 'यह महज इत्तिफाक था', मैंने कहा। सच तो यह है कि हमारा इरादा तो यह था कि इस अंक के प्रकाशन के अवसर पर एक शानदार समारोह का भी आयोजन किया जाए, क्योंकि कमलेश्वर का पचहत्तरवाँ जन्मदिन इसी माह की छह तारीख को था। ममता, मैं और कमलेश्वर के मित्र राजीव श्रीवास्तव उन्हें बधाई देने सूरजकुंड गये थे। रास्ते में हमने समारोह की रूपरेखा भी बनायी, मगर कमलेश्वर से मिलने पर जाने क्या हुआ कि हमारी जुबान पर जैसे ताले पड़ गये। हम कमलेश्वर की क्षीण दुर्बल काया देखकर उनके सामने यह प्रस्ताव ही न रख पाए। अब सोचता हूँ कि यदि कमलेश्वर इसके लिए राजी भी हो जाते तो क्या समारोह में शामिल हो पाते? अगले रोज सुबह मैं दफ्तर पहुँचा तो पहला फोन कमलेश्वर का था। वह हमारे उनके यहाँ जाने से बहुत प्रसन्न थे और मेरे लिए 'आप' सर्वनाम का इस्तेमाल कर रहे थे। मैंने उन्हें बार-बार टोका कि वह मुझे 'तुम' ही कहें।

कमलेश्वर से मेरा रिश्ता पैंतालीस बरस पुराना है। सन् बासठ के आसपास में दयानन्द कॉलिज, हिसार की नौकरी छोड़कर केन्द्रीय 'हिन्दी निदेशालय' की पत्रिका 'भाषा' के सम्पादकीय विभाग से सम्बद्ध हो गया था। कमलेश्वर, मोहन राकेश और राजेन्द्र यादव भी दिल्ली में थे। करोल बाग के एक फ्लैट में राकेश व कमलेश्वर ऊपर-नीचे रहते थे। राकेशजी बी.ए. में मेरे अध्यापक थे। जालन्धर में उनके घर मेरा खूब आना जाना था। दिल्ली में भी यह क्रम शुरू हो गया और कमलेश्वरजी से नियमित मुलाकातें होने लगीं। कमलेश्वरजी ने 'नयी कहानियां' में मेरी शुरू की तमाम कहानियां प्रकाशित कीं। उनमे कुछ ऐसी कहानियां भी थीं, जो

इसी पत्रिका के पूर्व सम्पादक द्वारा लौटाई जा चुकी थीं। उनमें 'नौ साल छोटी पत्नी' भी थी जिसके छपते ही मैं रातों-रात कथाकार के रूप में स्थापित हो गया। मैं जो कहानी लिखता कमलेश्वर जी के यहाँ 'नयी कहानियाँ' के कार्यालय में छोड़ आता। कहीं और छप जाती तो उठा लाता। मुझे, ज्ञान, दूधनाथ, गिरिराज, मधुकर सिंह, से. रा. यात्री आदि को उन दिनों उन्होंने खूब प्रकाशित किया और हिन्दी कहानी में हमारी पहचान बनाकर उपस्थिति दर्ज करायी।

सन् 62 में मैं जब दिल्ली आया तो वह सस्ते का जमाना था। दरियागंज से, जहाँ कमलेश्वरजी का भी दफ्तर था, चवन्नी में फटफटिया रीगल पहुँचा देती थी। रीगल में चार आने में बर्फ जैसा ठंडा कोक मिलता था। चूँकि कमलेश्वरजी का दफ्तर मेरे दफ्तर से बहुत पास था, कई समस्याओं का सहज ही समाधान हो जाता। ऐसा एक से अधिक बार हुआ कि मैं खाली जेब कमलेश्वर जी के यहाँ पहुँचा और बताया कनाट प्लेस जाने के लिए चार आने भी नहीं हैं। वे धीरे-से मुस्कराते और अँग्रेजी कहानियों की कोई एंथॉलजी निकालकर मेरी तरफ सरका देते, 'यहीं कोने में बैठकर अपनी पसन्द की एक कहानी का अनुवाद कर डालो।' मैं अपनी पसन्द की कहानी तो क्या ढूँढ़ पाता, सूची देखकर यह जरूर तय कर लेता कि कौन-सी कहानी अपेक्षाकृत छोटी है। एंथॉलजी में शामिल तमाम कहानियाँ श्रेष्ठ होती ही थीं। मैं एक-डेढ़ घंटे में कहानी का अनुवाद कमलेश्वरजी को थमा देता। कमलेश्वरजी कहानी की पांडुलिपि ड्रॉअर में रख लेते और घंटी बजाकर एकाउंटेंट को बुलाते। कुछ ही देर में पचास रुपये का वाउचर और लिफाफा मेरे सामने होता।

सन् 62 में पचास रुपये एक अच्छी खासी रकम थी। इतनी राशि से आप अपनी प्रेमिका के लिए सोने की अँगूठी खरीद सकते थे। दिल्ली में रहते-रहते कमलेश्वरजी से इतना बेतकल्लुफ रिश्ता कायम हो गया था कि न हमारा उनसे कुछ छिपा था, न उनका हमसे। उन्हीं दिनों एक दिन शाम मैंने कमलेश्वरजी को टी हाउस के बाहर बहुत बेचैन-सा देखा। वे अत्यन्त विचलित दिखाई दे रहे थे। मेरे यह पूछने पर कि खैरियत तो है, कमलेश्वरजी के चेहरे पर एक फीकी-सी मुस्कराहट फैल गयी, बोले, 'रवीन्द्र, बात दरअसल यह है कि मैंने पित्ती जी (कल्पना मासिक के सम्पादक श्री बदरी विशाल पित्ती) को चाय पर बुला रखा है, मगर इस समय जेब खाली है।' मेरी जेब में बीस का एक नोट था। मैंने उन्हें बताया तो उनके चेहरे पर रौनक लौट आयी। यह वही कमलेश्वर थे, जिनके लिए बाद के दिनों में पैसे का कोई अर्थ ही न रह गया था। वे हिन्दी के उन गिने-चुने लेखकों में से थे जिन्होंने अपने जीवन में करोड़ों के वारे-न्यारे किये। यह कहना भी शायद गलत न होगा कि वह हिन्दी के सबसे धनी लेखक थे। मगर जब उनसे बात होती

थी तो लगता ही न था कि आप एक धनी व्यक्ति से बात कर रहे हैं। वह हिन्दी के अत्यन्त सफल लेखक थे, उनसे बात करने पर यह भी नहीं लगता था कि आप एक सफल लेखक से बात कर रहे हैं। सत्ता के गलियारों तक उनकी अच्छी खासी पैठ थी, मगर उन्हें वीजा प्राप्त करने के लिए जून की चिलचिलाती धूप में किसी दूतावास के सामने लगी लोगों की लम्बी कतार में देखा जा सकता था। कमलेश्वर ठहाके लगाना जानते थे, मगर आँसू बहाना भी नहीं भूले थे। सूरीनाम में आयोजित विश्व हिन्दी सम्मेलन में अपनी उपेक्षा देखकर उनके धैर्य का बाँध टूट गया था। मैंने उन्हें बहुत बार भावुक होते देखा था। मूल रूप से वे एक अत्यन्त सादालौह इंसान थे।

मुझे कमलेश्वरजी के साथ दिल्ली, बम्बई और इलाहाबाद में लम्बे अरसे तक साथ बिताने का अवसर मिला है। बम्बई में तो हम दोनों एक ही दफ्तर में थे। वे 'सारिका' के सम्पादक थे और मैं 'धर्मयुग' के सम्पादकीय विभाग में था। इलाहाबाद में भी वे हमारे पड़ोसी थे। हमारे और कमलेश्वरजी के घर के बीच 'लाल बहादुर वर्मा' जी का घर था। कई बार तो ऐसा भी हुआ कि वे दिल्ली या बम्बई से आते तो उनका वाहन हमारे घर पर पहले रुकता। इलाहाबाद में पहले हम लोग रानी मंडी में रहा करते थे, जो चौक के बीचोबीच था। मेंहदौरी कॉलोनी जहाँ हमारा और कमलेश्वरजी का आवास अगल-बगल था, शहर से बाहर गंगा किनारे बसी हुई थी। शुरू-शुरू में हम सिर्फ वीक एंड पर मेंहदौरी जाया करते थे। कमलेश्वरजी इलाहाबाद आते तो कई बार हमसे मिलने रानी मंडी चले आते। एक बार वे शाम को आये तो बताया कि उन्हें अपने भाई साहब की कुछ दवाएँ तथा घर का जरूरी सामान खरीदना था, इसलिए चौक चले आये। उस समय हमारे यहाँ उनके कुछ और मित्र भी मौजूद थे—अमरकान्त, मार्कण्डेय, शेखर जोशी आदि। बातचीत और रसरंजन में काफी समय निकल गया। कमलेश्वरजी लगातार इस बात को लेकर परेशान रहे कि भाई साहब की दवा का समय निकलता जा रहा है। मेंहदौरी से रानी मंडी का फासला आठ किलोमीटर था। कमलेश्वरजी ने आने जाने का रिक्शा कर रखा था। देर रात जब महफिल खत्म हुई तो नीचे जाकर देखा, रिक्शावाला न सिर्फ दवाओं बल्कि उन तमाम घरेलू जरूरत की चीजों को लेकर चम्पत हो चुका था। कमलेश्वरजी को सामान की चिन्ता न हुई, बार-बार यही बुदबुदा रहे थे कि मालूम नहीं इस वक्त दवा की कोई दुकान खुली भी होगी या नहीं।

आज कमलेश्वरजी हमारे बीच नहीं हैं। मन में बहुत-सी यादें करवट ले रही हैं। मौत से सात-आठ घंटे पूर्व ही उनका फोन आया था (मोबाइल के कॉल रजिस्टर के मुताबिक 27.01.07 को 12 बजकर आठ मिनट पर) नया ज्ञानोदय के फरवरी

अंक का 'मील का पत्थर' स्तम्भ कमलेश्वरजी पर केन्द्रित है। अंक उन्हें तब तक प्राप्त नहीं हुआ था, मगर उन्हें लगातार प्रतिक्रियाएँ मिल रही थीं। वे विस्तार से बता रहे थे कि किसने क्या प्रतिक्रिया दी है। वे बहुत प्रसन्न दिखाई दे रहे थे। जब मैंने उन्हें बताया कि मैं इस समय इलाहाबाद में हूँ, लौटकर उनसे भेंट करूँगा तो बोले, 'इलाहाबाद के तमाम दोस्तों को मेरी याद दिलाना।' कुछ देर रुककर बोले, 'इलाहाबाद को भी मेरा सलाम कहना।'

□ मार्कण्डेय

चेतना में बसा एक आँसू

मार्कण्डेयजी से मेरा 50 सालों का सम्पर्क था। एक सम्पादक होने के नाते उन्होंने मुझसे तब रचना माँगी थी जब हिन्दी कहानी में मैंने पदार्पण ही किया था। वे 'माया' का कथा विशेषांक प्रकाशित कर रहे थे। यह 60 के दशक की बात है। उन्होंने मुझे लिखा कि हम नयी पीढ़ी से सिर्फ आपकी कहानी छापेंगे। मैं तब दिल्ली में था। '27 साल की उम्र तक' कहानी मैंने उन्हें भेजी थी। उन्होंने कहानी तो छापी ही, सम्पादकीय भी नयी कहानी के वस्तु और शिल्प में आ रहे परिवर्तन पर लिखा। उस विशेषांक का सम्पादकीय मेरी और श्रीकान्त वर्मा की कहानियों पर केन्द्रित था। बाद में जब मैं गर्दिश के दिनों में मुम्बई से इलाहाबाद पहुँचा तो मुझे इलाहाबाद का साहित्यिक वातावरण बहुत भाया।

दिल्ली के बाद इलाहाबाद ही ऐसा नगर था जहाँ शाम को कॉफी हाउस में लेखकों का जमावड़ा होता था। उसमें नरेश मेहता, इलाचन्द्र जोशी, विजयदेव नारायण साही, डॉ. रघुवंश, लक्ष्मीकान्त वर्मा, विश्वम्भर मानव, मार्कण्डेय को टेबल अलग होती थी। उनके साथी रचनाकार अमरकान्त, शेखर जोशी, भैरव प्रसाद गुप्त आदि प्रगतिशील लेखक विराजमान रहते थे। मार्कण्डेय झक्क सफेद कुर्ते-पायजामे में घर से रिक्शे में आते थे। लोग कहते थे, राजा का रथ आ गया। उनके आते ही महफिल गर्म हो जाती। उनके बात करने का अन्दाज अद्भुत था। किसी भी घटना का वर्णन बेहद रोचक तरीके से करते थे।

कॉफी हाउस एक ऐसी जगह थी जहाँ इलाचन्द्र जोशी, उपेन्द्र नाथ अश्क जैसे वरिष्ठ लेखक भी शामिल होते थे और दूधनाथ सिंह, ज्ञानरंजन और मैं भी शामिल हुआ करता था। बहुत ही जीवन्त वातावरण था इलाहाबाद का उन दिनों। एक तरह से वह कहानी का स्वर्ण युग था। हिन्दी कहानी की सबसे चर्चित पत्रिका 'कहानी' इलाहाबाद से ही प्रकाशित होती थी जिसका सम्पादन प्रेमचन्द के ज्येष्ठ पुत्र श्रीपत राय करते थे। 'कहानी' के विशेष वार्षिकांकों की इतनी धूम होती थी कि उसके

छपते ही हिन्दी जगत में जलजला आ जाता था। सच तो ये है कि मार्कण्डेय, कमलेश्वर, अमरकान्त, शेखर जोशी को 'कहानी' नाम की इस पत्रिका ने ही पहचान दी थी।

भैरव प्रसाद गुप्त उन दिनों कहानी के कार्यकारी सम्पादक थे। वे भी बहुत उग्र स्वभाव के थे। एक बार किसी साहित्यिक गोष्ठी में हाई कोर्ट के एक न्यायमूर्ति ने प्रेमचन्द पर कुछ ऐसी टिप्पणी कर दी कि भैरव जी बीच सभा में खड़े हो गये और उस न्यायमूर्ति को डाँटते हुए बोले, आप साहित्य के बारे में क्या जानते हैं। आप न्यायविद् हैं, अपने पेशे की ही बात करें। आपकी साहित्य की समझ बचकाना है। वातावरण एकदम तनावपूर्ण हो गया। लेकिन मार्कण्डेय जी ने भैरव को देखते-देखते शान्त कर दिया। भैरव जी अगर किसी की बात मानते थे तो वे मार्कण्डेय जी थे।

मैं जिन दिनों इलाहाबाद पहुँचा तो भारतीजी की कार की बड़ी चर्चा होती थी। मार्कण्डेयजी कहते थे कि भारती की गाड़ी में सिवाय हॉर्न के सभी पुर्जे बोलते हैं। दिन भर के लेखन के बाद जब शाम को रचनाकार इकट्ठे हाते तो बहुत जीवन्त वातावरण निर्मित हो जाता। उन दिनों चाहे कोई छोटा लेखक हो या बड़ा, अपने को तीस मार खाँ समझता था।

एक से एक साधनहीन लोग थे, मगर उनमें स्वाभिमान कूट कूटकर भरा था। मार्कण्डेय इस बिरादरी का नेतृत्व करते थे। उन्होंने घोर संघर्षों के बीच अपना लेखन जारी रखा और प्रेमचन्द तथा रेणु के बाद भारतीय ग्रामीण जीवन में किसानों की दुर्दशा पर निरन्तर लेखनी चलाई। अपने समकालीन लेखकों के लेखन से भिन्न थे जो मध्यवर्गीय कुंठाओं का शिकार होते जा रहे थे। एक तरह से नयी कहानी में मार्कण्डेय अकेला स्वर थे जो अपना अलग राग अलाप रहें थे।

मेरा उनसे बहुत घनिष्ठ सम्बन्ध था और मुझे वे हमेशा लिखने को प्रोत्साहित करते थे। मेरी कोई रचना छपती तो मार्कण्डेयजी उसके पहले पाठक होते। गत सप्ताह मैं डॉ. नामवर सिंह के साथ राजीव गाँधी कैंसर अस्पताल में उन्हें देखने गया। वे एमरजैंसी में भर्ती थे। यकायक उनके चेहरे पर वृद्धावस्था ने जैसे आक्रमण कर दिया था। वे बहुत जर्जर लग रहे थे। उनकी परिचारिका ने किसी तरह उन्हें बिस्तर पर तकियों के सहारे बिठा दिया। उनकी आवाज जा चुकी थी। उन्होंने हम लोगों को देखा और उनकी आँखों से एक आँसू बहता हुआ उनकी गाल पर सरक गया। वे कुछ भी बोलने में असमर्थ थे। बड़ी मुश्किल से उन्होंने हाथ जोड़कर अभिवादन किया। नामवरजी और मेरी आँखें भी नम हो गयीं। रास्ते भर हम चुपचाप गाड़ी में बैठे रहे। वो एक आँसू जैसे हमारी चेतना में बस गया था। मार्कण्डेय जी का जाना मेरे लिए एक व्यक्तिगत क्षति तो है ही, पूरे हिन्दी जगत के लिए एक खास तरह का शून्य पैदा कर गयी है।

□ सुदर्शन फ़ाकिर

वो काग़ज़ की कश्ती, वो बारिश का पानी...

सन् साठ के आसपास पंजाब का छोटा-सा शहर जालन्धर साहित्यिक और सांस्कृतिक गतिविधियों का अत्यन्त गतिशील केन्द्र था। यह कहना भी गलत न होगा कि बाद के दिनों में अखिल भारतीय स्तर पर नाम कमाने वाले कुछ युवा रचनाकार और संस्कृतिकर्मी उन दिनों जालन्धर की गलियों में चप्पल चटखाते घूमा करते थे। जहाँ एक ओर डॉ. इन्द्रनाथ मदान, मोहन राकेश, कृष्ण बलदेव वैद, रमेश कुन्तल मेघ आदि डीएवी कॉलेज में शिक्षक थे, वहीं दूसरी ओर सुदर्शन फ़ाकिर (शायर), रवीन्द्र कालिया (कथाकार), जगजीत सिंह (सुप्रसिद्ध ग़ज़ल गायक), अमीर सिंह कलसी (लन्दन विश्वविद्यालय में हिन्दी विभाग के पूर्व अध्यक्ष), कपिल अग्निहोत्री (सेंसर बोर्ड के पूर्व सचिव) उसी कॉलेज के गुमनाम छात्र थे। इसके अलावा उन दिनों कुमार विकल, सुरेश सेठ, प्रवीणचन्द्र शर्मा (उ.प्र. के पूर्व शिक्षा सचिव) के अतिरिक्त उर्दू-पंजाबी के लेखकों का एक अच्छा-खासा समूह था, जो रोज शाम कॉफी हाउस में जमकर साहित्य, संस्कृति और कला पर बहसें करता था।

उन दिनों जालन्धर में ऐसा वातावरण था कि हम लोग साहित्य में ही जीते थे। साहित्य पढ़ते-सुनते और ओढ़ते। हमारे लिए मनोरंजन और जीवन का यही एक साधन और उद्देश्य था। शेर सुनते, कहानी पर बातचीत करते, मार्क्सवाद और अस्तित्ववाद की गुत्थियाँ सुलझाते। कहानियाँ लिखते और नामी पत्रिकाओं में प्रकाशनार्थ भेजते। रचनाएँ सधन्यवाद लौट आतीं, हम सम्पादकों की बुद्धि पर तरस खाते और अपनी रचनाएँ दैनिक पत्रों में छपवाकर आह भर लेते, ज्यादा से ज्यादा आकाशवाणी पर प्रसारित कर आते।

फ़ाकिर का कमरा एक मुसाफिरखाने की तरह था। सुदर्शन फ़ाकिर इश्क में नाकाम होकर सदा के लिए फिरोजपुर छोड़कर जालन्धर चला आया था और उसने एम.ए. (राजनीति शास्त्र) में दाखिला ले लिया था। बाद में, बहुत बाद में अपने

अन्तिम समय में बेगम अख्तर ने फ़ाकिर की ही सबसे अधिक गजलें गायीं। उसकी एक गजल 'हम तो समझते थे बरसात में बरसेगी शराब, आई बरसात तो बरसात ने दिल तोड़ दिया' गजल प्रेमियों में बहुत लोकप्रिय हुई। बेगम जब पाकिस्तान गयीं तो फ़ैज़ अहमद 'फ़ैज़' ने फ़ाकिर की लिखी हुई ठुमरी 'देखा देखी बलम होई जाए' उनसे दसियों बार सुनी थी। मगर मैं तो उस फ़ाकिर की बात कर रहा हूँ, जो इश्क में नाकाम होकर जालन्धर चला आया था और शायरी और शराब में आकंठ डूब गया था। जालन्धर आकर वह फ़कीरों की तरह रहने लगा। उसने दाढ़ी बढ़ा ली थी और शायरों का लिबास पहन लिया था। उसका कमरा भी देखने लायक था। एक बड़ा हालनुमा कमरा था, उसमें फर्नीचर के नाम पर सिर्फ दरी बिछी हुई थी। बीच-बीच में कई जगह दरी सिगरेट से जली हुई थी। अलग-अलग आकार की शराब की खाली बोतलें पूरे कमरे में बिखरी पड़ी थीं। पूरा कमरा जैसे ऐशट्रे में तब्दील हो गया था। फ़ाकिर का कोई शार्गिद हफ्ते में एकाध बार झाड़ू लगा देता था। देखते-देखते फ़ाकिर का यह दौलतखाना पंजाब के उर्दू, हिन्दी और पंजाबी लेखकों का मरकज़ बन गया। अगर कोई कॉफी हाउस में न मिलता तो यहाँ अवश्य मिल जाता। दिन भर चाय के दौर चलते और मूँगफली का नाश्ता। अव्वल तो फ़ाकिर को एकान्त नहीं मिलता था, मिलता तो 'दीवाने गालिब' में रखे अपनी प्रेमिका के विवाह के निमन्त्रण-पत्र को टकटकी लगाकर घूरता रहता। इस एक पत्र ने उसकी जिन्दगी का रुख पलट दिया था।

फ़ाकिर का यह चैम्बर पंजाबी की साहित्यिक और सांस्कृतिक गतिविधियों का स्नायु केन्द्र था। विभाजन के बाद जालन्धर ही पंजाब की सांस्कृतिक राजधानी के रूप में विकसित हुआ था। आकाशवाणी और दूरदर्शन के केन्द्रों के अलावा पंजाब में हिन्दी के समाचार-पत्र केवल जालन्धर से प्रकाशित होते थे। पंजाब विश्वविद्यालय का हिन्दी विभाग भी जालन्धर में ही था। शास्त्रीय संगीत का वार्षिक कार्यक्रम 'हरिवल्लभ' भी जालन्धर में आज तक आयोजित होता है। आकाशवाणी के कार्यक्रमों के सिलसिले में हिन्दी, पंजाबी अथवा उर्दू का कोई रचनाकार जालन्धर में आता, तो वह फ़ाकिर के कमरे में चरणामृत प्राप्त होने जरूर चला आता। चौबारे के नीचे ही होटल था। चाय, भोजन की अहर्निश व्यवस्था रहती। फ़ाकिर का कमरा रेलवे रोड पर था, रात भर कोई न कोई ढाबा अवश्य खुला रहता। फ़ाकिर के होटल का बिल ही काफी हो जाता होगा, मगर उसके चेहरे पर मेहमान को देखकर कभी शिकन नहीं आयी। मैंने कभी किसी होटल या ढाबे वाले को उसे यहाँ पैसे के लिए हुज्जत करते नहीं देखा था।

राकेशजी चले गये थे, मगर कॉफी हाउस आबाद था। हिन्दी, उर्दू और पंजाबी

के कवियों-कथाकारों का अच्छा-खासा जमावड़ा लगा रहता। राष्ट्रीय स्तर पर केवल राकेश की ही पहचान बन पायी थी, बाकी लोग अभी रियाज़ कर रहे थे—यानी संघर्ष कर रहे थे। उन दिनों साथी लेखकों, कलाकारों में कुमार विकल, सुदर्शन फ़ाकिर, कृष्ण अदीब, सत्यपाल आनन्द, नरेश कुमार 'शाद', प्रेम बारबटनी, रवीन्द्र रवि, जसवन्त सिंह विरदी, मीशा, सुरेश सेठ, जगजीत सिंह (सुप्रसिद्ध गजल गायक), शिव कुमार बटालवी, हमदम आदि लोग उल्लेखनीय हैं।

फ़ाकिर के चौबारे के अलावा हम लोगों का एक और ठिकाना था। वह था कलाकार हमदम का गरीबखाना। हमदम का हृदय फ़ाकिर की ही तरह विशाल था, मगर उसके साधन सीमित थे। चाय वगैरह का प्याऊ उसके यहाँ भी चलता था। हमदम का कमरा भी फ़ाकिर के कमरे का प्रतिरूप था। वह सिविल लाइन्स में एक कमरा लेकर रहता था। वह एक शॉपिंग कॉम्पलेक्स की पहली मंजिल पर रहता था, कम्पनीबाग और कॉफी हाउस के नजदीक। कॉफी हाउस में कोई न मिलता, तो लोग हमदम के कमरे में चले आते। हमदम सूफी आदमी था, यानी दारू नहीं पीता था, सिगरेट नहीं छूता था, मगर गिलास और बर्फ उपलब्ध करा देता था। वह पेंटर था। साइन बोर्ड लिखकर गुजारा चलाता था। लेखकों, कवियों के सम्पर्क में आया तो पुस्तकों के डस्ट कवर भी बनाने लगा।

हम लोगों के पास पाकिस्तान में निर्मित और बाद में एच.एम.वी. द्वारा भारत में जारी फ़ैज़ की गजलों के दो एल.पी. रिकार्ड थे। पृष्ठभूमि में धीमी आवाज में एक रिकार्ड चल रहा था। अचानक किसी दिलजले ने स्टीरियों की आवाज तेज कर दी और नूरजहाँ की तेज, तीखी और सुरीली आवाज़ में फ़ैज़ की पंक्तियाँ फ़िज़ा में तैरने लगीं—

लौट आती है इधर को भी नज़र क्या कीजै
अब भी दिलकश है तेरा हुस्न मगर क्या कीजै

फ़ैज़ ने ममता से अवधी के किसी शब्द का अर्थ पूछा और इतने प्रसन्न हो गये कि ममता के हाथ से दोनों एल.पी. के कवर लिये, कलम माँगा और उन पर लिखा : ममता के लिए मुहब्बत के साथ—फ़ैज़।

वे दोनों कवर हम लोगों की प्राइज़ पजेशन है। वर्षों से उन्हें कलाकृति की तरह फ्रेम करवाने की सोच रहा हूँ। फ़ैज़ ने बताया कि जब बेगम अख्तर पाकिस्तान आयी थीं, तो उन्होंने बेगम से एक ठुमरी अनेक बार सुनी थी—

हमरी अटरिया ओ सजनवा
देखा देखी बलम हुई जाए।

मैंने जब फ़ैज़ को बताया कि यह ठुमरी मेरे दोस्त सुदर्शन फ़ाकिर ने लिखी थी,

तो उन्होंने फ़ाकिर के बारे में भी बहुत-सी जानकारी हासिल की और बताया कि वह इस ठुमरी को भारत-पाक सम्बन्धों की रोशनी में सुना करते थे। जवाब में मैंने पाकिस्तानी गायिका फ़रीदा खानम की गजल स्टीरियो पर पेश कर दी—

आज जाने की ज़िद न करो,
यों ही पहलू में बैठे रहो।
जान जाती है जब,
उठके जाते तुम,
ऐसी बातें किया न करो।

इसी माहौल में भोजन हुआ, सामूहिक चित्र खींचे गये। आखिरी जाम सड़क के नाम तैयार हुए और महफ़िल बर्खास्त हुई।

तीन बरस पूर्व 2005 में हम लोग मुम्बई गये हुए थे कि बरनवालजी के कार्यालय में मुझे अचानक बातचीत के दौरान सुदर्शन फ़ाकिर का फोन नम्बर प्राप्त हो गया। लगभग 42 वर्ष पूर्व फ़ाकिर से रोज ही भेंट हुआ करती थी। कालिया के बाद फ़ाकिर के फ़कीरखाने में या कॉफी हाउस में ही हम लोग समय बिताया करते थे। अचानक मुझे उसकी बहुत तेज याद आयी और मैंने फोन घुमा दिया। हम दोनों फोन पर भावुक हो गये। उसने कहा, जहाँ कहीं भी हो, फौरन से पेश्तर चले आओ। उसने बताया कि सान्ताक्रूज पूर्व में हस्तीमल हस्ती का ज्वैलरी का शोरूम है, उसका स्थायी ठिकाना वही है। फ़ाकिर ने बताया कि वह सब काम छोड़ कर अभी वहाँ जा रहा है, मैं किसी भी साधन से फौरन वहाँ चला आऊँ। मेरे यह बताने पर कि ममता मेरे साथ है, उसने कहा तब तो उसे तैयार होकर पहुँचना पड़ेगा। हम लोगों को पहुँचते-पहुँचते दो ढाई घंटे लग गये। बीच में एक मित्र के यहाँ दोपहर का भोजन करना था।

फ़ाकिर को देखने की बहुत इच्छा हो रही थी। जाने अब वह कैसा दिखता होगा! हम जब हस्ती के शोरूम में पहुँचे, तो देखा फ़ाकिर शोरूम के बाहर स्टूल पर बैठा हमारी प्रतीक्षा कर रहा था। उसने गहरे लाल रंग की शर्ट पहन रखी थी। शर्ट उसके पूरे व्यक्तित्व से मेल नहीं खा रही थी। 'बहुत जोरदार शर्ट है।' मेरे मुँह से बेसाख्ता निकल गया। 'ममताजी को आना था, इसलिए मैंने अपनी सर्वश्रेष्ठ शर्ट पहन ली।' वह हँसा। हँसने पर लगा, वह सचमुच ही फ़ाकिर ही है।

'कहाँ रहते हो?' मैंने पूछा।

'उसी पुरानी लॉज में रहता हूँ, एक बेसहारा औरत को पा बना रखा है। वह खाना पका देती है।'

'मुम्बई में इतने दिनों से हो। घर नहीं बनाया?'

'अन्धेरी में फ्लैट है। कभी-कभी जाता हूँ। वहाँ कबूतरों ने अपना आशियाना बना लिया है। मैं भी सोचता हूँ, तो आखिर उनके रहने का भी कोई बन्दोबस्त होना चाहिए।'

'कबूतरखाना भी चला रहे हो?'

उसने ठहाका लगाया और बोला, 'मैं जब पीता हूँ, तो सोता नहीं, बिजली, पानी और फोन के लिए बिल उठा लाता हूँ। भीतर कदम नहीं रखता। सोचता हूँ, कबूतरों की प्रायवेसी क्यों डिस्टर्ब करूँ?'

'लिखते-पढ़ते कहाँ हो?'

'पढ़ना तो कब का छोड़ रखा है। गजल कहने की इच्छा होती है, तो सान्ताक्रूज (ईस्ट) में एक बेंच है, उसी पर बैठकर शेर कहता हूँ। अगर बेंच खाली नहीं होता, तो घंटों खाली होने की इन्तजार करता हूँ।'

'और कहीं शेर नहीं कहते?'

'नहीं, उसी बेंच पर बैठता हूँ, तो गजल उतरती है। वैसे मैंने फिरोज खाँ की पूरी फिल्म उसी बेंच पर बैठ कर लिखी है। मुझे वह बेंच बहुत प्रिय है। जब बेचैन होता हूँ, उसी बेंच पर जा बैठता हूँ।'

'मैं भी उस बेंच पर कुछ लिखकर अपनी तकदीर आजमाना चाहता हूँ।'

वह हँसा। बोला, 'बीच में बीवी का फोन आया कि लड़की की शादी हो रही है बीस-पचीस लाख का इन्तजाम कर दो। मैंने एच.एम.वी. को फोन किया—लड़की की शादी सर पर है, कुछ रुपयों का इन्तजाम कर दें। उन्होंने रकम जाननी चाही, तो मैंने झिझकते हुए पत्नी की बात बता दी। उन्होंने अगले हफ्ते आने को कहा और तेईस लाख का चैक थमा दिया।'

मैंने गौर से फ़ाकिर की तरफ देखा। वही घिसी चप्पल और मुड़ी-तुड़ी पतलून। बढ़ी हुई खिचड़ी दाढ़ी। शर्ट के अलावा सब कुछ जालन्धरी। हम लोग जूलरी के शोरूम में देर शाम तक बातें करते रहे। बीच-बीच में ठंडा पेय मँगवाता रहा। जूलरी का प्रत्येक कर्मचारी बहुत अदब से पेश आ रहा था।

'जगजीत ने मेरा लिखा 'हे राम' गाया है। उसी की रॉयल्टी मुझे लाखों में मिल चुकी है। कल्पना करो जगजीत को क्या मिला होगा।'

'आज वह देश के पहले दस टेक्स पेयर्स में है।' मैंने बताया।

'आजकल वह दोस्तों से अधिक घोड़ों में दिलचस्पी रखता है।' फ़ाकिर ने कहा, 'मगर दोस्तों का दोस्त है।'

'जालन्धर जाना होता है?'

'बीमार पड़ता हूँ, तो घरवाले ले जाते हैं। लगता है, जल्द ही बुलौआ आने

वाला है।'

वह हँस रहा था और खाँस रहा था। लग रहा था, उसकी लाल कमीज उसकी खिल्ली उड़ा रही है।

एक दिन सचमुच उसे जालन्धर से बुलौआ आ गया। इस बार यह मौत का बुलौआ था। फोन पर कैंसर से हुई उसकी मौत की खबर देते हुए सुरेश सेठ फफक फफककर रो रहा था। मेरी आँखें भी नम हैं। दिल में हूक-हूक-सी उठ रही है।

□ जगजीत सिंह

चिट्ठी न सन्देश, जाने वो कौन सा देश जहाँ तुम चले गये

जगजीत सिंह के साथ मेरी दोस्ती जालन्धर के जमाने से थी। वह साठ का दौर था। उन दिनों जालन्धर में बनारस, भोपाल और इलाहाबाद जैसा साहित्यिक माहौल हुआ करता था। संयोग से तब जालन्धर का कॉफी हाउस भी काफी आबाद था। जालन्धर डीएवी कॉलेज की बड़ी शान थी। उन दिनों उस कॉलेज से एक बहुत तेजस्वी साहित्यिक युवावर्ग का आविर्भाव हो रहा था। पंजाब के आस-पास के लोग भी वहाँ आते रहते थे। तब पंजाब का अकेला आकाशवाणी केन्द्र भी वहीं था। हिन्दी, उर्दू और पंजाबी तीनों भाषाओं के लेखक दूर-दूर से वहाँ आते थे।

जालन्धर में उन दिनों मोहन राकेश का जलवा था। वे कॉफी हाउस के दीवाने थे। हम लोगों का दिन चाहे जहाँ कटे, लेकिन शाम कॉफी हाउस में ही कटती थी। लुधियाना से उर्दू के अफसानानिगार सत्यपाल आनन्द अकसर कॉफी हाउस आते थे। कुमार विकल वहीं थे। हरिकृष्ण प्रेमी, गिरिजाकुमार माथुर, सुरेश सेठ, कपिल अग्निहोत्री (जो बाद में सेंसर बोर्ड के अध्यक्ष रहे), सुदर्शन फ़ाकिर, रविन्दर रवि, सन्तोख सिंह धीर, कपिल मल्होत्रा, अमरीक सिंह कल्मी (जो बाद में इंग्लैंड में हिन्दी विभाग के हेड हो गये) और जगजीत सिंह—सबका अड्डा कॉफी हाउस हुआ करता था। ये सब बौद्धिक और साहित्यिक लिहाज से बहुत तेजस्वी और सजग लोग थे। इनमें से आधे लोगों ने नींद की गोलियाँ खा-खाकर आत्महत्या कर ली और बाकी बचे आधे आसमान में पहुँच गये। आसमान में पहुँचने से मेरा मतलब शोहरत के आसमान में पहुँचने से है। वो ऐसा दौर था जब लोग बाकायदा घोषणा करके आत्महत्या करते थे। मेरे कई दोस्तों ने यह घोषणा करके आत्महत्या की कि मैं कल या परसों नींद की गोलियाँ खाकर आत्महत्या करूँगा। बहरहाल...

उन दिनों उर्दू, हिन्दी और पंजाबी के लेखक कॉफी हाउस में एक ही मेज पर बैठते थे। तीनों भाषाओं की ताजातरीन साहित्यिक रचनाओं की चर्चा होती, बहसें चलतीं। यहाँ आने वाले ज्यादातर नये लेखक घनघोर पढ़ाकू होते थे। हालाँकि

लगभग सभी घनघोर अराजक भी थे। इनमें दो लोगों का—हमदम और सुदर्शन फ़ाकिर का—कमरा तो सराय की तरह था जिसके दरवाजे हमेशा सबके लिए खुले रहते थे। वहाँ कोई भी कभी भी जाकर अपना डेरा जमा लेता था। एक तरह से सब वहाँ कम्यून की तरह रहते थे। लेकिन जगजीत सिंह की उपस्थिति इन सबमें विशिष्ट थी। बाकी लोग जितने गैर ज़िम्मेदार और अराजक थे, जगजीत सिंह उतना ही अपने संगीत के प्रति समर्पित था। उन दिनों जब बाकी दोस्त किसी-न-किसी नशे में अर्द्धजाग्रत अवस्था में होते थे, वो हॉस्टल के अपने कमरे में रियाज़ करता रहता था। जगजीत जितना अपने संगीत के प्रति समर्पित था, हम उतने ही अपने आपसे बेनियाज थे। लेकिन एक बात थी कि हम मिलते रोज थे। पहले हमने उसके संगीत को कभी गम्भीरता से नहीं लिया, लेकिन जब वो दूसरे कॉलेजों और जलसों से ट्रॉफियाँ जीतकर लाने लगा तो हम लोगों का ध्यान उसकी तरफ गया।

उन दिनों मैं डीएवी कॉलेज छात्रसंघ का अध्यक्ष था। डीएवी कॉलेज और दूसरे कॉलेजों में होने वाली वाद-विवाद और संगीत प्रतियोगिताओं का मैं निर्णायक बनाया जाता था। ऐसे में जगजीत सिंह मेरे पीछे पड़ा रहता था कि पटियाला की संगीत प्रतियोगिता में उसे चान्स दिलवा दूँ। तब तक उसने अपने केश नहीं कटवाये थे। वह बहुत खुशमिजाज और हाजिरजवाब भी था। धीरे-धीरे आकाशवाणी और इन संगीत प्रतियोगिताओं के कारण शहर में उसकी लोकप्रियता कुछ इस तरह बढ़ने लगी कि वह लड़कियों से घिरा रहने लगा। एकाध लड़की ने तो उसके लिए आत्महत्या तक कर ली थी।

फिर कॉलेज के दिन खत्म हुए और पूरा ग्रुप बिखर गया। हमदम, कपिल मल्होत्रा, धनराज सिंह जैसे बहुत-से लोगों ने नींद की गोलियाँ खाने का सबसे सस्ता नशा अपना लिया और इसी में वे विदा हो गये। बाकी जो बचे उनमें मोहन राकेश जीवन भर भटकते रहे। जगजीत और मैंने बम्बई का रुख किया। मैं तब टाइम्स ऑफ इंडिया में आ गया था। बम्बई में अकसर उससे भेंट हो जाती। कभी किसी कंसर्ट में तो कभी लोकल ट्रेन में। वे उसके संघर्ष के दिन थे और उसने सचमुच बहुत संघर्ष किया। यहाँ तक कि बम्बई में उसके पास रहने की जगह तक नहीं थी। एक दिन लोकल ट्रेन में मिलने पर उसने मुझसे कहा कि कहीं किसी लॉज में उसे कोई कमरा या न हो तो बेड ही दिला दूँ। मैंने अपने मित्र ओबराय उर्फ ओबी से कहा कि ये काम करना है। उन दिनों मैं खुद ओबी का पेइंग गेस्ट था। शिवाजी पार्क, सी-फेज के एक भुतहा मकान में हम लोग रहा करते थे जहाँ कोई नहीं जाता था। ओबी ने हमारे मकान के सामने ही एक लॉज में जगजीत सिंह को रहने की जगह दिला दी। तब तक मुझे अहसास ही नहीं था कि जगजीत सिंह कभी इतनी बड़ी शख्सियत बनकर निकलेगा।

शुरू के दिनों में उसे होटलों और प्राइवेट पार्टियों में भी गाना पड़ा। गजल का शौक उसके भीतर सुदर्शन फ़ाकिर ने पैदा किया था। शुरू-शुरू में इन पार्टियों में वह सिर्फ फ़ाकिर की ही गजलें गाता था। और मेरे देखते-ही-देखते दोनों की पतंगें आकाश में उड़ने लगीं। सबसे पहले इसका अहसास मुझे तब हुआ जब हिन्दुस्तान टाइम्स में खुशवन्त सिंह ने अपने कॉलम में उसका जिक्र किया। उन्होंने किसी प्राइवेट पार्टी में जगजीत सिंह की गजलें सुनी थीं और उससे इतना अभिभूत हुए कि आधा कॉलम जगजीत सिंह पर ही लिख मारा। यह जगजीत का टेक ऑफ टाइम था। आज पैंतालीस साल बाद भी मुझे याद है कि खुशवन्त सिंह ने लिखा था कि पंजाब से एक युवा गायक आया है जो निश्चय ही बम्बई पर छा जाने वाला है। उन्होंने लिखा था कि उसकी शक्ल दिलीप कुमार से मिलती है और उसे फिल्मों में जाना चाहिए।

फिल्मों में जगजीत सिंह के लिए प्रवेश कोई मुश्किल भी नहीं था। गुलजार, ओमपुरी और अनेक फिल्मी हस्तियाँ उससे प्रभावित थीं। उसने फ़िल्मों में संगीत जरूर दिया, लेकिन अभिनय स्वीकार नहीं किया। खासकर 'अनफोरगेटेबल' नामक एलबम निकलने के बाद तो उसकी शोहरत बुलन्दियों पर पहुँच गयी थी। उन दिनों सुदर्शन फ़ाकिर की ये लाइनें बहुत मकबूल हुई थीं—'हम तो समझे थे कि बरसात में बरसेगी शराब, आई बरसात तो बरसात ने दिल तोड़ दिया।' जहाँ तक मुझे याद है कि 'वो कागज की कश्ती, वो बारिश का पानी' भी फ़ाकिर का ही लिखा हुआ है। फ़ाकिर और जगजीत बहुत गहरे दोस्त थे, लेकिन एक-दूसरे की खूब आलोचना भी किया करते थे। फ़ाकिर दरअसल फ़कीरों की तरह रहता था। मित्रों ने उसे अन्धेरी पश्चिम में एक अच्छा-सा फ्लैट दिलवा दिया, लेकिन वो उसमें कभी रहा नहीं। महीने में एक बार वह बिजली का बिल इकट्ठा करने वहाँ जाता था। एक बार जब जगजीत सिंह के साथ वह वहाँ गया तो जगजीत सिंह को यह देखकर हैरत हुई कि इतनी अच्छी जगह वह रहता ही नहीं। सुदर्शन फ़ाकिर अन्त तक एक लॉज में ही रहता रहा। जगजीत बताते थे कि उस फ्लैट में सैकड़ों कबूतरों ने अपना घर बना लिया था।

फ़ाकिर कुछ अजीब-सी शख्सियत था। वह शान्ता क्लॉज ईस्ट में एक बेंच विशेष पर ही बैठकर लिखता था। कहीं और उसकी कलम ही नहीं चलती थी। अगर सीट खाली न हो तो वह घंटों खड़ा इन्तजार करता था और खाली होने पर उसी पर बैठकर लिखता था। जगजीत और हम लोगों को जब उससे मिलना होता तो उस बेंच विशेष को ही खोजा करते थे।

मैं तो बम्बई से इलाहाबाद आ गया। इलाहाबाद में जगजीत का पहला कंसर्ट था। गजब की भीड़ थी। जिस होटल में वह रुका था उसके बाहर पुलिस का भारी

पहरा था। किसी को अन्दर जाने की इजाजत नहीं थी। मेरी हालत इसलिए खराब थी कि मैंने इलाहाबाद में तमाम दोस्तों को कह रखा था कि जगजीत मेरा दोस्त है और उसके कंसर्ट में वे मेरे साथ चलेंगे। मैंने जगजीत के होटल में फोन किया और कहा कि मैं रवीन्द्र कालिया, जगजीत सिंह का दोस्त बोल रहा हूँ, तो वहाँ से जवाब मिला कि अब तक दोस्तों के अलावा उनके चाचा-चाची, मौसा-मौसी और ताया-ताई सबके फोन आ चुके हैं। ये सुनकर मेरी हालत और खराब हो गयी। चूँकि समारोह सरकारी था और इलाहाबाद के तत्कालीन एडीएम कैप्टन द्विवेदी जो उसके इंचार्ज थे, मेरे भी दोस्त थे, तो मैंने अपनी मुसीबत उनको बतायी। उन्होंने किसी तरह मुझे होटल के परिसर में घुसा दिया। जहाँ एक ऊँचा पेड़ था और एक मुँडेर थी। मैं यह सोचकर पेड़ के सहारे मुँडेर पर चढ़ गया कि जब जगजीत बाहर आएगा तो यहीं से उसे आवाज दूँगा। लेकिन जब वो बाहर आया तो भारी भीड़ से घिरा हुआ था। मैंने वहीं से उसे पंजाबी में एक भारी गाली दी। गाली सुनते ही जगजीत भीड़ से भागकर मेरे पास आया। मैंने उसे अपनी परेशानी बतायी और कहा कि ये मेरी इज्जत का सवाल है। जगजीत ने कहा कि कोई बात नहीं, परेशान मत होओ। वो मुझे और ममता को अपने साथ अपनी गाड़ी में ले गया। उसकी गाड़ी से हम तीनों संगीत समिति के हाल तक पहुँचे। जगजीत ने उसी समय डीएम से कहा कि पहली पूरी पंक्ति मेरे दोस्त के लिए खाली करो। इस पंक्ति को वहाँ अफसरों और उनके परिवार वालों ने घेर रखा था। बाहर मेरे तमाम दोस्त भीड़ में निराश खड़े थे। हाल के भीतर से जगजीत के एलपी की आवाज बाहर तक जा रही थी। जब द्विवेदीजी ने कहा कि दरवाजा खोलो, जगजीत जी आ गये हैं तब कहीं जाकर दरवाजा खुला। हालाँकि तब तक जगजीत आधा घंटा गा चुका था। खैर, दरवाजा खुला, मेरे सभी मित्र अन्दर आये और बड़ी मुश्किल से पहली आधी रौ उनके लिए खाली कराई गयी।

कंसर्ट के बाद जगजीत मुझे अपने साथ होटल ले गया। फिर वहाँ खूब रसरंजन हुआ। प्रोग्राम कामयाब रहा। इलाहाबाद उसके गायन पर झूम उठा था। अगले दिन अखबारों में जो खबर छपी उसमें जगजीत के साथ मेरा फोटो भी मुफ्त में छप गया। होटल में खाने के दौरान मुझसे एक गुस्ताखी हो गयी। मुझे संगीत की कोई खास समझ तो थी नहीं। मैंने सोचा कि चित्राजी बंगाल की हैं सो रवीन्द्र संगीत ही अच्छा गाती होंगी। बस यही सोचकर मैंने चित्राजी से कह दिया कि आप ये गजल-वजल छोड़िये, आपको तो रवीन्द्र संगीत गाना चाहिए। बस, मेरा ये कहना था कि माहौल तनावपूर्ण हो गया। चित्रा के साजिन्दों ने खाना छोड़ दिया और मुझसे उलझने को तैयार हो गये। उस दिन अगर वहाँ जगजीत न होता तो मेरी उन लोगों ने खूब पिटाई की होती।

अभी हाल में जगजीत एक कंसर्ट में राँची गया था। युवा लेखिका महुआ माजी ने मुझे एक अखबार की कटिंग भेजी जिसमें जगजीत का इंटरव्यू छपा था। इंटरव्यू में उसने जालन्धर की तारीफ करते हुए अपने उस समय के दोस्तों को खूब याद किया था। उसमें उसने सुदर्शन फ़ाकिर और मुझे विशेष रूप से याद किया। शोहरत की बुलन्दियों पर भी जगजीत को अपने गर्दिश के दिनों के दोस्त भूले नहीं थे।

जगजीत के निधन से पूरा मीडिया आन्दोलित हो गया है। टी.वी. चैनलों के अलावा अखबारों ने भी उस पर पूरे-पूरे पृष्ठ छापकर उसे अपनी श्रद्धांजलि दी। दरअसल, अपने इकलौते बेटे की मौत के बाद वो बहुत तन्हा हो गया था। जो लोग उसके यहाँ अफसोस करने जाते उन्हें पहले ही मना कर दिया जाता कि बेटे का जिक्र न करें। वह एक मोटरसाइकिल एक्सीडेंट में गुजर गया था और निदा फ़ाजली ने जगजीत की उन दिनों की मन:स्थिति पर ही यह गजल लिखी थी—'चिट्ठी न कोई सन्देश, जाने वो कौन सा देश, जहाँ तुम चले गये।' जगजीत अन्तिम दिनों में अनेक जगह यही गजल सुनाता था और प्राय: फफक-फफक रोने लगता था। ये कितना दुर्भाग्यपूर्ण है कि उसके पैडर रोड वाले फ्लैट के दरवाजे पर अब एक नोटिस चिपका दिया गया है कि ये फ्लैट और इसका एंटीक सामान बिकाऊ है। इसका दाम मात्र ग्यारह करोड़ आँका गया है। होना तो ये चाहिए था कि उस फ्लैट को जगजीत की स्मृति में विकसित किया जाता, लेकिन दुर्भाग्य से ऐसा नहीं रहा।

अपने करियर के स्वर्णकाल में उसे घुड़दौड़ की लत लग गयी थी और पूना में उसके पास देश के बेहतरीन घोड़े थे। घोड़ों से जैसे उसे मोह हो गया था। प्रख्यात चित्रकार मक़बूल फ़िदा हुसैन को भी घोड़ों से बहुत प्रेम था। घोड़ों के एक-एक मूवमेंट को उन्होंने बहुत खूबसूरती से पेंट किया है। किसी भी कलाकार के लिए घोड़ों को चित्रित करना बहुत बड़ी चुनौती होती है। दूसरी तरफ जगजीत घोड़े की पीठ पर हाथ फरेकर ही उसकी पूरी जन्मपत्री बता सकता था।

उसके साथ जीवन में बहुत त्रासदियाँ गुजरीं। बेटा चला गया, बेटी (चित्रा) ने आत्महत्या कर ली। एक प्रतिभावान मॉडल बेटी ने। पत्नी ने संगीत छोड़ दिया। इन तमाम विपदाओं के बीच भी जगजीत लगातार संगीत को समर्पित रहा। निधन से एकाध दिन बाद वह गुलाम अली के साथ गाने वाला था, लेकिन वह बिना गाये ही हम सबसे दूर चला गया। वही गजल याद आती है—'चिट्ठी न कोई सन्देश, जाने वो कौन सा देश, जहाँ तुम चले गये।'

जगजीत अपनी पुरानी डायरियाँ मेरे एक मित्र को सौंप गये हैं। उनमें उनकी बहुत-सी निजी और सार्वजनिक बातें दर्ज हैं। यही सोचकर मैं उन डायरियों को अब तक नहीं पढ़ पाया। न जाने उनमें कितना दर्द छिपा हुआ है।

मरहूम दोस्तों के ख़तूत

मोहन राकेश

देवीशंकर अवस्थी

राजकमल चौधरी

ओमप्रकाश दीपक

सुदर्शन चोपड़ा

कपिल मल्होत्रा

समुद्र का मुझे भी बहुत आकर्षण है। मेरे बार-बार बम्बई आने की एक वजह यह भी है।—मोहन राकेश

आर-522, न्यू राजेन्द्र नगर, नयी दिल्ली/1-6-65

प्रिय रवीन्द्र,

पत्र मिला। पहला पत्र भी मिल गया था। कुछ दिन जवाब देने में आलस किया फिर मकान बदलने में लग गया। मकान बदल कर निश्चिन्त हुआ ही था कि राजकमल की हलचल शुरू हो गयी। अभी वह किस्सा चल रहा है।

तुम्हारी और भल्ला की कहानियाँ (कुछ और रचनाओं के साथ) जून नें जुलाई के लिए रख दी गयी थीं—दूसरी रचनाओं के कम्पोज हो चुकने के कारण। पर तभी यह गड़बड़ हो गयी। कहानी मेरे पास सुरक्षित है। चार-पाँच दिन में जैसा तय होगा तुम्हें सूचना दूँगा।

तुम्हारा मन लग गया, यह खुशी की बात है। समुद्र का मुझे भी बहुत आकर्षण है। मेरे बार-बार बम्बई आने की एक वजह यह भी है।

तुम्हारे एक ख़ैरख्वाह मित्र ने बहुत दिन पहले कहा था—ममता के वहाँ पहुँच जाने से अब कालिया का दिल लग गया होगा।

यहाँ की गर्मागर्मी ने इन दिनों पहाड़ पर नहीं जाने दिया। अब तो शायद जाना टल ही जाय। और क्या लिख रहे हो?

सस्नेह

मोहन राकेश

भारती जी से पूछ लें, अगर '60 के बाद की कहानियों पर चर्चा चलाना चाहें... —देवीशंकर अवस्थी

(कानपुर से) 3-1-1966

प्रिय भाई,

सबसे पहले नये वर्ष की शुभकामनाएँ लें। प्रसन्न होंगे। उस दिन लखनऊ में

ठाकुरप्रसाद सिंह बता रहे थे कि आप लोग पहली को इलाहाबाद में थे। मैं भी 31 दिसम्बर को बनारस होता हुआ लखनऊ पहुँचा था।

'धर्मयुग' के उपयोग के लिए प्रास्ताविक वक्तव्य की रूपरेखा भेज रहा हूँ। पर इसे लेख के रूप में न देना। लेख होने के लिए अभी और व्यवस्थित रूप से लिखित होना चाहिए। पर भारतीजी से पूछ लें, अगर '60 के बाद की कहानियों पर परिचर्चा चलाना चाहें तो इसे और व्यवस्थित रूप देकर मैं शीघ्र ही भेज दूँ। इसे आप रिपोर्ट के लिए मानें—यों कुछ स्थानों पर मैंने रेखांकित कर दिया है, उन्हीं में से चुनाव शायद बेहतर होगा। यों आप जो भी चाहें।

चित्रादि [और पूरी रिपोर्ट की संक्षिप्त रूपरेखा भी] कलकत्ता से आ गये होंगे। वे लोग भेजने वाले थे।

ममताजी के इंटरव्यू में क्या हुआ? कलकत्ते में उनका वक्तव्य मुझे बहुत व्यवस्थित और Wellexpressed लगा था—मेरी बधाई दे दें तथा नये वर्ष की शुभकामनाएँ भी। हाँ मेरी पत्नी भी आप दोनों को विशेष शुभकामनाएँ भेज रही हैं।

कभी-कभी व्यक्तिगत पत्र लिखते रहें—'धर्मयुग' की ओर से ही नहीं। प्रसन्न होंगे। मैं दिल्ली 7 जनवरी को पहुँच जाऊँगा।

आपका,

देवीशंकर अवस्थी

'जो लोग हमसफर होकर भी जवाब नहीं देते उन्हें मैं बेकार पत्र नहीं लिखता...' —राजकमल चौधरी

पटना / 3-1-65

प्रिय भाई, जो लोग मुझे पत्र नहीं लिखते हैं, और हमसफर होकर भी जवाब नहीं देते हैं, उन्हें मैं बेकार पत्र नहीं लिखता। यह भी एक स्वार्थ के कारण ही है। मेरे अग्रज बन्धु श्री शिवेन्द्र नारायण 'ज्योत्स्ना' (बिहार की एकमात्र साहित्यिक पत्रिका) का कहानी विशेषांक निकाल रहे हैं। इन्हें तुम्हारी एक कहानी किसी प्रकार भी चाहिए। मेरी भी यह तीव्र इच्छा है। क्या अधिक पारिश्रमिक की आशा किए बगैर (कभी-कभी ऐसा करना भी सेहत के लिए मुफीद होता है!) एक कहानी भेज सकोगे?

'मराल' बंगाली अंक के बारे में कई दिनों तक मैं बनारस था। वहाँ तुम्हारा पत्र देखा। देवेन गुप्त की मृत्यु की सूचना से काफी परेशान हुआ। ऐसा नहीं लगा, कि वह आदमी वाकई मर गया है। चलो, अच्छा हुआ, एक वारदात खत्म हुई। और

कौन मरने को आमादा है? यह मोहन राकेश कब मरेगा? और मनहर चौहान? प्रभाकर माचवे से कहो, देवेन गुप्त, के बारे में एक लेख, न सही, 'नई कहानियाँ' में ही लिख दें। भारतभूषण अग्रवाल भी लिख सकते हैं। खैर।

'ज्योत्स्ना' के लिए तुम फुरसत निकाल कर आठ-दस जनवरी तक एक कहानीनुमाँ कोई दास्ताने जिन्दगी भेज ही दो। मैं शिवेन्द्रजी से वादा कर चुका हूँ। या, इतना अधिकार भी मुझे नहीं देना चाहते?

और सुनो, दिल्ली कैसी है? यानी हिन्दी निदेशालय में काम करने वाली मोटी लड़कियाँ? नये वर्ष की शुभकामनाएँ,

सस्नेह,

राजकमल चौधरी

'मेरे लेखों में भी मसीहाई अन्दाज आता जा रहा है, यह कुछ चिन्ता की बात है...' —ओमप्रकाश दीपक

'जन', 7, गुरुद्वारा रकाबगंज रोड, नई दिल्ली / 27-6-66

प्रिय भाई, आपका पत्र पा कर बड़ी खुशी हुई। कई कारणों से। आपने विषय बहुत अच्छा चुना है। कुछ जोखिम उठा कर मैंने घोषित भी कर दिया है। अगर तत्काल लिख सकें तो अगस्त अंक में ही आ जाए।

आपकी लम्बी प्रतिक्रियाओं का इन्तजार रहेगा। मेरे लेखों में भी मसीहाई अन्दाज आता जा रहा है, यह कुछ चिन्ता की बात है, क्योंकि मैंने हमेशा इससे बचने की कोशिश की है। अगर कभी संकेत करें कि कहाँ तो सोचने का मौका मिले। इतना जरूर है कि कभी जब आदमी अकेला और प्रभावहीन होता है, तो भी उसका स्वर ऐसा हो सकता है, जो मसीहाई लगे। बहरहाल।

आपसे मेरा एक अनुरोध है। समकालीन लेखन पर दूसरे-तीसरे महीने क्या आप हमारे लिए एक समीक्षात्मक टिप्पणी लिख सकते हैं?

ममताजी से मेरा परिचय नहीं है, लेकिन उनके दृष्टिकोण में जो सादगी की हद तक प्रत्यक्षता है, उसका मैं बहुत दिनों से कायल हूँ—उस वक्त से जब उसमें सादगी ही नहीं मासूमियत भी थी। कुछ उनसे भी बेगार कराना चाहूँगा। कभी लिखूँगा उनको खत लेकिन अभी आपकी मार्फत सिर्फ इतना ही।

आपका,

ओमप्रकाश दीपक

'अच्छा बन्धु, आमी जाच्छी...' —सुदर्शन चोपड़ा

भारतीय ज्ञानपीठ, कलकत्ता-27 / 11-8-66

प्रिय कालिया,

खत मिला। खबर मिली। दावत मिली। दम मिला। पर... यकीन नहीं कि मेरी कोई कहानी इस काबिल निकले जो तुम्हें रुचे। फिर भी तुम अगर कोई चुनो तो मुझे कोई एतराज नहीं, हो भी क्यों!

यों, चुनाव तुम्हारा ही मान्य होगा फिर भी सुझा रहा हूँ कि 'खण्डित कथा' अगर निगाह से न गुजरी हो तो पढ़ उसे भी लेना, 'सारिका' के जून '66 के अंक में। शायद कुछ लगे। महज यूँ ही कह रहा हूँ। आग्रही नहीं हूँ।

बम्बई आने को बेहद मन है। टोह में हूँ, कोई जुगाड़ भिड़ जाए। कलकतिया ब्राण्ड जिन्दगी की जाने कितनी बोतलें पी चुका पर अभी तक एक पैग जितना सरूर भी नहीं आया। एकदम पानी है साली! जी चाहता है ह्विटमैन की तरह मेरे भी दिमाग में ट्यूमर हो जाए और मैं आक्टरलोनी मानूमेंट पर चढ़ कर डज़-डज़-डज़...डज़न्स ऑफ फायर्स...आह! ह्वाट ए प्लेजर! या फिर फ्रांस के उस व्यक्ति की तरह हो रहूँ जो पिछले पाँच बरसों से कोमा की स्थिति में पड़ा हुआ है, और जिसकी नसों में ग्लूकोज चढ़ाया जा रहा है। कैसी निर्विकल्प अवस्था है, प्यारे भाई! रियली एनवियेबल! मगर मेरी नई बंगाली पत्नी साइकॉलोजिस्ट हैं, आल इंडिया साइकालोजिकल एसोसिएशन की सदस्या है, और उसकी यह रिपोर्ट है कि मैं निहायत Selfish+Mean हूँ। ठीक है न? यह आई. क्यू.? अच्छा बन्धु, आमी जाच्छी।

—सुदर्शन चोपड़ा

बम्बई में कुछ समय सुविधा-असुविधा से बिता कर लौट आओ... —कपिल मल्होत्रा

चंडीगढ़ / 21-5-65

कालिया भाई,

एक और पत्र डाल रहा हूँ—उम्मीद है पहला मिल गया होगा। वैसे कमलेश्वर साहब को भी लिख चुका हूँ--लेकिन खत में कुछ मुख्तगी नहीं ला पाया। वैसे भी छोटा-सा था।

अभी कुछ दिनों से दिमाग को Unrest अच्छी मिल रही है--यह सोचकर

और कुछ हद तक जानकर कि शायद मैं अपना Thesis न लिख सकूँ। कोई relevant किताब तो बरतरफ, कोई अच्छा ख्याल भी नहीं आ रहा। वैसे 6 महीने रह गये हैं। शायद तुम कुछ कहो।

कालिया, मेरी मानो, बम्बई में कुछ समय सुविधा-असुविधा से बिता कर लौट आओ। तुम बहुत दूर हो। तुम्हारे पिछले पत्र को पढ़ कर सच मानो, मुझे खुशी नहीं हुई! दोस्त, लिखना कि नई पोस्ट कैसी है? तुमने बहुत जोश व तेजी दिखाई—अब कहीं इकट्ठे रहें। मेरा मन भी उदास रहता है! तुम्हें लिखने को क्या नहीं है?

वैसे, याद आया, मेरी शादी एक अफवाह है—अलबत्ता तुम करो तो शायद कहीं सार्थकता हो। पत्र लिखा करो।

—कपिल नल्होत्रा

□□□